DATE DUE FOR RETURN

FOUR WEEKS ONLY

2 0 MAR 1990

FOUR WEEKS ONLY

1 8 APR 1990

This item is due
for return on

3 JAN 95

29. JUN 91

WITHDRAWN

30. JUN 92

30. JUN 93

3 JUN 94

This book may be recalled
before the above date

90014

ALEKSEJ REMIZOV

Approaches to a Protean Writer

UCLA Slavic Studies

Volume 16

ALEKSEJ REMIZOV
Approaches to a Protean Writer

edited by

Greta N. Slobin

Slavica

Slavica publishes a wide variety of books and journals dealing with the peoples, languages, literatures, history, folklore, and culture of the peoples of Eastern Europe and the USSR. For a complete catalog with prices and ordering information, please write to:

Slavica Publishers, Inc.
P.O. Box 14388
Columbus, Ohio 43214
USA

ISBN: 0-89357-167-9.

319192

_cc_

Text set by Rebecca Wells and Randy Bowlus at the East European Composition Center, supported by the Department of Slavic Languages and Literatures and the Center for Russian and East European Studies at UCLA.

Printed in the United States of America.

CONTENTS

6 CONTENTS

INTRODUCTION

When we began to consider organizing the first international conference on Remizov, the late Alexis Rannit and I thought the moment particularly appropriate. It would provide an opportunity for bringing together specialists in the field to share their archival finds, recent scholarly discoveries and new approaches to methodological questions. The simultaneous exhibition of Remizov's art from the Thomas P. Whitney Collection provided the rare possibility of evaluating the writer's graphic art as an important part of his legacy.[1] Our sense of timing for the occasion proved right. The exchange of material and ideas was important not only for the Remizov scholarship, but also for the still unwritten history of the Russian Silver Age.

The sense of the current rediscovery of the cultural renaissance of the Silver Age, cut short by historical events, contributes to the particular feeling of challenge and excitement among the scholars of this period. The idea of bringing Remizov specialists together with scholars involved in the study of other major figures of the Silver Age emerged also from their many shared concerns. Although Remizov's contribution and influence have been generally recognized, the study of the biography and the works of this major writer has had a belated and slow beginning in recent years. The Amherst Remizov Symposium thus fell into place as one of a series of international working conferences on "difficult" single writers, such as Bely, Cvetaeva, Pasternak, and Xlebnikov.

In his opening remarks Simon Karlinsky noted that "A Remizov conference is a necessity." The aim of the conference was two-fold: to provide a forum for sharing information and raising larger questions pertaining to the period; to examine existing presumptions and to begin working towards establishing a sound methodological basis for the study of this writer, whose own claims and reputation for elusiveness need a careful critical reappraisal. The dearth of publications on Remizov has left room for misunderstandings and a lingering sense that he was too "obscure" and too "difficult," not unlike his fellow émigrés, Cvetaeva and Nabokov. Their contribution could not be studied until recently because of the discontinuity in Russian literary history that made research and critical evaluation difficult.

Aleksej Remizov's remarkably long and prolific career spanned the time of the most intense creative period in Russian culture, from the beginning of this century to the twenties, and continued well into the fifties. Remizov was an important influence for the writers of the twenties, particularly in the sphere of literary language and genre, both of which he revamped along with his contemporary, Andrei Bely. As one of the leaders of the literary avant-garde, Remizov was not acceptable in the Soviet Union, nor could he be a favorite of the generally conservative European émigré literary community. Indeed the French artists and writers appreciated his work much more than his compatriots in Paris or Berlin. This situation persisted at the time when, as Lazar Fleishman had noted, the inner mechanism of literary evolution in Russian letters called for continued experimentation. In the years of emigration (1921-1957), Remizov's obsession with writing and being a writer reflects the same commitment that sustained the voices of his contemporaries—Cvetaeva, Mandelštam, Pasternak, and Axmatova.

In addition to problems of literary history and reception, there are also particular obstacles in the study of this many-faceted writer. A Remizov scholar must have a high threshold of frustration, a detective's sense for clues to be searched in unexpected places and connections to be made between seemingly unrelated phenomena. He must be an anthropologist and a medievalist. He must share to some degree in Remizov's own "archeological clairvoyance" in reading the writer's legends about himself as a unique, marginal figure, and in unraveling his "mystifications," compounded over the years by memoirs of dubious factuality left by contemporaries. As several papers amply demonstrate (Møller, Pyman, Sinany MacLeod, and Hughes), literature and play are inseparable in Remizov's relationships with fellow writers.

The format of the symposium as a small working seminar allowed the discussion and polemic to focus on several issues so that connections between problems emerged and could then be tied to larger theoretical questions of poetics, intertextuality, narrative, isomorphism in arts, and the concept of authorship. These particular problems were considered in the broad historical-literary context, since Remizov's status as a writer calls to question, as Fleishman pointed out, the complex problem of center and periphery (shift of literary activity to émigré centers in Berlin and Paris), as well as the ever-present problem of what constitutes a "literary fact."

The conference program was divided into small panels such as "Problems and Definitions," "Image. Music. Word," "Neo-Primitivism," "From Petersburg to Paris," "The Revolutionary Period." The divisions have not been retained in the volume because of the overlap both in individual contributions and in the discussions. Vladimir Markov opened the meeting with a lively account of persistent problems in Remizov scholarship. His paper is a challenge to discover this "unknown writer" whose literary reception has been marked by a mixture of unquestioned influence, obscurity, and misrepresentation. A rigorous approach to the writer's work and creative biography is essential, especially since he has been generally received in terms of clichés, such as his disregard for Russian grammar and syntax, his use of "skaz," and his penchant for stylization. In Markov's view, a thorough investigation of the extensive body of Remizov's work should aim at correcting the existing misconceptions, some of which have been perpetuated by the writer himself. Remizov left the most fascinating commentary on his own work which is still to be critically examined. On the other hand, early critics judged his work largely in relation to the canon of realism, although the complex nature of this canon and its relevance for twentieth-century Russian literature has yet to be unraveled.

The papers and discussions that followed met Markov's challenge by sorting out facts and pointing to the many possible readings of Remizov. It appeared important in several presentations to attempt an evaluation of the specific nature of Remizov's handling of Russian verbal art. In the context of what John Malmstad refers to as "retrospectivism," participants explored the implications of Remizov's use of traditional forms that were ignored by written literature for generations. Remizov's philological approach to Russia's oral, popular tradition is part of his creative effort to appropriate this heritage (Baran). Inseparable from this is the emphasis on memory, which takes various shapes in Remizov's work, including his use of dreams as a literary device (Pyman).

In the papers collected in this volume, it becomes clear that Remizov's tendency to undermine binary oppositions, such as old/new, literary/non-literary, high rhetoric/lowly colloquial, realistic/subjective, fiction/non-fiction, prose/poetry, calls into question conventional literary definitions and approaches. Alex Shane's paper on Remizov's poetry and its connection with his rhythmic prose leads to a consideration of the boundary between rhythmic prose and the Russian "vers libre" as it developed after the Revolution. Antonella D'Amelia's detailed account of Remizov's unpublished *Merlog*, which represents a compilation of heterogeneous writings on art, criticism, and self, and is a synthesis of his artistic principles, raises the issue of the concept of the "book." The papers of Burke and Zavališin, together with Jean-Claude Marcadé's presentation on Remizov's graphic art and the art of the book, contribute to the intricate question of isomorphism of visual art and writing.

The well-defined notion of primitivism in art is contrasted to its as yet insufficiently explored nature and function in literature. Various forms of primitivism in Remizov's work are placed in a larger context in the papers of Burke, Carden, Zavališin, and Rosenthal. Henryk Baran considers Remizov's efforts to fuse individual creation with the popular national tradition, along with those of Xlebnikov and Vjačeslav Ivanov. Olga Hughes examines the use of fairy tale form or "skazočnost," as an underlying structure in the autobiography of Remizov's exile years, *Iveren'*.[2] From the complexity of the definition of primitivism in literature, the emphasis shifts to its possible functions.

Remizov's use of folk forms in the period immediately following the Revolution appeared, as Simon Karlinsky remarked at the conference, in what would at first seem to be mutually exclusive situations. Horst Lampl finds these forms in the satirical columns of the anti-Bolševik *Prostaja gazeta*, while Katerina Clark places Remizov's *Tsar Maksimilian* in the context of the current polemic on the new popular mass theatre. Perhaps Andrej Siniavsky's extensive and probing reading of Remizov's autobiographical legend provides a possible methodological concept for illuminating the full range of Remizov's use of traditional and popular forms.

Several papers focus on particular problems in understanding the language and form of Remizov's innovative writing. The first steps toward overcoming the difficulty of "reading" Remizov are illuminated by Mirra Ginsburg, a foremost translator and a discerning reader. Sinany MacLeod discusses the techniques of montage and the use of spatial and temporal forms in Remizov's syncretic memoir of the Revolution, *Vzvixrennaja Rus'* (*Whirlwind Russia*). In the final paper of the symposium, Peter Jensen addresses the methodological problem of the frequent neglect of semantics in favor of the concern with stylistics in the study of Remizov. He questions the traditional view of Remizov's prose as "subjective" in relation to an implied sense of norm in the realist canon. Warning against a misleading disregard for a new or different objectivity, Jensen offers an alternate reading of Remizov's early novels which reflect a major shift in modern consciousness. This theoretical approach succeeds in opening up possibilities for reading Remizov's work on its own terms, while reevaluating traditional literary notions such as realism. It is our hope that the symposium's focus on this major literary figure will contribute to the widening scholarly discussion of the heritage of the Silver Age.

In conclusion, I would like to thank Professors Sona Aronian, Lazar Fleishman, René Guerra, the late Yuri Ivask, Gerald Janeček, Simon Karlinsky, John Malmstad, and Stanley Rabinowitz for their valuable discussions of the symposium papers. Their participation enlivened the polemic and contributed a broader perspective to the specific concerns of the individual presentations. Mme. Natalja Reznikova provided much appreciated assistance by opening her Paris archive to scholars. Professor Robert L. Jackson kindly shared with me his expertise in organizing successful conferences on individual writers. I would like to thank the Dean of Faculty at Amherst College, Richard D. Fink, for his support and Missy West of the Development Office for her assistance in the preparation of this volume. I am grateful to Prof. Dean S. Worth for his enthusiastic and expeditious attention to this collection. The symposium and the publication of the proceedings would not have been possible without the personal interest and commitment of Thomas P. Whitney and the generous support of the Julia A. Whitney Foundation.

Greta N. Slobin, Amherst College

NOTES

1. For the catalogue of the exhibition see: Greta Nachtailer Slobin, *Images of Remizov* (Amherst: Mead Museum, 1985).

2. *Iveren'*, edited and prepared for publication by Olga Raevsky Hughes (Berkeley: Berkeley Slavic Specialties, 1986).

НЕИЗВЕСТНЫЙ ПИСАТЕЛЬ РЕМИЗОВ

Владимир Марков

Попробуем задать себе гипотетический вопрос: Что если в определенный период литература «получается» только тогда, когда в ней есть две противоположные величины, как бы плюс и минус, между которыми и рождается поэтическое электричество? А если их нет, литература хиреет. Однако даже при их наличии не всегда легко установить, кто они. Сразу после революции современникам представлялось: одним, что в поэзии Маяковскому противостоит Ахматова, другим — что это Есенин. Несколько позже антитеза приобрела форму «Маяковский — Пастернак». Кое-кому из нас начинает «яснеть» (как сказал бы Баратынский), что подлинный конфликт был между Маяковским и Мандельштамом. Прибавим к нашей гипотезе маленькое условие: одна из двух друг другу противостоящих величин обычно недооценивается как критикой, так и своим антагонистом, — общепризнанным, стоящим в центре внимания и громко обсуждаемым.

Если принять такую ненаучную теорию,[1] может быть, годную лишь для салонной игры, то классическим примером может служить проза русской эмиграции. С одной стороны, нобелевский лауреат Бунин, каждую оставшуюся строчку которого *Новый Журнал* после его смерти благоговейно публиковал в течение многих месяцев; с другой — всю писательскую жизнь чуть что не побиравшийся и вроде как из милости печатаемый в толстых журналах Ремизов, у которого к смерти осталось неопубликованными больше десятка книг. Политически даже получалась какая-то несуразица: автор *Окаянных дней* Бунин, назвавший Ленина «косоглазым, картавым, лысым сифилитиком»,[2] посмертно въехал в Союз Советских Писателей на белом коне, а Ремизов, тщательно антисоветских выступлений избегавший,[3] только недавно удостоился в России довольно жалкого сборничка и, по существу, до сих пор там ютится на литературных задворках.[4] Вряд ли на доме, где он проживал в Казачьем переулке,[5] есть мемориальная доска.

Впрочем, для Ремизова характерна не столько непризнанность, сколько ее странное сосуществование с большой известностью. С одной стороны, еще до революции восьмитомное собрание сочинений; в ранний советский период огромное влияние на молодую прозу

(причем, когда его уже в России не было — еще один парадокс); и кто
еще может похвастаться изданием больше восьми десятков книг? С
другой, — какое-то вечное «сбоку-припеку» (начиная со службы в *Во-
просах Жизни*); гримаска на устах эмигрантского читателя («словечка
в простоте не скажет»); «18-летний мордоворот» с изданием;[6] только
одна книга, которую Чеховское издательство в Нью-Йорке соблаго-
волило напечатать.

Неудивительно, что критики или повторяли одно и то же, или не
могли скрыть раздражения, а кое-кто и прямо обвинял Ремизова, что
он прибедняется и жалобы его граничат с лицемерием. Может быть,
лучший критик русского зарубежья (и мастер витиеватой банальности)
Георгий Адамович сетовал, что ему нужен «ключ к этому очень слож-
ному, очень противоречивому, замечательному и несносному писателю».[7] Лучше всех писал о Ремизове он сам (собственно, он и подска-
зал критикам больше половины суждений о себе), но тут нужен глаз
да глаз. В любимых ремизовских утверждениях (вроде того, что после
Аввакума русская проза свернула на французско-немецкий лад) верность часто относительная, да и не так свободен он от «грамматики» в
собственной прозе.

Слава-известность растет из обмена читательских впечатлений, усвоения критических шаблонов и, в какой-то мере, из академического
изучения. Читателю сейчас трудно познакомиться с Ремизовым. Советский сборник 1978 г., *Избранное*, мал и плохо составлен; переиз-
дания за пределами России немногочисленны и часто недоступны по
цене. Повидимому, нужна и какая-то читательская подготовка. Один
молодой человек из «третьих» эмигрантов недавно поведал мне о
своем разочаровании после первого знакомства с ремизовской прозой
(это были *Крестовые сестры*) и добавил: «Вот Аксенов, это да.»
Трудно сказать, это частный случай или говорит о потенциальной
реакции целого поколения. Правда, запоздалые авангардисты, издав-
шие альманах *Аполлон-77*, взяли Ремизова себе в компанию, видимо,
пленившись трудностью, запутанностью и «неорганизованностью» его
прозы — да и они демонстрируют, главным образом, рисунки писателя, которыми он кормился во время «мордоворота».

Критические высказывания о Ремизове, как правило, повторяют
знакомые истины о том, что он писал сказом, пользовался фольклором, хотел вернуть прозу к временам другого Алексея Михайловича,
записывал сны и влекся к чертовщине. Многое из этого, как уже упо-
мянуто, подсказано самим писателем и, во всяком случае, нуждается в
проверке и переоценке — хотя на пути стоит (и мешает) очень уж коло-

ритный бытовой образ не то древнерусского писца, не то дедушки-колдуна, не то гнома-шутника;

> Старообрядца череп, нос эсера,
> Канцеляриста горб и дьяковы персты.
> (Городецкий)

Сквозь легенду, как часто бывает, трудно пробиться к творчеству. Недавно профессор В.Д. Левин высказал в лекции взгляд, что, собственно, никакого сказа у Ремизова нет. После того как это слово десятилетиями склонялось на все лады в связи с Ремизовым, это все равно, что объявить: знаете ли, Пушкин, если сказать правду, четырехстопным ямбом не писал. И тем не менее, при отсутствии у Ремизова говорящего и себя этим говором характеризующего героя, это верно. Несколько лет тому назад теперь покойный профессор Б. Унбегаун (тоже в лекции) обронил, что сама ремизовская проза не соответствует идеалу, который он проповедует. Прибавим, что его стилистика (то-есть, может быть, самый важный аспект его творчества) еще не описана во всей сложности и многообразии.[8] Сам писатель употребляет слово «сказ» совсем не в эйхенбаумовском смысле (ср. подзаголовок к *Трава-мурава*). Да и любой читавший Ремизова знает, что, кроме разговорной (редко чисто-разговорной), у него много прозы лирической, возвышенной.

От критики мы незаметно перешли к научному изучению Ремизова, и здесь надо сказать, что в России оно не начиналось, а на Западе только чуть-чуть началось, хотя недостатка внимания к писателю не было, диссертации о нем писались.[9] Если не ошибаюсь, только одна из них попала в печать. Есть неплохие специалисты по Ремизову, но некоторые из них не публиковали не только книг, но даже и статей о нем. Недавно в Париже появилась хорошая библиография ремизовских произведений, и к ней в Вене сразу сделали в рецензии шестнадцать страниц поправок и добавок — чтó хорошо демонстрирует трудности ремизоведения.[10]

Ремизова трудно не только изучать, но и просто читать. Вышеупомянутого молодого человека легко понять. Взять, например, те же не понравившиеся ему *Крестовые сестры*. С каких «позиций» подойти к этому роману? Было бы нетрудно, если б тут был авангард; но авангарда нет. Авангард это или разумное перераспределение элементов, или сведéние к эстетическому скелету, или творчество не от «головы» или «сердца», а от печенки и спинного мозга, или честная «реникса», или «долой искусство» — дырка от бублика. У Ремизова иное; он скорее реалист, но особого толка[11] («тема моя — жизнь с ее чудесным»).[12] На поверхности, *Крестовые сестры*, как часто у него, безысходный-беспросветный русский роман с «проблемами» («но человека человек», есть Бог или нет, кто виноват), только заметно стилизующий: там гоголевское эхо, тут оборот из Достоевского. Однако рядом — нечто дразнящее, какое-то нежелание (или невозможность?) честно, «по-русски» ответить: да или нет. Лейтмотивы он печатает в разрядку, и они как будто не только дают ключ, и прямо-таки вбивают в голову читателю какую-то идею, но некоторые из них только запутывают. Зачем-то в романе целых три Веры, но даже если они все три «крестовые сестры», ими это сословие не исчерпывается. А некоторые героини, непонятно, принадлежат к ним или нет. Вообще нередко Ремизов пишет «как не надо» (в отличие, например, от Горького, который всегда «как надо»). О главном часто надо догадываться;[13] Глотов, пружина действия, прячется где-то за кулисами; некоторые части вроде как не нужны или тонут в полутьме; болтовня заглушает важное.[14] Присмотревшись, обнаруживаешь, что и стилизация вовсе не подражательна, а часто пародическая: Ремизов как бы коллекционирует наиболее набившие оскомину ситуации из русских романов и пьес.

Стилистика тоже камень преткновенья. Ремизов — виртуоз «под-словья, которым богата речь».[15] Еще раннего Ремизова сравнительно нетрудно читать; только отдельные словечки время от времени гонят к Далю и к энциклопедиям. В позднем труднее идти за «извилистой мыслью»[16] писателя. Иногда фразу не понимаешь, пока не нашел правильную интонацию (как при чтении письма от малограмотного, где нет знаков или они поставлены неправильно). Впечатление «непри-чесанности» усугубляется еще и тем, что многие книги Ремизова неуловимы по жанру. Даже его fiction до крайности разнородна. В *Посолони*, например, к фольклорным миниатюрам, расположенным по временам года, прибавлена «поэма»-повесть о Алалее и Лейле (этакая ремизовская «Дорога на Океан»), а в конце читатель получает целые страницы ученых примечаний, как будто это диссертация (впрочем, и в тексте Ремизов любит давать годы рождения и смерти, как в учебниках или словарях).

Может быть, первая задача сейчас — это описать все творчество Ремизова, что, при его феноменальной плодовитости, дело нешуточ-ное. Пусть некоторые его книги совсем небольшие, и все-таки 83[17] цифра внушительная, и я не удивлюсь, если сам Хорст Лампль, может быть, лучший сейчас ремизовед, не видал воочию всех его книг.[18]

Хотел бы я посмотреть на коллекционера, который собрал их все. Читая *Бахчисарайский фонтан*, мы помним, что есть *Капитанская дочка*. С Ремизовым дело обстоит иначе. Те (до сих пор немногие), кто читал три-четыре его известные вещи, не подозревают, что у него, по меньшей мере, еще с десяток значительных книг. Потому-то и необходимо описать, по возможности, все. Даже более или менее знакомое — *Посолонь, Пруд, Трагедия о Иуде, Повесть о Стратилатове* (*Неуемный бубен*), *Крестовые сестры, Пятая язва, Взвихренная Русь* — не дают представления о таких шедеврах, как *В поле блакитном, Россия в письменах, Ахру, Кукха* и *По карнизам*.

Мне хотелось бы особенно рекомендовать вниманию читателей послевоенный период Ремизова, по-моему, самый замечательный и, к сожалению, еще в полной мере не оцененный. Здесь буквально что ни книга, то шедевр, а проза достигает предела выразительности и утонченности. Среди них есть такие, которые просто обязан знать каждый образованный русский: собрание снов *Мартын Задека*, мемуары необычные *Мышкина дудочка* и более обычные *Подстриженными глазами*, демоника *Бесноватых* (может быть, лучший пример переписывания Ремизовым старинных повестей на свой лад).

Сны, память и переписывание — может быть, три основные темы-аспекта ремизовского творчества,[19] и часто не знаешь, где начинается одно и кончается другое. Лично для меня вершины этого творчества две книги послевоенного периода: *Огонь вещей* и *Мелюзина*. *Огонь вещей* — одно из самых значительных произведений русской критической эссеистики. В том, что Ремизов говорит в нем о Гоголе, с ним равняется только Андрей Белый, а к *Мертвым душам* Ремизов здесь приблизился, может быть, ближе всех других. Очерк о снах у Пушкина должен войти в любую антологию русской критики и изучаться в русских средних школах. *Мелюзина* — «переписанная» западная легенда, и о ней трудно говорить: это сама поэзия.

В Ремизова нужно вчитываться, о нем надо писать, и его необходимо изучать, — а для этого всего его нужно издавать и издавать: и раннее, и позднее, и не видавшее света. В конце концов, когда-нибудь в читательском сознании выкристаллизуется новый его образ: не юродивого (каким его выставлял не один критик), а одного из самых серьезных писателей России, писателя необычайного диапазона и своеобразия, важный ключ к предреволюционному русскому ренессансу, продолжавшемуся в эмиграции. Может быть, тогда мы поймем, почему он называл *Выбранные места* Гоголя «одной из музыкальнейших книг русской литературы»[20] и зачем он образовал Обезьянью Палату (которую, право, неплохо возобновить).

Во всяком случае, теперь вовсе не обязательно выбирать между Ремизовым и Буниным. Ведь вкус не только в правильности выбора, но и в широте этого выбора. Надо уметь ценить и Баратынского, и Бенедиктова, «и блеск Алябьевой, и прелесть Гончаровой».

Калифорнийский университет, Лос Анжелес

ПРИМЕЧАНИЯ

1. Сразу встает вопрос: кто этот неузнанный, этот Добрыня на пиру у Алеши, в пушкинский период — Тютчев? Баратынский? Применимо ли это к музыке? К живописи?

2. *Воспоминания*, «Возрождение,» Париж 1950, стр. 240.

3. Поэтому остается большим вопросом, почему его так замалчивают в СССР. Вряд ли из-за *Слова о погибели русской земли*, которое и написано-то было (если верить ремизовским датам) до октябрьской революции.

4. Например, его «Повесть о Петре и Февронии» была целиком опубликована в середине научной статьи в 26 томе ТОДРЛ.

5. Ныне переулок Ильича (при Брежневе даже было неясно которого). До войны славился хулиганством («В переулок Ильича не ходи без кирпича», говорили ленинградцы).

6. Надпись на моем экземпляре *Пляшущего демона*: «Первая книга после 18-летнего мордоворота. За эти годы русские издательства отказывались от моих книг: 'не для нашего де читателя.' А по другому я писать не горазд.»

7. Рецензия на *Новый Журнал* в газ. *Новое Русское Слово* от 5 июля 1958. Отметим с удивлением, что в начале цитаты Адамович даже впадает в советский критический жаргон.

8. Справедливости ради следует помянуть добрым словом книгу Катарины Гайб (Katharina Geib, *A. M. Remizov*, Fink Verlag, München 1970); она явилась пионером, но, к сожалению, более половины ремизовской прозы было ей недоступно.

9. Хотя и не так уж много. Для сравнения: сколько диссертаций (часто ненужных) было за последнее время написано о Солженицыне и Набокове.

10. Я не упоминаю *Алексея Ремизова* Натальи Кодрянской, но эта замечательная книга — не «исследование».

11. А иногда и обычного, бытового: вспомним описания в *Пруде*, как чешутся, ищутся и молятся перед сном.

12. *По карнизам*, Белград 1929, стр. 115.

13. Ср. в *Неуемном бубне*, еще более «ускользающем» произведении, еле намеченный демонический аспект (обстоятельства крещения Стратилатова).

14. Не забудем и тьму «лишних» имен (а бедным иностранцам и с нелишними часто не справиться).

15. *Крашенные рыла*, Берлин 1922, стр. 105.

16. *Пляшущий демон: Танец и слово*, Париж 1949, стр. 15.

17. По подсчету Лампля. Сам Ремизов насчитал только 82 (см. перечень в конце его последней книги *Круг счастья*: 37 до эмиграции и 45 после).

18. Я никогда не видел *Морщинки*, *Николы милостивого* в изд-ве «Колос», *Бесовского действа* 1919 г., *Тибетских сказок*, изданных в Чите, и *Горя-злосчастного*.

19. Я не буду касаться более узких ремизовских тем, например, знаменитой темы человеческого равнодушия («человек человеку бревно», «ведь никому ни до кого нет дела») или — в эмиграции — темы писательской ненужности.

20. *Ахру*, Берлин 1922, стр. 25.

TRANSLATING REMIZOV

Mirra Ginsburg

About ten or twelve years ago Professor Karlinsky asked me to translate some Remizov for the collection of émigré writing that he was then editing. My answer was an unequivocal "No. I detest Remizov. He wrote a cruel and unfeeling obituary on Zamyatin. His *V rosovom bleske* is simpering and sentimental. And, generally, most of his writing is untranslatable."

Letters went back and forth, and I am grateful that my "No" was not accepted as final. One day I was working at the library, and I thought—"let me take another look." I ordered a number of Remizov's books—*Myškina Dudočka, Posolon', Martyn Zadeka, Podstrižennymi Glazami*, and others. I read, and read, and read, and fell in love—head over heels. And love is the *second* essential requirement in translation—love for the writer and his work, and a deep affinity, without which the rendition dies.

It was a revelation: A wood goblin blessed with the gift of music and of words. A master stylist, an intensely Russian master stylist. A man of marvelous prismatic vision, a great artificer, utterly unique, both idiosyncratic and universal, and an artist of absolute integrity. The rare person who is absolutely himself, who doesn't, cannot conform to any *given* models or standards. His style—of being, of seeing, of writing (and, as I later discovered, of painting)—totally *his own*—and, to me, delightful. And, what endeared him to me even more—he was steeped in folklore—and, he had toys all his life, and he loved the mouse who became his friend during the dark, terrible years of occupation in Paris.

I was enchanted, and as I know more of him, I am more and more enchanted by the "gaiety of spirit" (*veselje duxa*) that he felt was so essential in a human being and that he possessed so richly—his perpetual mischief, mockery, pretense. He was forever trying on a variety of masks, and dressing up others in masks, and often you cannot tell the truth from the invention, yet both—as he sees them—are fascinating, and both essentially true and essentially false.

I love his sense of the ridiculous, his often outrageous, wildly burlesque, wildly funny "indecencies," his unseeing seeing eye, his extraordinary capacity for capturing a moment in a few salient strokes (and if there are no vivid details, he'll invent them!), his gift for expressing emotion through seeming absence of emotion.

But he is all contradiction, and he has endless facets. Along with the marvelous sense of play, the wild absurdities and laughter, there was the strict and rigorous artist and the man who felt life profoundly and tragically, and this runs through all his work—from his early fictions through the folk tales, apocrypha, dreams, and autobiographical writings.

In *Myškina Dudočka* (*Mouse Piper*) he speaks of the hundreds of mice that overran the house he lived in, during the frozen, hungry years of German occupation in Paris. The concierge, he says, finally brought in a "krysomor," a (surely apocryphal) French version of the pied piper. He describes the sound of the pipe which lured the mice to their destruction (incidentally, an enormously difficult passage to translate):

> In this piping call there was something both kind and merry—luring, carefree trills, but in the very depths of the sound I heard a piercing anguish, the same feeling as when a man wanders from room to room, finding no rest or respite, as when there is no place for him on earth, and no hope of ever finding one— this soul-tormenting ache—its voice sounded within me.

> В этом вызывающем дуде было что-то и доброе и веселое — призывные беззаботные переклювы, но в самой глуби звука мне прозвучала щемящая тоска: это то самое чувство, когда человек бродит из комнаты в комнату, не находя себе места, это когда нет на земле человеку места и не найти его и никакой надежды — эта душу выматывающая тоска, ее голос звучал во мне (p. 109).

Clearly, the piper is Remizov himself.

In much of his work, especially his later work, and especially after his wife's death, there is a sense of utter desolation—absolutely his own, but also everyman's. (As in *Martyn Zadeka*—"My Flowers"—a reference to his lost daughter?) In *Načalo Slov* ("The Origin of Words," *Literaturnyj Sovremennik*, 21/xi/1954, p. 11), he writes:

> And when I perish, my word, my music, spring air, spring song—where will you go? And there is no one on earth who has heard me: Briusov, Andrej Bely, Blok, Vološin, Z. N. Gippius, Gumilev, Esenin, Kuzmin, Sologub, Vyač. Ivanov, Zamyatin—only mute crosses on graves, and crossless ones.

He knew life, and he knew death.

Remizov was forever intrigued by the creative process—his creative process, and wrote about it again and again. To me, as a translator, his self-searching is especially interesting. Here are a few quotes from *Načalo Slov*:

> My mode—my non-bookish Russian—has been as a cataract in the eye to the critics (p. 8).

> With the bride's song of lament, her prayer to the sun, the moon, and the rainbow, I begin my whirl of words in the Russian mode, and I cannot speak in any other way. . . . With the maiden's lament before marriage I enter Russian literature—on September 8, 1902 (p. 9).

And throughout my writer's life, with the same play of destiny as in my daily life, I have had one goal and one intention: to perform verbal pieces as a musician performs music on his instrument (p. 9).

I never intended to "enter" literature (p. 9).

I dreamed of becoming a singer, a musician, an actor, a painter, a teacher of penmanship, a barber, a pyrotechnician (to send up bursts of fireworks and magical stars), a philosopher, a scholar—and here I am in literature. And even asked the blessing—of the sun, the stars, the rainbow—to all four corners of the world (p. 9).

And I love words, the primal sound of the word, and the combination of sounds: I love the singsong Moscow speech, I love the native Russian omissions of words (ellipsis), when a phrase looks like a honeycomb; I love the confusion of tenses—the moving line with a sudden leap, and sit-down; I honor and revere the wise word—rarest among the jumble of dull, dim-witted words of nonsense, but I will gladly welcome a mindless blurt and foolishness if spoken out of a man's own sight and in his own voice (p. 10).

I want to write as I speak, and speak as it comes (p. 10).

I am no teller of tales, I'm a singer, and I never became a "novelist" (p. 13).

Once I made an experiment: I remembered that one must touch the earth; and only then will I come alive. I gathered regional dictionaries . . . and, reading slowly, letter by letter, without haste, I walked the length and width of Russia. And what came from where. My *Posolon'*—it is not an invention, not a composition—it came of itself—the breath and the color of the Russian earth—words (p. 16).

Remizov wrote somewhere that even a cultivated Russian will not understand much of his writing. He not only delighted in archaisms, in regional folk speech—he needed these to say what he had to say, in the way he had to say it. He rejected and violated all bookish rules of syntax, grammar, sequence, logic, and the result is totally his own, and totally delightful—to read. But to translate? That is quite another matter.

And here I must interpolate with a few words on translation generally. We use the word constantly, without defining it, without saying what it is, what it should be, and what it can or cannot be. One—translation is an art, and the translator is, or should be, an artist, re-creating a work in another medium, another language, just as a musician re-creates a composition, as an actor re-creates a play.

A translation must be absolutely faithful and absolutely free—and this is not as paradoxical as it seems. Freedom does not mean license to change, to add or delete, to explain, or anachronize. It means that the translation *must breathe* in the new language, must sound as true and right and authentic as did the original. It means that the translator must listen to the words on the page, must yield himself to the material as completely and sensitively as the original author yielded himself to what spoke from within and through him. But he must also breathe freely if the translation is to be alive.

And this means that the translator, besides full knowledge of both languages, must also know the world in which the author lives or lived. He must have an excellent ear, first of all for the meaning, and—equally important—for connotation, association, nuance; he must understand or sense why, out of a dozen synonyms, the author chose this particular word; he must have a finely tuned sense of language. In short, he *must have talent.* And that is the *first requirement.* In essence, the translator must be an excellent writer, who writes, without vanity or intrusion, along with the original author, asking himself at every moment (whether consciously or not): How would this writer have said this in the language I am working in?

And a second interpolation: for some strange reason the worst offenders against the art of translation—with a few notable exceptions—are academics, teachers of literature. These teachers of literature, forgetting or ignoring all they know, or should know about literature, and throwing away to the wind whatever sense of values they should have, rush in where angels fear to tread, and merrily mutilate the works of their betters without a twinge of doubt or conscience—in fact, mightily pleased with themselves. And, most incredible of all—their sorry productions are published by the dozens year after year by prestigious (and not so prestigious) publishers (mostly academic), as though the only thing that matters is the name of the author or the work, not the shape in which that work is presented.

All this is particularly true of Russian, which, again for some odd reason, falls into the same dismal category with the "lesser known languages"— Asian, African, and, of course, the classics.

Remizov, deeply Russian, rooted in the Russian past, in Russian religious writings, in folk speech and folk lore, with his blend of Christianity and Slavic paganism, can safely be said to write in a "lesser known language." His language, his perception, his specific mode of feeling and seeing, are utterly alien to English or American experience. And there are often no equivalents in English for the Russian words, values, religious-emotional attitudes.

All language is a code, a shorthand, a system of references based on specific experience, some of it universal, some acutely local, wholly of this place, of this people, of this culture.

What is the translator to do if the reference, the experience, the categories, emotional, intellectual, and verbal, do not coincide, or even overlap?

In translation there are verbal and non-verbal means. Music is more universal than words. Listen and capture the tonalities, the rhythms—and words begin to come and fall into place, conveying, at least in part, the shape, the quality, and the intent of the original.

In the very best translation, especially of a writer like Remizov, losses and shifts are inevitable, not only because of non-coincidence of language, but also because the eye and the mind of the reader are different, and the associations he brings to the work are different. Translation is a possible-impossible art. Yet when it works, when the text sings like the original, it's a wonderful feeling—a miracle!

On the whole Remizov's writings can be split into three categories: The difficult, yet translatable; the very difficult, but perhaps translatable; and the utterly impossible. I have done some of the first two. I would not touch the third.

I was asked to translate some passages of *Besnovatye*, to accompany Remizov's illustrations. Utter defeat. Even the title is impossible. How convey first, the particularity of the traditional Russian attitude toward what we in English call "the possessed," (and the "*jurodivye*" and the "*klikuši*"), and, second, the utter fixity and frenzy and vitality of the madness characteristic of possession, which are so vividly and musically expressed in the very sound of "*besnovatye*"?

And then the archaic Russian mode. Even archaic English, if it could be mastered enough to sound inevitable and natural, would be a complete distortion. Render it in modern English? A violation of the work's art and sensibility, utterly alien to *our* English. Remizov is an absolute poet. To put his archaic work into present English would be as outrageous as the currently prevalent translations of poetry (Russian, and other) that litter our literary scene. Such translations can at best give an idea of what the work is *about*, never what it *is*—its music, its nuances, its reverberations. They are not translations—they are demolition jobs.

And so, we must accept that there are barriers, frontiers that cannot be crossed, and the translator must respect them and beat a dignified retreat.

In conclusion, some of Remizov's own words about translation and translators:

> Translators wail and complain, though what is it to them? They'll do it all as they please, anyway; but then it can't be otherwise: in language, neither the intonation nor the pattern coincide. (*Načalo Slov*, p. 8)

In *Myškina Dudočka* in the chapter "Vavilonskoje Stolpotvorenie" ("Babel") Remizov tells the story, in his extravagant-comic style, of the attempts

to translate three of his stories into French for a bi-lingual edition
of *Zolotoje Runo* (*The Golden Fleece*) in 1905. Three Frenchmen were
invited to do the translations—Chouseville (all immersed in Verlaine and
Mallarmé), and two others, without particular literary qualifications, a
Duboudom and a Bourdon, both married to hefty Russian women, candy-
makers, from whom they learned Russian. The poor Frenchmen labored
and labored on the stories—and incidentally, even the titles are untranslatable—"*Xovala*," "*Nežit'*," "*Vodyl'nik*." He cannot say, he tells us, how
Duboudom managed with his wife, but the story of Bourdon would soon
be learnt by all of Moscow. His Annuška, fed up with his lack of attention,
got up one night, announced that she was going to drown herself, and
disappeared. Soon after that, a body was fished out of Moskva-River, and
no one knew—was it a man or a woman. "Perhaps it dropped off," or "an
anomaly"—all Moscow was agog. And Remizov feared to show his face.
He knew it was Annuška, and it was all his fault—his "*Xovala*."

After some time he met Duboudom. "And how are you doing?" Duboudom, in embarrassment— "Mine burnt" ("*Sožglas'*"). Remizov, horrified
(one drowned, the other burnt!)—"Oh, no!" "In the stove," the translator
explained. "The manuscript." And Remizov understood—his "*Vodyl'nik*."

And then, he says, after many years,

> . . . in Paris, like snow out of the blue, they took it into their heads to trans-
> late me into French.
>
> There's nothing much to tell. The same story. Schletzer swallowed mercury,
> Pascal in despair retired to a monastery, Chouseville—and how I hoped that
> he would not abandon, because, as he himself confessed to me, he "never
> married"—yet even Chouseville has disappeared without a trace somewhere in
> Syracuse, reading the Koran and speaking nothing but Arabic.

> . . . в Париже, как снег на голову, затеяли меня переводить на фран-
> цузский.
>
> Много рассказывать нечего. Все то же: Б. Ф. Шлецер ртуть проглотил,
> П. Паскаль с отчаяния ушел в монастырь, Шюзевиль — а как я рассчи-
> тывал, не покинет, "потому что никогда не женился", как сам он мне
> признался, а вот и Шюзевиль безвестно в Сиракузах, читает коран и
> говорит только по-арабски (р. 196).

So much for translators of Remizov!

New York

Note: All the passages quoted above were translated for this essay. The
sources are not at present available in English.

ЛИТЕРАТУРНАЯ МАСКА АЛЕКСЕЯ РЕМИЗОВА

А. Синявский

Согласно понятиям Ремизова, лицо писателя и биографию писателя достойным образом способны воспроизвести лишь легенда о нем или сказка. Сказка, претворяющая черты и факты человеческой жизни — в миф. И подобного рода легенду о себе самом, о главном герое и об авторе своих сочинений, Ремизов творил всю свою жизнь. В результате мы живо представляем образ Ремизова, вполне конкретно, наглядно, словно подлинный автопортрет, тогда как в действительности во многом это литературная маска, связанная с лицом человека, а вместе с тем от человеческого лица отделенная и вынесенная на авансцену текста на правах самостоятельного мифического литературного персонажа. Такого же рода маску Ремизова, как слепок его внутреннего, писательского облика, воссоздает Александр Блок — рядом с собою в парном портрете, в стихотворении «Болотные чертенятки», зачинавшем вторую книгу его стихов.

> ... Вот сидим с тобой на мху
> Посреди болот.
> Третий — месяц наверху —
> Искривил свой рот.
>
> Я, как ты, дитя дубрав,
> Лик мой также стерт.
> Тише вод и ниже трав —
> Захудалый чорт ...

Ремизов благодарно запомнил этот свой сказочный образ в исполнении Блока и очень его ценил. Много лет спустя в письме Александру Блоку (на тот свет) Ремизов поминал об этой встрече:

> Где-то однажды, а может, не раз мы встречались — на каком перепутье? — вы закованный в латы с крестом, я в моей острой лисьей шапке под вой и бой бубна — или на розстани какой дороги? в какой чертячьей Weinstube — разбойном кабаке? или там — на болоте —
>
> > и сидим мы дурачки
> > нежить, немочь вод
> > зеленеют колпачки
> > задом наперед.
>
> Судьба с первой встречи свела нас в жизни и до последних дней.[1]

Встреча Ремизова с Блоком весьма многозначительна в литературном отношении (хотя Ремизов в данном случае одновременно и сближает себя с Блоком, и разделяет эти «портреты», сдвигая Блока на Запад, в сторону благородных рыцарей и скандинавских скальдов, а себя на Восток — в соответствии с устремлениями своего творчества — в сторону диких сибирских шаманов). В поэзии XX века, в истории русского символизма Блок впервые в громадных размерах ввел собственное лицо и свою биографию, создав на этой основе легенду о себе самом и о своей судьбе. Поэзия Блока проняла форму творимого на наших глазах мифа, спектакля, театрального зрелища, где поэт великодушно демонстрирует себя, живет и изживает себя в стихах, повинуясь жребию своего высшего и гибельного предназначения. Впоследствии Б. Пастернак, применительно уже к поэзии и личности раннего Маяковского, называл такого рода лирический рассказ о себе — «зрелищным» или «романтическим» пониманием биографии поэта[2]. Подобное понимание собственной биографии присуще Блоку, зачинателю «зрелищной» концепции в русской лирике XX века. От Блока в этом плане ведут свою родословную такие непохожие на него и друг на друга, но внутренне близкие авторы, как Маяковский, Цветаева и С. Есенин. К той же категории поэтов-зрелищников в прозе принадлежал Ремизов, появившийся рядом с Блоком в виде «захудалого чорта» и развивший легендарный сюжет своей миссии и судьбы. Иными словами, то, что Блок сделал в поэзии, Ремизов осуществил в прозе — с учетом, разумеется, своего пути и стиля, собственных снов и легенд о писателе Ремизове. В частности, при всем своем лиризме, переходящем в театральную демонстрацию своего лица, Ремизов подчеркнуто прозаичен. Его автобиографический образ в первую очередь строится на заведомых стилистических снижениях. Если Блок, допустим, уподобляет себя падшему ангелу, демону Врубеля со сломанными крыльями («в разлив синеющих крыл»), то Ремизов явно отталкивается от столь возвышенной стилистики. Он так изображает себя в момент тяжелой болезни: «Я лежу на земле, обтянутый сырой перепонкой, и не развитое крыло, прячу я за спиной мою переломанную лягушиную лапку»[3]. «Лягушиная лапка» — признак прозаичности стиля и нарочитой приниженности, а вместе с тем природной, «землеройной» сказочности Ремизова, хотя образ навеян, возможно, опятьтаки Блоком, с его «Болотным попиком» из тех же «Пузырей земли»:

... И лягушке хромой, ковыляющей,
Травой исцеляющей
Перевяжет болящую лапу ...

...
И тихонько молится ...
За больную звериную лапу,
И за римского папу ...

У Ремизова не одна, а несколько масок, вступающих в сложные, запутанные и подчас причудливые комбинации. Попытаюсь их наметить, — конечно, не в полном объеме и в крайне схематичной форме. Первый поворот, с которого я хотел бы начать рассмотрение этой серии обликов Ремизова, можно обозначить понятием — «бедный человек». Литературно этот образ восходит к «бедным людям» Достоевского и окружен другими «бедными людьми», о которых рассказывает Ремизов. Но все эти «бедные люди» (или почти все) суть вариации авторского «я» писателя, отчего его голос сострадания к людям звучит с особой пронзительностью. Ремизовские «бедные люди» это не объект, а субъект изображения или, выражаясь его словами, «страждущая моя тень», которая его сопровождает повсюду: «Вы, неразлучные мои спутники, боль и бедность ...» Скажем, Ремизов видит нищего у парижского метро и ставит себя немедленно на место этого нищего: «Голова, обмотанная в тряпках, и вся она, все ее тряпки, тряслись — было до боли холодно, и я подумал: «я бы кричал». Но она не кричала: лицо ее красное ошпаренное, и как ошпаренная крыса лапками, так она руками делала, как умывалась»[4]. Кстати, на персональное сходство Ремизова с подобного рода погибающим существом, крысой, обратил внимание тот же Блок. В дневнике Блока за 1912 год есть запись о раненой крысе, над которой издеваются дворники. И вдруг — аналогия: «На эту крысу иногда бывает похож Ремизов»[5].

Однако, при всех бедствиях, выпавших на долю Ремизова, принимать эти автобиографические картины в его книгах за чистую монету было бы наивностью. Ибо перед нами не живописание фактов подлинной биографии «бедного человека», Ремизова, но их подбор и утрировка в сторону сказочной фабулы. Ремизов преувеличивает свою бедность, нищету, непризнанность и отверженность, что иногда вызывало нарекания близко знавших его лиц, считавших, что Ремизов вечно прибедняется. Как пишет Н.В. Резникова, — «у А.М. была мания в этом отношении: в течение всей своей жизни он всегда подчеркивал свою нужду, неустроенность и заброшенность»[6]. В другом месте воспоминаний она справедливо добавляет, что свою непризнанность Ремизов сделал — как бы своим стилем»[7]. Вот именно — *стилем*. Допустимо сказать, что это — «мания стиля», т.е. мания всего ремизовского — сказочного — антуража и сюжета, а не просто порождение

его собственно человеческой биографии и психологии. И если это пере-
шло в жизнь и Ремизов в его сочинениях рисуется нам необыкновенно
бедным, последним человеком с вечно протянутой рукой за мило-
стынью, за подаянием, которое ему никто не оказывает, то это скорее
обратное влияние литературной маски на человеческое поведение, как
бы подтверждающее, реализующее избранный стиль и сюжет. И когда
перед нами Ремизов восстает в самом жалком обличии, это, мы
должны помнить, не жизнеописание, а мифотворчество, мистификация
и стилизация, звучащая почти пародийно, — на тему собственной
личности и своей несчастной судьбы. Например, Ремизов всего боится:
«... Я боюсь ездить в автокарах и в автобусах и, конечно, в автомо-
биле, мне все кажется, или опрокинет или наскочит; я боюсь ездить
по железной дороге и в мэтро, я всегда думаю о крушении, а все
встречные лошади грозят меня ударить подковой... А в грозу — днем
ли, ночью ли — я всегда боюсь, молния попадет в дом. Я никогда не
ем рыбу — боюсь подавиться косточкой, и эти косточки мне мерещут-
ся во всякой еде... В театре, в концерте я сижу как на иголках: мне все
кажется, рухнет потолок или начнется пожар ... Я боюсь собак, коров;
меня путают комары, врывающиеся в окно, жуки, пчелы, осы, шмели и
падающие камнем летучие мыши — все живое, вся движущаяся,
снующая, плодящаяся «природа»: да и вещи — всегда может упасть и
стукнуть по голове. Зимой я боюсь мороза, осенью дождя, весной
простудиться, а летом гроз... Боюсь входить в магазин, боюсь
спросить улицу, боюсь опоздать в театр и на поезд»[8]. Все это,
конечно, не зарисовки с натуры, а самопародия — пародия на свои
страхи, страхи «бедного человека» перед вечным ужасом жизни. Соот-
ветствующим образом он любит обыгрывать собственную наруж-
ность. Оттого мы так хорошо видим, как будто живое лицо, его физи-
ческую маску. В ней преобладают черты непривлекательные, уродли-
вые, мизерабельные — переломанный во младенчестве нос, «нос —
чайником», всегдашняя подслеповатость, сгорбленность, забитость,
нищенский костюм в виде множества намотанных на себя тряпок ... В
его автопортретном искусстве верх берет карикатура, подобная тому
комическому «автопортрету», который он нарисовал карандашом и
наклеил на официальный документ вместо фотографической карточки,
закрепленный печатями, и подписался внизу.» ... И когда я показывал
это мое изображение, — поясняет Ремизов, — закрывая подпись: «Кто
это?» — все без исключения отвечали в один голос: «свинка»[9]).

Такая идентификация собственного, авторского лица с очевидной
карикатурой и составляет стилистический принцип ремизовской прозы.

И в повседневом быту он предпочитает изображать себя в крайне непрезентабельных позах и положениях — на четвереньках, в растерянном виде по какому-нибудь путяковому поводу или, с тряпкой в руках, подтирающим «осьмиэтажную мочу» из лопнувшей уборной. Даже касаясь самых трагических ситуаций в своей жизни, Ремизов не забывает карикатурно себя унизить, опозорить. Так, за гробом жены он следует в подаренном ему дурацком «эмпермеабле первого танцовщика опера́». Эмпермеабль этот несколько раз поминается, обыгрывается, чтобы своим неуместным «шикарным» видом лишний раз подчеркнуть утрированную нищету и убожество нашего героя[10]. Ремизов, вообще, работает на стыке трагедии и пародии, и с такого рода гротеском сопряжены самые блистательные страницы его прозы. Вспомним хотя бы ночной вой замерзающей собаки Шавки в *Подстриженными глазами* в соединении с арией В.Ф. Коммиссаржевской из «Бесприданницы»: «Но не любил он...» И это вой самого Ремизова — как плач Адама на проклятой Богом земле...

В искусстве нарочитого, карикатурного самоумаления — в качестве параллелей ремизовской маске — среди его современников стоит вспомнить Розанова, Бабеля и Зощенко. Но в построении и в обрисовке этой фигуры Ремизов, помимо прочего, как никто другой связан с мировым фольклором, с характерными, в частности, для фольклорных сюжетов завязкой и с особым отбором излюбленных героев. В сказках самых разных народов мы встречаемся с одной удивительной закономерностью, которая действует не всегда — не в каждой отдельной сказке, — но к которой сказка, как жанр, явно тяготеет. Сказка избирает в герои не лучших, а худших. Если это мужик, то самый бедный мужик, беднее и худороднее которого нет во всей деревне. Если у отца три сына, то героем непременно оказывается самый младший, третий сын. Хотя в реальной жизни, мы знаем, блага — богатство и власть — распределялись по старшинству, героем сказки становится не старший, а младший, наименее обеспеченный и наиболее обездоленный. И рисуется он подчас как человек, наименее приспособленный к жизни, как самый слабый и самый некрасивый, незавидный и неказистый. Как Ремизов. В одной русской сказке говорится о трех братьях: «Старшие два брата какие были молодцы: и рослы, и дородны! А меньшой, Ванюша, как недоросточек, как защипанный утеночек, гораздо поплоше!» При этих словах, конечно, в нашем сознании всплывает сказка Андерсена о гадком утенке — о будущем лебеде, о самой прекрасной птице, которая в детстве, да еще в обществе уток, представляется самой уродливой. Схему «гадкого утенка» допустимо распространить на весь сказочный мир — в смысле выбора истинного героя сказки. Здесь особым успехом пользуются люди, сами по себе ничем не замечательные и, более того, от рождения «бессчастные» и «безродные» (сироты), которые только потом, в ходе фабулы или к концу сказки, оказываются победителями. Притом побеждают они обычно не в силу своих достоинств, а в силу своей недостаточности и как бы ниспосланного самим Богом первоначально бесчестия, которое потом разительно заменятся знаками как бы «второй судьбы», обеспечивающей счастье тому человеку, который всех несчастнее.

В собственной маске «бедного человека», в «автобиографии» (а все творчество Ремизова это «автобиография») Ремизов использует этот сказочный сюжет. И не только использует, но кладет его в основание своей жизни и личности. Более того, он усугубляет черты своего перво-родного и греховного ничтожества. В продолжение и в развитие того же мифического сюжета, помимо изначальной уродливости, нищеты и сиротства, он наделяется проклятием матери, тяготеющим над ним от рождения, как Каинова печать, а затем совершенным им якобы «религиозным преступлением» в виде женитьбы на женщине, давшей Богу обет безбрачия... Чуть ли не царь Эдип... И в то же время — царевич Гвидон, спасший от смерти царевну Лебедь и блаженствующий в ее волшебном сиянии, в огне Святого Духа, отраженном «в розовом блеске» икон Андрея Рублева и покровительственном опахании крыльев Серафимы Павловны Ремизовой-Довгелло...

Итак, «бедный человек», с лежащими на нем изначально виной и карой, лишь один из многих обликов Ремизова, и сама «виновность» и «отверженность» необходимы ему для того, чтобы перевернуться по контрасту, по закону сказки, в иные качества и состояния — самого богатого и счастливого персонажа. Эти новые свойства фигурально выражают его творческие способности и потенции художника, но они тоже представлены наподобие маскарада. В облике Ремизова появляются или акцентируются черты «китайца», «тибетца», персидского или арабского «мага», мудрого «гнома» или доброго «беса». Это «бедный человек», не переставая быть «бедным», оделся в другую, противоположную маску — чудотворца, колдуна или сказочника, сопровождаемого своими «игрушками», своими магическими помощниками, которые суть продолжение его авторского «я» ... И все негативные его признаки оказываются обратимыми и оборачиваются положительным знаком. Последний становится первым. Нищий и гонимый, он существует исключительно — «чудом». Робеющий перед всем на свете, боящийся перейти улицу показывает бесстрашие жить и мыслить напе-рекор всей действительности. Его природная близорукость, «подстри-женные глаза» таят в себе дар ясновидения и становятся «гномическими», «купальскими», глазами «приближающими дали» и открывающими невидимый мир чудесного и сверхъестественного. У младенца-мученика обнаруживается «счастливая», т.е. магическая ручка, способная при-носить счастье другим бедным людям, а затем этот «счастливый дар чаровать» не исчезает, но переходит в певческий голос мальчика и, наконец, — в писательское слово[11]. Само рождение Ремизова — не где-нибудь, а в «сердце Москвы» и не когда-нибудь, а в ночь Ивана Купалы, — подается как сцена рождения чудесного ребенка, в духе картин раннего Ренессанса: «И это не осталось незамеченным. И как молния и гром среди зимы, запишется в неписанной летописи домаш-них, близких и знакомых на Москва-реке по Замоскворечью. Будет долго помниться и повторяться: 24-е июня в полночь рождение чело-века. А досужие астрологи с Зацепы: черный кузнец, оперенный птич-ник и чешуйчатый рыбак вечерами по своим каморкам при одноглазой коптилке согнутся над гороскопом. И гороскоп показывает: долго-летие, бурю приключений и счастье — девать некуда, богатый чело-век!»[12] Ведь это почти «поклонение пастухов» Младенцу в яслях!..

Ремизов говорит в *Учителе музыки*, что «в каждом человеке не один человек, а много разных людей[13]. А когда его биограф, Н. Кодрянская спросила Ремизова о его многоликости, — «Алексей Ми-хайлович даже не удивился моему вопросу, а весело воскликнул: «Да ведь они все между собой перекликаются!»[14] Внутреннее единство этих «ликов» или их перекличка достигаются у Ремизова в значительной мере благодаря сквозном сказочному сюжету его жизни и творчества, принятому за основу. Происходит не только смена одной маски другой маской, а их взаимное перемигиванье, взаимообусловленность и взаимозаменимость. Впрочем, подобная взаимозаменимость наблю-дается и в самой сказке.

Между отмеченными двумя полюсами «бедного человека» и «все-могущего колдуна» расположено множество, условно говоря, «про-межуточных звеньев», к которым Ремизов тоже по-своему восходит или реализует их по-разному на своем индивидуальном пути. Среди этих персонажей необходимо особо выделить три образа: сказочного дурака, сказочного вора и сказочного шута-скомороха. Хотя все они между собой явно перекликаются, каждый из них приоткрывает определенную грань в облике писателя и в поворотах сказки.

Еще в детстве Ремизову дали прозвище «пустая голова», и оно

прилепилось к нему до конца дней[15]. Перед нами вариация сказочного дурака, который в свою очередь представляет собой вариацию «бедного человека», всеми презираемого, а вместе с тем избранника сказки, самого ею любимого. На социальной и, вообще, на оценочно-человеческой лестнице дурак занимает последнюю ступень. Все над ним смеются, все его бранят, а иногда и колотят. Иной раз дурак приносит вред семье, а то и всему обществу. Но делает он это не по злому умыслу, а по глупости, и наши симпатии в сказке находятся всецело на его стороне, потому что он бесхитростен, простодушен и попадает впросак по своему чистосердечию, по своей безграничной доверчивости. А доверчивость дурака измеряется его феноменальным незнанием самых элементарных понятий и правил нормальной жизни. Все это в избытке мы найдем у Ремизова в его автобиографических сказках. Но дуракам, как известно, счастье, и сказочный дурак становится самым удачливым персонажем, поскольку Божья воля, или судьба, или магическая сила (как вы это ни называйте) расположены к человеку, лишенному всех достоинств и не способному абсолютно ничем себе помочь — ни умом, ни силой, ни волей, ни работой. Он открыт «чуду», и в этом его преимущество.

В сказочном дураке исследователи усматривали порою специфически русское народное миросозерцание — пассивность, леность ума, надежда на «авось», на то, что кто-то придет со стороны и все за нас сделает. Религиозный философ Евг. Трубецкой писал по этому поводу с глубокой скорбью: «В ней (в русской сказке о дураке, — А.С.) сказывается настроение человека, который ждет всех благ жизни свыше и при этом совершенно забывает о своей личной ответственности... Превознесение дурака над богатырем, замена личного подвига надеждой на чудесную помощь, вообще *слабость волевого героического элемента*, таковы черты, которые болезненно поражают в русской сказке». Заодно сошлюсь на трактовку сказочного вора, который приводил Трубецкого в еще большее отчаяние: «Есть сказки, где хищения облекаются таинственным волшебным покрывалом, но есть и другие сказки, выражающие низшую ступень нравственного сознания, где воровство, ничем не прикрытое и не приукрашенное, нравится само по себе, как «художество» и как наука устроения лучшей жизни»[16].

Напрашивается вывод, что все это свидетельствует о нравственном падении русского народа или каких-то низших его слоев. Ведь предметом воспевания оказывается ничем не прикрытая глупость и не ограниченное никакими моральными запретами воровство, которые пользуются неизменным успехом и сочувствием в сказках такого типа. А поскольку глупость и воровство, действительно, широко практиковались и практикуются на Руси, это можно рассматривать уже как национальное бедствие... Ремизов неизмеримо далек от подобных концепций и ближе стоит к собственно народному и сказочному пониманию роли дурака и вора. Кстати заметим, оба эти персонажа не привилегия русской сказки, а носят международный характер. Столь же неправомочно от одного фольклорного жанра ждать и требовать проявлений другого жанра: от сказки требовать признаков героического эпоса с его воспеванием личного подвига и личного достоинства. Сказка в своих истоках древнее героического эпоса и имеет не героические, а магические корни, производным которых, в частности, и выступает — дурак. Да и в самих сказках, лишь другого типа, мы немало встретим героев и положений, которые звучат как апофеоз здравому смыслу и житейской мудрости. Назначение же и апофеоз дурака в ином: всем своим поведением наглядно представить, что от человеских усилий, стараний, ума, в конечном счете, ничего не зависит. Все дело в судьбе, в покровительстве «высшей силы».

В отличие от истинного сказочного «дурака», безответственного лентяя, Ремизов всегда очень много работал — и в качестве писателя, и ради поддержания семейного очага. Тем не менее, в своей литературной маске он разнообразно варьировал и подчеркивал «дурацкие» свойства. Это говорит, в частности, о тестном соприкосновении Ремизова с миром волшебного, с магией. С другой же стороны, «дурак» в нем (как и «колдун», и «вор», и «шут») соединен с «веселостью», противопоставленной людям правильным, холодным и безулыбным. «Я узнаю их и в книгах — в этой сухой безжизненной литературе, где все ро́вно, все в шаг, «логично», ну, хоть бы раз кто-нибудь из них да поскользнулся! — окаменелое сердце и окостенелое слово»[17]. И в должности «дурака» Ремизов вечно поскальзывается...

Биографически, одно из первых проявлений «дурака» и «дурацкого» в его жизни мы наблюдаем в книге *Подстриженными глазами*, в ситуации «Счастливого дня», на похоронах англичанина, обернувшихся светлым праздником. Вслед за похоронной процессией — «Мы тряслись с Мурлыкиным на линейке и было очень весело»[18]. Перед нами состояние какой-то первоначальной — «дурацкой» и «райской» — невинности, позволявшей дураку в сказке плакать на свадьбе и смеяться на похоронах. С этим соседствует прозорливость святого дурака — юродивого, к которому тяготеют и сказочный дурак, и автобиографический герой Ремизова.

Из той же «веселости духа» проистекают всевозможные ремизовские «безобразия», «кикиморы», «игра вещей», мистификации и обманы, его редкая способность и самому попадать и ставить других в «дурацкие положения». Иными словами — фантазия и страсть к метаморфозам, питающим основания творчества, чуда, сказки, мифа, религии. Без метаморфозы, вне метаморфозы нет и не бывает — чуда, религии, искусства. Ни даже самой простой поэтической метафоры — бледной копии метаморфозы...

К этой метаморфической стихии в произведениях Ремизова, среди прочих персонажей, руку приложил — сказочный вор. В лице Ремизова, разумеется, этот «вор», если и залезает в чужой карман, то не с тем, чтобы извлечь деньги, а с целью подложить ближнему какую-нибудь несуразную дрянь, в виде, допустим, рыбьих костей или перегоревшей лампочки. Тем не менее «воровская» природа этой маски сохраняется. Недаром, в виде очередной «игры», Ремизов приписывал себе принадлежность к шайке Ваньки Каина, с одной, однако, существенной оговоркой: «В разбойных делах я принимал самое живое участие. *Меня занимало, как это происходит* (курсив мой, — А.С.). Убивать мы никого не собирались и «в мешок не прятали» ... — про утопленников после нас не слыхать...»[19]

Сказочный вор к нравственности отношения не имеет. Сказки подобного типа это не воспитательно-дидактический, а развлекательно-эстетический жанр. Сказка, вообще, не изображает действительность, а ее преображает. Реалистический подход, предъявленный Трубецким, здесь неуместен. Сказочный вор не скрывает своей профессии, а открыто о себе говорит: я — вор. В более развернутой форме это выглядит немного грубее. Вор заранее всем объявляет, что обучен одному искусству: «воровству-крадовству да пьянству-блядовству». Это звучит подобно заявлению Ремизова: «Без обмана я жить не могу»[20]. Ремизов, согласно его признанию, «врал, как художник, — его ложь была бескорыстной игрой: ведь признак художественности и есть «ни для чего», «само собой» и «для себя»[21]. То же самое наблюдается за проделками вора в народных сказках. Подобно дураку, сказочный вор — бескорыстен. Воровство для него это не способ наживы и обогащения, не «наука устроения лучшей жизни» (как думал и негодовал Трубецкой), а — самоцель. То есть — чистое искусство, которое он с удовольствием демонстрирует всему честному народу. Да и слушатели сказки восхищались не тем, чтó и сколько вор украл, а как он это сделал. По Ремизову: «Меня занимало, как это (воровство, ограбление, — А.С.) происходит». А делает это вор невероятно хитроумным путем, который и становится в сказке предметом эстетики. Воровство в данном случае это художественный трюк или фокус. Фокусы вора принадлежат к той же магической традиции, которой питается сказка. Но магия в подлинном виде здесь уже утрачена, и вор пробавляется ловкостью рук и виртуозной изобретательностью в искусстве обмана и кражи, как Ремизов, следуя той же традиции, проделывал это в области языка и фантазии. Ведь ранняя кража — магнита, — согласно творимой им о себе легенде, понадобилась Ремизову для того, чтобы «притягивать слова»[22]. Словесное же искусство, помимо прочего, предполагает — фокусы: «вертеть и перебрасывать[23]. К Ремизову применимы слова, сказанные им о Гоголе: «Душа Гоголя: плутня и волшебство»[24]. А из гоголевских героев наибольшие симпатии и чувство внутренней близости у Ремизова возбуждает Ноздрев — враль, игрок и жулик. Казалось бы, по человеческим признакам Ремизов далек от Ноздрева. Но в писательском качестве он ощущает Ноздрева своим, собою и фокусы, и безобразия его трактует как «поиски совершенства». Перед нами вариант сказочного вора. На обложке «Огня вещей» Ремизов изобразил себя в этой маске — в маске Ноздрева. Это совместно Ноздрев и Ремизов — в одном лице.

Сказочный ряд персонажей, ведущих происхождение от древнего колдуна или героя, снабженного магической помощью, увенчивается фигурой шута. Он же иногда скоморох, рассказывающий сказки и потешающий народ. Говоря по-современному — артист, поэт, писатель. Образ шута существует на скрещении дурака и вора, которые в свой черед промышляют подчас шутовством, так же как шут способен на веселые фокусы вора и проказы дурака. Вместе с тем шуту в сказках отводится вполне самостоятельная роль как носителю искусства обмана и клоунады, с которым скоморохи себя отождествляли, будучи сами носителями и соавторами сказок. Шутовство, можно думать, это вообще стихия сказки на позднем ее этапе, когда оно полностью заменило собой колдовство, принявшее игровой образ, но помнившее о своих волшебных предках и потому введенное в сказку на правах одного из любимых ее героев. В государстве шут-скоморох занимал последнее место, а в искусстве — первое, и сказка об этом знает.

В одной русской сказке о дураке дочь царя выбирает себе жениха по вкусу и никак не выберет, потому что избранник-дурак не присутствует среди претендентов на ее руку. Сначала царь собирает царевичей и королевичей. Но царевна, осмотрев гостей, отвечает: «Здесь мне жениха нет». Во второй раз царь созвал княжеских, боярских и богатых купеческих детей. Тот же результат: «Здесь нет по мне жениха». Тогда

разгневанный царь объявляет: «Ах ты, дочь моя разборчивая! Из
каких же людей тебе жениха надобно? Коли так, соберу теперь мещан
да крестьян, дураков, — голь кабацкую, скоморохов, плясунов да
песельников; хочешь не хочешь — выбирай себе мужа!» И, разумеется, в этом третьем туре царевна находит своего суженого, наде-
ленного магической силой, находит в родственной ему среде отбросов
общества — пьяниц кабацких, скоморохов, плясунов и песельников.
Но для самих скоморохов эта среда избранная: она соседствует непосредственно с чудодейственным строем сказки.

Ремизов многократно и в разных поворотах рекомендовал себя
скоморохом, возводя свою родословную к племени «веселых людей».
Отсюда в его мифологизированной биографии и дружба в детстве с
бедным Иориком, как бы передавшим мальчику по наследству свой
драгоценный дар, шута и фокусника, и Сергий Преподобный, являв-
шийся перед смертью бабушке Ремизова несколько на скомороший
манер — с медведем ... Да ведь и сами скоморохи на Руси пели о себе,
что они люди не простые, а святые, умеющие творить чудеса. Только
святость у них веселая. Это близко ремизовскому пониманию природы и роли искусства — святой скоморох ... Он же, Ремизов, скоморох
при дворе Алексея Михайловича. «Царю о ту пору понадобился
дурак. Меня и нарядили. Только я нынче не Алексей, а царский дурак.
Серьгей Зажигай[25]. Он оправдывает свое новое прозвище — Зажигай
— и в шутовскую пляску включает магический номер, взвиваясь,
огненным шаром. Так одним этим росчерком сближает он две свои
маски — скомороха и чародея — в огне, первостихии Ремизова. И тот
же огонь, согласно его мифологии, как Дух Божий, когда-нибудь со-
творит на земле новую, справедливую жизнь, без обид, болезни и
смерти, — «по образу своему и подобию ...»[26]

При множестве масок Ремизов целостен в своем образе: за всеми
ними прослеживается тема творчества, сам сюжет творчества, прини-
мающего разные позы и очертания с одной исходной точкой: поэт,
скоморох, сам Ремизов. И подобно скоморохам Ремизов, как один из
немногих современных литераторов, ощущал себя как будто ответ-
ственным за жизнь мирового фольклора и художественной словесности в целом. Потому он перелагал без конца наиболее близкие ему
сюжеты, мотивы и образы на собственный лад и манер и всюду видел
и находил себя. Он способен заново, по-своему, переписать, например,
всего ненаглядного своего Гоголя. Создается впечатление, что если б
хватило сил и жизни, он мог бы пересказать всю литературу. «...
Попалась легенда, я читаю и вдруг вспомнил: я принимал участие в

сказочном событии. И начинаю по-своему рассказывать. «Пересказ» никогда не оттиск. А воспроизведение прооригинала очевидца»[27]. Это свойство и занятие скомороха — разносить по всей земле сказки. Фигурально выражаясь, Ремизов скоморошил, разнося огонь своего и всеобщего творчества, творчества как такового, как единый пламень своей души.

При слове «маска» в нашем сознании всплывает что-то застывшее, мертвое или искусственное. Но ремизовские маски согреты жаром его сердца, полны игры и мимики его индивидуального лица и его речи. Ремизовские маски пластичны, подвижны и прозрачны. Они живут оттенками значений, так же как его слова. Скажем, своему издательству Ремизов избрал название «Оплешник», что, по его же истолкованию, означает «волшебник», «чаровник», от слова «оплетать», — оплетающий мир языком сказок. Но в том же слове «Оплешник» проглядывает «плешь», как знак карикатурного самоуничижения автора и героя сочинений — плешь «бедного человека», слабого старика, а, может быть, «дурака» или «шута», способного перед лицом «пролетариев всех стран» — «прилетайте! соединяйтесь! — в ознаменование собственное неугасимой свободы и «как голос человека о своем праве быть человеком» — *прокукарекать петухом*»[28]. И тут же, в «Оплешнике», конечно, прячется вечный «леший», веселый и безвредный бес с обезьяньим хвостом, готовый на чем угодно поставить «собственнохвостно» свою подпись. И появляется «плетенка» орнамента — словесного, буквенного и рисуночного — со множеством «закорючек», «кривых рож» и «хвостов» — «хвосты на голове и голова на хвосте»[29] — ремизовская «плетенка», исполнявшая некогда в сказке функцию сакральной охраны, чудодейственного «плетня». Короче, в одном слове мечется толпа масок.

В принципе маски Ремизова образуют бесконечный и не поддающийся точному анализу ряд. Поскольку они весьма переменчивы и прозрачны — из-под одной маски просвечивает другая, за ней третья, четвертая, та возвращается к первой и т.д. Соединение всех этих масок на одном лице писателя напоминает мне портрет юродивого Феди, сыгравшего в детстве Ремизова странную и двусмысленную, до конца непроясненную роль. О Феде сказано: «мне представлялось, что в его глазах еще есть глаза, а за ними третьи и вот ими-то оттуда он и смотрит на нас...»[30] И вот, посмотрев на Ремизова «десятыми глазами из самой глуби», юродивый Федя плюнул в лицо ребенку — «прямо в глаза». Это подается как знак несмываемого позора и стыда, которым изначально отмечен ничтожный и в чем-то виновный мальчик. Но

параллельно возникает другая ассоциация, из Евангелия — исцеление
слепорожденного: «как Христос, плюнув на землю, брением помазал
слепому глаза и велел промыть — и слепой, промыв глаза, прозрел»[31].
Ремизов, однако, подчеркивает, что, в отличие от евангельского сле-
пого, он не промывал глаза. Так что противоречивая эта трактовка не
имеет разрешения в тексте. Ремизов и уничтожен, и преображен плев-
ком ясновидящего Феди, в соответствии с координатами своей автобиографической маски. Но сами его глаза и маски странным образом
напоминают Федю...

Что же, спросим себя, покоется в глубине, на самом дне, «десятых»,
«подстриженных глаз»! Здесь нет, я думаю, и не может быть оконча-
тельного ответа. Но чтобы все-таки попытаться как-то сформулиро-
вать нечто определенное и внятное по такому поводу, следует, мне
кажется обратиться к самому имени «Ремизов» в авторском, мифичес-
ком истолковании, тоже весьма загадочном. В сниженно-пародийном
ключе это имя представлено в ситуации Устьсысольской ссылки. Один
из ссыльных спрашивает — в присутствии будущей жены Ремизова,
что звучало для Ремизова вдвойне унизительно и неприятно:

«— А скажите, — Оводов обернулся ко мне, глаза его нехорошо
смеялись. — Ремизов! вам не родственник Ремизов у Горького?»

Я не сразу сообразил: «у Горького»? но почувствовал ревнивую
неприязнь.

— Нет, не родственник, — ответил я растерянно, как пойманный.

— У Горького дважды, — продолжал Оводов, — в «Вареньке Оле-
совой» Сашка Ремизов конокрад, а в «Фоме Гордееве» золотопромышленник...

— А по моему Ремизов повар, — сказал Щеколдин, — не то в
«Троих», не то в «Исповеди» ...[32]

В сущности, здесь тоже дано столкновение всевозможных литературных масок Ремизова — на сей раз мнимых, фальшивых. Правда,
Ремизов тут что-то путает или нарочно приврал — «для украшения»:
«Исповедь» Горького в ту пору еще не была написана. Но это в глазах
чужих людей он то ли пошлый золотопромышленник, то ли конокрад,
то ли повар. А в собственных глазах: «происхожу от птицы», от самой
«первой у Бога птицы», носящей «знатное царское и волшебное прозвище»[33]. Но и это не окончательно. В наиболее глубоком изводе:
«Есть таинственная птичка и имя не простое: по-арабски: «ремз» —
«тайна»[34]. Добавлю от себя: и дна этой тайны — не доискаться: у
тайны нет и не бывает дна.

«Тут подошла и собачка, обнюхала голову утячью и меня, и подает мне свою шестипалую лапу. И я читаю в ее глазах:

Ремозу. «От Иорика на память»[35].

Таков удаляющийся от нас, от тайны к тайне, и тающий в веках образ поэта-Ремизова...

Sorbonne, Paris

ПРИМЕЧАНИЯ

1. Алексей Ремизов. *Взвихренная Русь*. Изд. второе. London, 1979, стр. 508-509.
2. «Охранная грамота» (1930 г.) — Борис Пастернак. *Воздушные пути. Проза разных лет*. М., 1982, стр. 272, 273.
3. Алексей Ремизов. *Взвихренная Русь*, стр. 223.
4. Алексей Ремизов. *Подстриженными глазами. Книга узлов и закрут памяти*. Париж, 1951, стр. 8.
5. Александр Блок. *Собр. соч. в восьми томах*, т. 7, М.-Л., 1963, стр. 137.
6. Н.В. Резникова. *Огненная память. Воспоминания о Алексее Ремизове*. Berkeley, 1980, стр. 102.
7. Там же, стр. 68.
8. Алексей Ремизов. *Подстриженными глазами*, стр. 10-11.
9. Алексей Ремизов. *Взвихренная Русь*, стр. 373.
10. А. Ремизов. *В розовом блеске*. N.Y., 1969, стр. 370-373.
11. Алексей Ремизов. *Подстриженными глазами*, стр. 188.
12. Там же, стр. 21.
13. Алексей Ремизов. *Учитель музыки. Каторжная идиллия*. Paris, 1983, стр. 317.
14. Наталья Кодрянская. *Алексей Ремизов*. Париж, 1959, стр. 44.
15. Алексей Ремизов. *Подстриженными глазами*, стр. 37.
16. Евгений Трубецкой. *Иное царство и его искатели в русской народной сказке*. М., [б.г.], стр. 46, 11-12.
17. Алексей Ремизов. *Мышкина дудочка*. Париж, 1953, стр. 83.
18. Алексей Ремизов. *Подстриженными глазами*, стр. 208.
19. Алексей Ремизов. *Пляшущий демон. Танец и слово*. Париж, 1949.
20. Алексей Ремизов. *Мышкина дудочка*, стр. 145.
21. Алексей Ремизов. *Учитель музыки*, стр. 356-357.
22. Алексей Ремизов. *Подстриженными глазами*, стр. 202.
23. Алексей Ремизов. *Огонь вещей. Сны и предсонье*. Париж, стр. 211.
24. Там же, стр. 32.
25. Алексей Ремизов. *Пляшущий демон*.
26. А. Ремизов. *В розовом блеске*, стр. 242.
27. Наталья Кодрянская. *Алексей Ремизов*. стр. 132.
28. Алексей Ремизов. *Взвихренная Русь*, стр. 98.
29. Н.В. Резникова. *Огненная память*, стр. 141.
30. Алексей Ремизов. *Подстриженными глазами*, стр. 176.
31. Там же, стр. 178.
32. А. Ремизов. *В розовом блеске*, стр. 290.
33. Алексей Ремизов. *Подстриженными глазами*, стр. 82, 234.
34. А. Ремизов. *В розовом блеске*, стр. 333.
35. Алексей Ремизов. *Подстриженными глазами*, стр. 272.

ВОЛШЕБНАЯ СКАЗКА В КНИГЕ
А. РЕМИЗОВА *ИВЕРЕНЬ*

Ольга Раевская-Хьюз

Книга автобиографической прозы Ремизова *Иверень* охватывает 1896-1903 гг., годы ссылки автора за участие в революционной работе и начала его профессионального писательства — его первых публикаций. В феврале 1954 г., когда у Ремизова была надежда, что его *Иверень* будет принят Чеховским издательством, он писал: «Издание *Иверня* для меня очень важно: я рассказываю, как я стал писать и о своем первом напечатанном, я рассказываю о своих скитаниях, выброшенный, без дома, и о встречах с людьми не нашей породы — 'духами' (кикиморы)». Там же он добавляет: «[*Иверень*] из всех моих книг самая простая, ведь в нее входят все мои '13 квартир'».[1] *Иверень*, действительно, книга менее сложная, чем мозаичный *Учитель музыки* или *Взвихренная Русь*. Однако в оценке жизненного и литературного пути писателя Ремизова *Иверень* не отказ от прошлого, а подтверждение высказываний и взглядов, известных читателю по его ранним книгам.

В этой работе мы не будем касаться истории революционной деятельности автора или хроники его встреч со знаменитыми — в будущем — современниками (Бердяевым, Савинковым, Луначарским, Щеголевым и др.), а также выяснения Ремизовым собственных литературных корней или его дискуссий о развитии русского литературного языка. За рассказом о встречах в ссылке и о себе, как начинающем писателе, через всю книгу проходят размышления о судьбе человека: сталкиваются фаталистическое принятие судьбы со стремлением жить «по своей воле». Одна из личин автора, которую он надевает в *Иверне*, это герой волшебной сказки. В этом образе Ремизов сочетает «неизменную судьбу», которую не в силах переделать человек, со свободным выбором. Мы попытаемся показать, как автор использует композицию волшебной сказки в своем автобиографическом повествовании.

Хотя слово «иверень» («осколок») привлекало Ремизова и своим звучанием[2], и смыслом (в контексте книги означающим и «отколовшийся» от семьи и рода, и пошедший своим путем писатель), когда во время переговоров об издании книги был поднят вопрос о «непонятном» названии, он был готов поступиться этим словом и назвать книгу «Кочевник».[3]

В письмах периода работы над книгой, он часто называет «кочевником» всю книгу; так названа самая длинная глава, состоящая из 16 отдельных главок; хронологически это ссылка в Пензу (время с Рождества 1896 г. до лета 1900, когда Ремизов был отправлен по этапу в Усть-Сысольск). К первой главе книги («Начало слов») дан подзаголовок: «Запев к 'Кочевнику'». «Кочевник» как бы второе название; это то, о чем книга: в эти годы кочевье — его судьба как ссыльного. Из ссылки Ремизов возвращается писателем, т.е. становится «профессиональным кочевником» — профессиональным бездомным.[4]

Публикация отдельных кусков, рассказов или целых глав, или включение их в разные книги, практика, которой Ремизов постоянно пользовался, — наводит на мысль, что материал в его книгах расположен произвольно, но в действительности это не так. Ремизов часто употреблял выражение «строю свою книгу». В *Иверне* последовательность расположения материала играет решающую роль. В письмах конца 40-х - начала 50-х гг. он неоднократно повторяет, что за «кочевником» следует «сказочное», глава «В сырых туманах». Здесь значительна не только хронология, но и композиция. Рассказ о ссылке и о рождении писателя построен по схеме волшебной сказки.[5]

Само появление героя на свет необычно. Младший в семье, он родился в Купальскую ночь (24 июня 1877 г.): «Своенравная судьба <...> 'подстригла' мои купальские глаза <...>. И мне открылась — на какой-то крест мне — странная жизнь на земле непохожих мар и виев. И я заглянул в их круг».[6] Но рождение его связано не только с волшебным и чудесным, но и с проклятием матери: «Из ее сердца невольно вырвалось жестокое проклятие, и темная горькая тень покрыла мою душу» (16).

Автор отмечает свою непривлекательную, «низкую» внешность: «'Нос чайником' <...>, глаза пуговки, брови — стрелки, волосы — еж, спина сдужена, рост — карликов, а в особых приметах: 'косноязычный'» (52).[7] «Вы особенный», — говорит ему попутчица-курсистка по дороге в Пензу, — «Нет, я таких не видала» (55). Разговоры о его необычной внешности заставляют его подумать — «отмеченный». В тоске и одиночестве ссылки рассказчик в конце концов принимает свою особенность не как необычную внешность или неудачливость, а как свой особый путь. В его словах звучит утверждение своей особенности, как своего мира, подчиненного своим законам: «Я так далеко ушел от простого человеческого, и ваше розовое для меня не розовое и не голубое, а свой цвет со своим вкусом, запахом и голосом. Я живу в другом мире и моя тоска и моя горесть не ваши, я свободный от всяких пут — позволено или запрещено» (96).

Перед началом странствий герой изгоняется собственным дядей из того мира, где он живет. На вечер коммерческого училища, которое он незадолго до того окончил, Ремизов одевается «не по-бальному, а по-своему», на нем «очень нежная, красная косоворотка — взаправку, а поверх, вроде китайской курмы, необыкновенно мягкая кубовая куртка» (47). Этот яркий и необычный наряд — причина изгнания своевольного и неподчиняющегося правилам племянника его грозным дядюшкой, попечителем училища. В этот момент его судьба еще не решена: в университете он занимается естественными науками, философией и слушает лекции на юридическом факультете. Эпизод изгнания рассказан последним перед началом странствий, о которых вся книга; он становится символом жизни Ремизова вообще: за своеволие он платит изгнанием и одиночеством. Но вслед за публичным изгнанием герой получает немедленное подтверждение своих «сверхъестественных» сил. Выходя из здания, он невольно думает: «А что, если б взять и поджечь?» (48), а наутро газеты сообщают о происшедшем в училище пожаре.

Следующий за этим арест, — неожиданный и случайный, так как Ремизов, по собственному свидетельству, к студенческим кружкам не принадлежал и всего один раз был на собрании «с марксистом и танцами» — открывает период странствий героя. Сосланный в Пензу, Ремизов с жаром принимается за революционную пропаганду, поэтому его вторичный арест — это уже не случайность. Но «Кочевник», в первую очередь, рассказ о «бытовых неудачах», переездах с квартиры на квартиру.

В главе «Кочевник» — первом этапе на пути в страну «полунощного солнца», как Ремизов называет Усть-Сысольск — происходит движение вниз, в глубину, спуск в подземное царство: начальная точка обозначена как верх — антресоли, конечная как низ — в подвале. Недостатки и ограничения многочисленных пензенских квартир с неизбежностью предсказывают тюрьму: на одной квартире он страдает от холода («Козье болото»), на следующей от однообразной пищи («Блины»), «в номерах» от голода, еще на одной квартире ограничено место и «полуокно» под потолком («В стойле»), в следующей комнате перед окном стена («В курятнике»), квартира с «ходом в окошко» затрудняет доступ в комнату, лишенную всяких удобств. Когда он поселяется «за занавеской», к нему перестают ходить знакомые, так как надо проходить через комнату другого жильца.

Квартира, в которой рассказчика арестовывают, мало чем отличается от тюремной камеры; он живет в полупустой подвальной комнате: «Нечего обыскивать, некуда лазить и ворошить. Один только мой портфель с заветными тетрадями и новенькие книги» (134). Так как это период его революционной работы, у него никто не бывает. «В подвале» это последняя ступень перед окончательным спуском в подземное царство — в тюрьме он проведет больше года.

Попытка революционной работы, работы с людьми, ведет героя к краху, это не его путь, его путь особенный и одинокий. Последовательное ухудшение его обстоятельств в этой главе подчеркнуто еще тем, что, хотя его квартиры имеют какие-то существенные недостатки, которые часто являются причиной переезда, на новой он неизменно с сожалением вспоминает старую (переехав из холодной квартиры в теплую, он думает о старой: «как мне было там все-таки хорошо»).

Глава заканчивается отправлением по этапу в более отдаленную и суровую ссылку и поэтому здесь звучит неожиданно: «И вдруг я почувствовал себя — за сколько лет в первый раз — свободным» (153). Парадоксальность этого утверждения оправдана тем, что освобождение здесь внутреннее. Это переломный момент, новое рождение: революционер умер в тюрьме в Пензе, писатель родился в Усть-Сысольске.

Заключение в тюрьму в Пензе и ссылка в Усть-Сысольск соответствуют «потустороннему миру» волшебной сказки, откуда герой возвращается выдержавшим испытания, победителем. После выхода из тюрьмы Ремизов чувствует себя как «выходец с того света» (141). В центральной главе книги «В сырых туманах» герой максимально удален от своего мира, он находится в мире «полунощного солнца» и полярной ночи, здесь у него происходит встреча с «духами» — в эту главу включен рассказ о кикиморе. Отсюда же начинается физическое возвращение героя, перемещение с северо-востока на юго-запад, сначала в Вологду, откуда он совершает короткую поездку в Москву, предваряющую его окончательное возвращение.

Коротенькое вступление к главе задает тон: автор оказывается на севере, на «заколдованной земле» и первое его чувство — тоска: «И только что ступил я на берег и очутился за алой изгородью частых кустов шиповника, сразу почувствовал — мое сердце поворотилось — и тоска обожгла мне душу» (157). В этой главе Ремизов выступает и как книжник, и как сказочник. Соединены эти оба аспекта органически, так как здесь он пересказывает «на свой лад» рассказ Ореста

Сомова «Кикимора».[8] В этой главе множество литературных реминисценций. Отсылки к литературе русского романтизма подготовляют читателя к следующему фантастическому — сказочному — рассказу.

Рассказ про семью хозяйки, где поселяется рассказчик, начинается как сказка. У нее три дочери: старшая, по профессии учительница, воплощает рациональное, человеческое, современное начало; вторая — «зырянка» — начало зверино-чистое, животное, она — «все-таки человек»; и младшая дочь — иная, отмеченная, как в сказке.[9] Она лунатик и ее выбирает себе в подруги кикимора. Наделенная необычайной чуткостью, младшая дочь олицетворяет нездешнее, потустороннее в человеке. Отмеченная девочка умирает, задушенная поцелуем кикиморы.

Также как и в пересказах древних легенд, где Ремизов переносит чудесное в современность, и здесь фантастическое входит в современное и бытовое. Рассказ о кикиморе отнесен к семье, в чьем доме он живет, члены этой семьи реальные персонажи, с которыми он ведет разговоры, они ходят в школу, работают и т.д.

На уровне писательской биографии, в Вологде, куда Ремизов переезжает из Усть-Сысольска, начинается «реализация писательства». Вологодская ссылка — это время появления в печати его первого произведения, стихотворения в прозе «Плач девушки перед замужеством», истории публикации которого уделено значительное место в книге. В Вологде Ремизов, начавший писать в тюрьме, впервые попадает в общество современников-литераторов. В дальнейшем по разному прославившиеся Бердяев, Савинков, Луначарский и Щеголев, как и Ремизов, только начинают печататься.

К пребыванию в Вологде, где была написана первая редакция романа *Пруд*, приурочено осознание себя писателем; здесь впервые появляются черты, которые до конца жизни останутся характерными для Ремизова-писателя: «Все дни я пишу или, вернее, в тысячный раз переписываю написанное». Именно с этим периодом автор связывает свой окончательный отход от революционной деятельности и, как следствие этого, утверждение собственной свободы: «В 'революционеры' я себя не предназначаю, на 'подпольное' и 'партийное' дело не гожусь, меня тянет на простор — на волю, без оглядки и 'что хочу', а не то, 'что надо', — по своей воле и пусть в темную, но отвечаю сам за себя» (204).

Хотя к годам юности, учения и профессионального самоопределения без особого труда приложима схема странствий и инициации, биография Ремизова дает богатый материал для сближения ее со сказочной схемой: в жизни Ремизова поиски себя как писателя как раз совпали с ссылкой и с вынужденными странствиями в далекой стороне. В повествовании рассыпаны многочисленные сказочные детали, присутствие которых никак нельзя считать случайным.

В главке «На курьих ножках» («Кочевник») хозяйка, «бабушка Иванова», — это обобщенный антагонист-вредитель волшебной сказки. Ее роль уже намечена в описании ее дома: «На курьих ножках — на собачьих пятках, если идешь по Козьему болоту, на краю, по левую руку, на просухе, эта ягина избушка, другой нет, — дом бабушки Ивановой. Днем его не сразу заметишь, черный, в землю врос, а при месяце не ошибешься: то перед, то повернется задом, то пропадет» (140). «Бабушка» олицетворяет всех недооценивающих и преследующих героя, от вологодского губернатора и местной полиции до старых писателей и товарищей-революционеров. Она относится к нему подозрительно с самого начала; проникает он в избушку в ее отсутствие по приглашению ее внука. Вернувшись, бабушка обвиняет героя в краже серебряных ложек и изгоняет его, таким образом недоверие и подозрение оборачиваются ложным и, добавим, заведомо абсурдным, «классическим» обвинением.

К элементам «сказочности» следует отнести «тройные» и «двойные» появления персонажей. В следующих главах исторические лица вводятся в текст сказочной формулой и мифологическим обозначением: «Жили-были на Вологде три титана», эта формула повторяется: «жили-были на Вологде два еркула», «а на Москве два демона». Исторические лица обозначаются мифологическими именами: титаны, геркулесы, демоны. Сказочные «тройственные» появления продолжаются: «В тот год (1902) три новых имени в русской литературе и все три под псевдонимом» (211). До появления Ремизова в печати, друзья, играющие роль посредников, обращаются с его первыми рассказами к *трем* современным знаменитым писателям (Горькому, Короленко и Чехову).

В рассказе у героя множество помощников. В «Кочевнике» это товарищи, которые находят ему квартиры и перемещают его с одной на другую почти волшебными средствами. При одном переезде с кватиры на квартиру рассказчик восклицает: «Но о чем я мог предупредить, когда сам я хочу или не хочу, как котенка за шиворот, водворили в рай к Тяпкиной» (71). Значительна роль помощников в Вологде. Здесь помощниками выступают исторические лица: Савинков и Щеголев спасают героя от дальнейшего преследования, в данном случае полицейского, — отправки назад в Усть-Сысольск. В своих странствиях герой не выбирает свой путь, он пассивен, как и подобает герою волшебной сказки: его *отправляют, переводят, перевозят* или *спасают* — и жандармы, и друзья.

Находим в рассказе и шутливое обыгрывание «неузнавания» героя. В волшебной сказке герой возвращается домой и остается неузнанным. В первую нелегальную поездку из ссылки в Москву Ремизов из конспирации едет переодетым — в форме ученика Пензенского землемерного училища — в не по росту и размеру больших шинели и фуражке, с обритой головой и без очков. Когда он появляется на пороге дома, мать встречает его смехом: «Что это ты чучелой? <...> рядиться тебе зря: из всех узнают» (92-93). Еще одна деталь: в письмах Ремизов называет *Иверень* историей современника с «Каиновой печатью», что соответствует в сказке клеймению, по которому героя узнает царевна. «Каинова печать» — это его отмеченность и отверженность.

В волшебной сказке, выдержав испытания, герой получает полцарства и царскую дочь. В *Иверне* немало женских персонажей, но все они второстепенны; та, которую в конце концов добывает герой, является ему во сне задолго до ссылки — в том первом сне, который он видит в 14 лет, когда он впервые надевает очки — открывает человеческий мир и теряет свой фантастический. Во сне он получает волшебное средство:

И вижу, из леса — и идет на меня: ее зеленые волосы пушатся без ветра, глаза как две ягоды. Она ничего не говорит, но ее губы, как этот ручей — затаившееся живое сердце, меня зовут. «Лесавка!» — подумал я. И в ответ мне она протянула руки: в одной руке алело кольцо, а в другой держала она наливное, как мед, золотой налив. И я почувствовал, что это мне — это мое яблоко. Я взял его в руки — и горячо овеяло меня до глуби — до самого сердца и было похоже на содрогавший меня хлыв накатывающих слов (23).

«Кочевник» открывается прощанием с прошлой жизнью. Встреча с первой женщиной после тюрьмы, курсисткой в вагоне поезда, увозящего его в ночь под Рождество из Москвы, становится символом разлуки и в то же время напоминанием о «лесавке» с волшебным яблоком: «вдруг я увидел, как два русалочьих глаза большим пытливым глазом, не отрываясь смотрят на меня» (53). Элемент волшебства, узнанный в курсистке, не оставляет его и дальше. Начало жизни в Пензе проходит под знаком гоголевских полетов в ночь под Рождество.

В первую ночь в Пензе он видит сон, в котором мельничиха, в доме которой он ночует, преображается в неуловимую и печальную «ведьму». Стараясь догнать санный поезд, где ему не осталось места, он берет забытую ею ивовую палку и на ней летит за санями:

— Ночь. По дороге снег. Луна.
Я поставлю палку в снег — закручу и мчусь.
И крутя я мчусь. И я мчусь за ветром, шибче ветра и быстрее луны.
Черные по белому сани бегут — сани за санями — колокольчики позванивают. На последних санях, вижу: она закутала платком себе плечи — снег по серой печали припорошил серебром. И белые в серебре кусты (61-62).

В этом сне дар грустной ведьмы — ивовая палка, при помощи которой герой старается ее догнать, в конце оказывается уже ненужной, он летит и без нее: «И в отчаянном последнем взвиве моя ивовая палка пополам. И крутя луной, кружу — ветер — я — луна» (62).

Эта загадочная и грустная ведьма «Ивица» — муза юного писателя; из Вологды Ремизов уезжает не только печатающимся автором, но с уже написанным ранним вариантом романа *Пруд*.

Преследования, которым подвергается герой, не только полицейские; его ранние рассказы отвергаются известными писателями, но герой не дает себя проглотить: ему помогают сверхъестественные существа — демоны — представители нового искусства, и его вещи появляются в печати, невзирая на строгий приговор знаменитых. Волшебная помощница помогает и здесь. Ремизов подробно описывает недоразумение, благодаря которому, по его мнению, он появился в печати: автора «Плача девушки перед замужеством», скрывшегося под псевдонимом, сочли женщиной.

Герой, выдержавший испытания и получивший награду, возвращается в тот мир, из которого был изгнан, уже не пассивным, а свободно выбирающим свой путь, так что в конце жизни он может с уверенностью сказать:

Я прожил полную завидную жизнь — ведь, одно то, что я и пишу, и читаю, и рисую только для своего удовольствия, и ничего из-под палки и ничего обязательного! — но и трудно: вся моя жизнь, как крутая лестница (17).

Иверень по тону отличается от *Учителя музыки*, автобиографической книги, посвященной эмигрантской жизни автора; *Иверень* более мужественная книга, в ней много «недоразумений» и разных жизненных неудач, но меньше жалоб на жизнь, и есть принятие своей судьбы, как свободного выбора.

Калифорнийский университет, Беркли

ПРИМЕЧАНИЯ

1. Н. Кодрянская. *Ремизов в своих письмах* (Париж, 1977), стр. 352.

2. *Там же*, стр. 311.

3. *Там же*, стр. 352.

4. Называя его «обезьяньим царем Асыкой», В. Шкловский применяет образ кочевника к Ремизову как писателю-новатору, создающему «новую» книгу: «Как корова съедает траву, так съедаются литературные темы, вынашиваются и истираются приемы. Писатель не может быть землепашцем: он кочевник и со своим стадом и женой переходит на новую траву <. . .>. Обезьянье войско не ночует там, где обедало, и не пьет утреннего чая там, где спало. Оно всегда без квартиры». В. Шкловский. *Zoo, или письма не о любви, Собрание сочинений в трех томах*, т. 1 (М., 1973), стр. 182. Ср. также стихотворение Вяч. Иванова «Кочевники красоты» (1904).

5. См.: В. Я. Пропп. *Морфология сказки* (М., 1969), а также: Е. М. Мелетинский, С. Ю. Неклюдов, Е. С. Новик, Д. М. Сегал, «Проблемы структурного описания волшебной сказки», *Труды по знаковым системам*, IV (Тарту, 1969).

6. Алексей Ремизов. *Иверень* (Беркли, 1986), статья и примечания О. Раевской-Хьюз. Стр. 172. Дальше ссылки на это издание даются в тексте.

7. См. также стр. 12 и др. О «низкой» внешности см.: Е. М. Мелетинский, «'Низкий' герой волшебной сказки», *Герой волшебной сказки* (М., 1958).

8. См. примечания к этой главе в кн. *Иверень*.

9. Трех сестер можно рассматривать также, как дальнейшее развитие женских образов в главе «Кочевник» — от русалочной курсистки и волшебной мельничихи-ведьмы до растительно-животных квартирных хозяек и их дочерей, как луковая Лукреция или дочь одной квартирной хозяйки, в которой много от «молочной телки».

PETERSBURG DREAMS

Avril Pyman

Dreams are true while they last,
and do we not live in dreams?

Alfred, Lord Tennyson

Dreams . . . what was their fascination for Remizov?
Mistrustful people considered that he used them for his own obscure,
and almost certainly discreditable purposes.

> Remizov developed an unpleasant practice, verging on blackmail, of seeing
> various famous people in his dreams! And he could manipulate these fanta-
> sies of his (etimi grezami): some people would appear in favourable circum-
> stances, others in humiliating ones. And Remizov published these dreams
> with his own commentaries. It went so far that Xodasevič once actually had
> to write to Remizov: 'From today I forbid you to dream about me!'[1]

One wonders what precisely Remizov could have hoped to gain by such
'blackmail'. The assessment—of course—is false through and through. To
begin with, Remizov never differentiated between the 'famous' and the obscure. They pass in and out of his dreams and waking hours without
distinction of persons: possibly this is precisely what some of the comparatively famous most fiercely resented. Secondly, irreverent though they are,
Remizov's dreams constitute no threat to the living or the dead—unless, as
in the legends he loved, those who wander through them bring their own
threat with them.

He recorded dreams systematically, as a scientist records series of experiments, step by step: 'Ночь без сновидения для меня, как «пропащий»
день.' ('A night without a dream for me is like a day lost.')[2] He kept pencil
and paper by his bedside, so that he could note his dreams even if he woke
briefly during the night and, as his sight became worse, it was a real
anguish for him when he could not read what he had written next morning.
It would have defeated his purpose to 'manipulate' the dreams themselves,
although on occasion I do not doubt that he could invent them, working
from within the experience of remembered dreams. On the whole, though,
he believed that in the state of dream the mind is freed from 'causality',
from 'ratio', and therefore the dream state provides insights denied to the
waking mind. True, he found the waking world, too, considerably less
'clear and mathematical than is customarily assumed'[3] and admitted that,

for him, the two tended to overlap, both in everyday life and in literature. In the book *Vzvixrennaja Rus'*[4] he deliberately allowed dream to overflow into a daytime reality which had become so arbitrary and topsy-turvy as to verge on and occasionally merge with the chaotic world of night. This was an artistic experiment, made possible by the observations of many years, and the result was one of the most successful, most poignant and *true* subjective depictions of the years of Revolution and War Communism. It is possible, I suppose, that here and elsewhere in Remizov's writing there are 'invented', 'literary' dreams, but if there are they do not serve as a way to say things he would not otherwise have dared to say. N. Kodrjanskaja, in the preface to her book of Remizov's letters, denies that he *ever* invented dreams. 'They run through his thoughts like fish playing in a mountain stream' is her description of the phenomenon.[5]

Often, though, Remizov would simply record his dreams, with or without comment. Many were assembled in *Martyn Zadeka Sonnik*, published with a cover of his own design by 'Oplešnik' in 1954.[6] In the preface to this book we have Remizov's thoughts about dreams and their significance . . .

First of all, it seems, the dreamworld is the world of *'bezobrazie'*:* a term much loved by Remizov which—he claims in the publication below (Dream 1)—was well understood by Lev Šestov. Indeed, Remizov was closer to Šestov than might be supposed. Both challenged causality; both experimented with extreme situations; both were prepared to venture unprotected into the realm of the irrational. Remizov would have agreed with Šestov's thought 'that either not everything is as it should be, or our approaches to the truth and the demands we make of it are struck by some canker at the very root'.[7]

Šestov, however, was a thinker; Remizov—a poet, albeit a poet in prose. Šestov dealt in abstract ideas; Remizov—in dream and legend. But both, feeling (as Blok, according to Gorkij, felt towards the end of his life) that 'the brain is an unreliable organ', sought a way back to the truth through conscious opposition to the very idea of controlling reason.

Šestov quotes Plato, speaking of the necessity 'as though in battle to struggle through those truths which have been built up by the sciences which "may dream of that which is, but which are unable to perceive it when awake"'.[8]

Remizov uses dreams deliberately, hoping to perceive a truth or reality normally obscured by what we think we know. He sees the method as clumsy, pedestrian, but it is necessary for *him*. To penetrate beyond the half truths and primordial falsehood in which mankind has become enmeshed, it is necessary to have 'a ladder', because people, he thought, have become ossified 'even since the time of Shakespeare and Erasmus'; our sensitivity to the 'other' world is blunted. Dostoevskij's ladder was epilepsy, Poe and Hoffmann drank. But Remizov, feeling himself depressingly 'normal', was reduced to recording dreams and legends.

'Подлинный сон всегда ерунда, бессмыслица, бестолочь, перекувырк и безобразие.' ('The genuine dream is always folly, nonsense, twaddle, subversion and unreason').[9] Besides this primary function of the dream to disorient the dreamer and jettison the laws of determinism, causality and common sense, Remizov, in his introduction to the *Sonnik*, lists a number of other functions, which for the sake of clarity I have here set out as nine separate points:

1. The dream as freedom from retribution. Transgression—in dream—entails no punishment.

2. The dream as being and judgement. We dream as we believe, and will continue to do so after death until 'the content of faith is exhausted, and then the human soul flies like a spark into the ocean'.

3. The dream as communication with the dead; dream is not just the only state in which we can see and hear the dead, but it may be *real* communication. It is even possible that we still influence the fate of the dead.

4. Linked with (3), is the idea of dream as telepathy, a way of communicating with those whose minds are open and not blocked and overcrowded by 'the things of life'.[11]

5. The dream as a way to self-knowledge and to knowledge of other people. Just as there is no punishment, so there is no shame nor concealment: 'And no gossip, no amount of spying and peering will open up to you that which is so simply revealed in dream.'[12]

6. Dream as prophecy. This is clearly catchy and has something to do with the relativity of time. Remizov does not claim to have seen events of great significance in dream, simply bits and pieces of the next day, disconnected scenes, sometimes important, often not. He links the gift to the divination of the ancient Oracles but, in his own case, finds such foresight highly subjective, unreliable and disturbing. What of free will? . . . The question must arise from the acceptance of dream as prophecy; Remizov puts it, but gives no answer. Then, of course, such 'prophecies' are coded. 'I never know when it is going to be fine weather but rain and snow are an open book to me. It may sound funny: every time I dream about our learned Hispanic scholar, critic and philosopher K. V. Močulskij.'[13]

7. Dream as code. Not surprisingly, Remizov's own dreams are full of word-play, highly irreverent word-play which he enjoys describing and decoding. In a different context he makes the point that this may be a *déformation professionelle*, that a writer's dreams tend to be literary. He

also admits the possibility of relevant symbolism, but not of a generally applicable code from which one might compile a quick guide to interpretation.

> Symbolism is passed on by tradition, is absorbed in childhood and so, it would seem, it ought to be possible in spite of everything to establish some rules to go by?
>
> It is possible, of course, but one cannot be certain: the symbolism of dreams is not constant. Just as the speed of lightwaves alters according to the time of day, changing from hour to hour, so symbols change from person to person and according to their mood.[14]

Remizov appears more interested in magical than medicinal (Freudian or Jungian) dream-analysis, but this passage on the inconstancy of symbols might serve as a useful caveat in that field also. N. Reznikova tells me Remizov found Freud 'interesting but one-sided'.

8. Dream as eternal return. In dream one is never free of the past, nothing is forgotten, and this is a heavy burden. In ethical and religious terms, this is clearly linked to points (1) and (2). Although our actions are not necessarily punished from without, we have to live with them—and other people's. The only thing that can free us from eternal return is our own belief in the possibility of such emancipation.

9. Dream as revelation of a truer reality. In the introduction to the *Sonnik* Remizov touches lightly on this. It is only when we look at the sum of the previous points that they do appear tentatively to adumbrate a truer vision, uncluttered by the expendable things we are conditioned to believe. One recalls the quotation from Blake on which Remizov ends a poignant dream of Alexander Blok: ' "If the doors of perception were cleansed, everything would appear as it is, infinite", I read from Blake, from his *Marriage of Heaven and Hell*, and woke up'.[15] 'The most improbable people', Remizov declares in the *Sonnik*, 'sometimes have dreams that are pure poetry. It is as if a stone began to sing . . .'

> Или «поэзия» и есть самая сердцевина нашей загадочной жизни — душа бесконечного мира.[16]
>
> (Or 'poetry' is the very heart of our mysterious life—the soul of the infinite world.)

In *Ogon' Veščej*, where he examines not his own dreams but the dreams of Gogol', Puškin, Lermontov, Turgenev and Dostoevskij, Remizov comes out more strongly in favour of this link between dream and truth, ultimate reality. Dostoevskij, he notes, doubted Gogol's 'invisible tears'. But . . .

> Я скажу, слова о этих «незримых слезах» вырвались у Гоголя из самого сердца: Гоголь их не выдумал, это память его из его глубочайшего сна о любви человека к человеку.[17]

(I would say, the words about those 'invisible tears' came bursting out of Gogol''s very heart: Gogol' did not think them up, they are remembered from his deepest dream about the love between human beings.)

It is through the literary process of filtering life itself through the logic, or lack of logic, of the world of dreams, that he comes upon the beginning of a new truth, truer than the self-evident 'truths' by which man has surrounded himself:

> And not from books alone, but from my knowledge I know: there is the pain of life, and without that pain there is no life, it is something like music; and there is also the joy of life, and without that joy there is no life, it is love; and there is also the joy that comes from without (*obradovannost'* [Comfort? as in 'Oh tidings of comfort and joy?' We seem to have lost the meaning of the word. A. P.]), and without that joy life is not full—it is those sudden tears, only not of bitterness, but of love, 'when the angels of God rejoice in the heavens', it is that meek appeal of the great human heart when to my question: 'will this be forgiven me?' I hear in answer: 'it will not even be remembered against you!', it is that voice with the power to raise, which sounded once to a man in his last need: 'Arise, come forth!' This is the whole compass of my feeling for life, which is inevitably pain and inevitably joy and, as a special gift, comfort. But now all that remains to me as my final portion—is pain alone . . .[18]

Russian literature has always loved tears for the moment when they shall all be wiped away; its strength lies in the fact that it does not expect to dwell in this moment here and now, to hold to it and keep it as a smug certainty—'solid joy and lasting treasure'. On the contrary, it is from *outside* the world of cause and effect; coming unexpectedly, *'kak osobyi dar'*. It cannot be merited or possessed and in this sense, too, is *'bezobrazie'*.

In this it is tenuously linked to the world of dreams. The process is a complicated one. Remizov, as we have seen, kept a record of his dreams as he dreamt them, but this—again, I repeat—does not mean that he denied the use of 'dream as a literary device',[19] rather that he studied long, carefully and publicly how to fade literary invention into genuine dream reality:

> In dreams it is not important whether they are invented or dreamt, so long as they preserve the verisimilitude of dream—the 'sense' of this second 'nonsensical' reality, when 'reality, yielding to daydreams, merges with them in the dim visions of first sleep.'[20]

In his use of the world of dream as a key to reality, Remizov is very conscious that he follows Dostoevskij, suggesting that the novelist's last-minute reprieve had opened his eyes to the illusory quality of what Puškin called 'suščestvennost'' (reality): 'остались от нее одни клочки и оборки.' ('All that remained of it were rags and tatters').[21] In *The Idiot*, Remizov

maintains, it becomes quite impossible to disentangle dream from reality:
or rather not so much impossible as somehow superfluous. It is clear from
the first meeting in the train that Rogožin will eventually destroy Nastasja
Filipovna and that Myškin, accepting and even seeking total involvement
in their lives, will somehow try to help him bear the guilt. The whole novel
after this first meeting: the broken vase, the impassioned dialogue between
Myškin and Ippolit, the meeting in the park (twice dreamt before it actually
occurs), the eyes, the knife, the tragic denouement . . . all *could* be Myškin's
dream.[22]

> Но что чудно, оказывается, что чем действительность не правдоподоб-
> нее, тем она действительнее — «правдашнее». И только в этой глубокой
> невероятной действительности еще возможно отыскать «причину» чело-
> веческих действий.[23]
>
> (But the extraordinary thing is that it turns out that the more incredible
> reality is, the more real it becomes, the more 'true to life'. *And only in that*
> *deep, improbable reality is it still possible to seek out the cause of human*
> *actions.*)

This exploration of root causes—and of reality beyond reality—has of
course nothing to do with 'manipulation' or blackmail. Nor was Remizov
the only writer of his time to perceive its potential. In a recent study of
literary dreams from Tartu University it is noted that Blok, Axmatova and
other twentieth century authors were also seeking a way back from 'the
concept of dream as conscience, allegory, memory or prophecy' to 'a time
when the mechanism of dreams was the nucleus of mytho-poetic texts and
rituals' as well as a 'special state *of soul, of heart, of hope, of imagination,*
the equivalent of that *oblivion* (Puškin's usage), when "the spirit lives within
its own content, clearing the ways for memories which synthesize a higher
truth" . . .'[24]

It was this 'clearing of the way' for a higher truth which interested
Remizov. Not only did he systematicallly record his own dreams, but in
one of his first letters to Serafima Pavlovna, written when her term of exile
in Vologda at the turn of the century ended before his own, he asked her to
write down hers:

> Our everyday life with its thousands of minute pinprick impressions effaces
> what is important 'in life'. It is necessary to shake off the volatile dust of
> everyday impressions . . . Then life will show itself from another point of
> view, will show its other face. Perhaps all the rest is nothing but a knot which
> life itself binds about our eyes and hands . . .[25]

Remizov's reverence for his wife was unbounded. He considered her, like
Blok, 'a naked conscience' and at the same time she was a living tie with

the religious world of his own youth, the colourful world of Orthodox Christian practice from which he later became somewhat, though never totally, estranged. After her death, he copied out and ordered all her papers and many letters in a series of exercise books marked with her initials. One of these, S. P. D-R, Book II, bears the title 'Petersburg Dreams 1908-1909'. It is from this 'book', by kind permission of N. V. Reznikova, that the following publications have been selected. They consist of Aleksej Mixajlo-vič's notes of some of his wife's dreams (as told by her in the first person) and of his own commentaries. Most of the dreams are about personalities of the Silver Age with whom the Remizovs were in constant contact between 1905 and 1921. Among those not included here are Dream 2: Z. A. Vengerova, Dream 3: F. Sologub, and Dream 5: K. D. Bal'mont (Very beautiful but, as Remizov says in the commentary, possibly more impor-tant for Serafima Pavlovna than for Bal'mont; a dream of a stairway drenched in light and a rich paradise mirrored in the eyes of the poet who—reading her doubting thoughts—assures her that he 'never drank'. Remizov adds in the commentary that in his dreams, too, Bal'mont always appeared quite sober—and 'wearing spectacles'.) As in Remizov's manu-script, the dream, as Serafima Pavlovna told it, is followed by Remizov's comments in square brackets. Since these comments are idiosyncratic and in no way intended 'to be of assistance to the scholar', I have further appended my own, academic notes to the translations of both dreams and commentaries.

To this I must add a caveat that much of the material is not new—possi-bly only the arrangement. N. V. Reznikova believes Serafima Pavlovna's dreams to be unpublished,[26] but with Aleksej Mixajlovič one can never be sure. In fact, he appears to have appropriated a number of the dreams here recorded and published some in the emigré newspaper *Zveno*, No. 143, 26 October, 1925, as 'Moi sny'[27] . . . Many of Remizov's own remarks on Filosofov and the Merežkovskijs, also, are quoted by Horst Lampl from the first version of *V rozovom bleske*, Part I. Lampl's source for this version is, like mine for the present publication, N. V. Reznikova's archive.[28]

To look again at his material as Remizov himself arranged it after Sera-fima Pavlovna's death does, however, contribute to our knowledge of the writer in two ways.

First, it further illustrates the point I have been trying to make in this introduction that—for Remizov—dreams were primarily important neither as a way to self-knowledge nor as a means of teasing his contemporaries, but as a means of release from the bonds of causality and ratio, space and time. It was therefore not important to him whether the dreams were dreamt by himself or others, or even whether they were invented, so long as the inventor had shuffled off normal, daytime considerations and entered this world where everything is possible, even that which 'with men is impossible' (Mark X: 27). In this sense, Remizov's world of dreams had an open border onto Šestov's philosophy of tragedy—'where according to general conviction there can be nothing except eternal darkness and chaos, where even Mill assumes the possibility of effect without cause'[29] —and one onto the world of legend, fairy-tale, 'eu-catastrophe',[30] *'obradovannost''*, a world distinguished from 'that of dream because it does not require or tolerate the frame of reality'.[31]

Secondly, the fact that Remizov could publish his wife's dreams as his own, and indeed her drawings as his own (see figs. I and II), is a remarkable illustration of the phenomenon Xodasevič called 'collective creation', a phenomenon which was an essential ingredient of 'the air of symbolism'.[33][1] This would make an interesting study in itself, if only confined to intellectual and artistic cross-fertilization between husband and wife.

NOTES

*   I asked N. V. Reznikova how she would translate *'bezobrazie'* and her answer confirmed the Šestov connection established below. It is, she writes, something like the French *'act gratuit'*: something undertaken with no aim or purpose outside itself—*'prosto tak'*. (Letter to author, December, 1984). For want of a better word, I suggest the translation 'unreason', though some such hybrid as 'anti-form' might be nearer the mark. The usual sense of the Russian is 'ugliness' or 'mischief', but *'obraz'* means image, ideal form or type and *'bezobrazie'* suggests a conscious falling off from this.

1. S. P. Janovskij. 'Polja Elisejskie', *Vremja i My*, N. 38, 1978, Tel Aviv, p. 172. The story is told somewhat differently in the 'Who is who' section of Nina Berberova's *The Italics are Mine*, Longmans, London and Harlow, 1969, pp. 573-4: 'Xodasevič once told him in public: 'Aleksej Mixajlovič, remember that I, for one, am never present in your dreams!' ('Ja vam ne snjuś.')

2. A. Remizov, *Martyn Zadeka, Sonnik*, 'Oplešnik', Paris, 1954, p. 7.

3. Ibid.

4. A. Remizov, *Vzvixrennaja Rus'*, 'Tair', Paris, 1927.

5. N. Kodrjanskaja, *Remizov v svoix pis'max*, published by author, Paris, 1978, p. 10.

6. This collection (for full reference see n. 2) unites three previous publications: 'Bedovaja dolja' in *Rasskazy*, 'Progress', 1910; 'Kuzovok' in *Vesennee Porošje*, 'Sirin', SPb., 1915 and in *Sirinnost 3*, 'Sirin', 1913-14. Another collection of recorded dreams—'S očej na oči'—is mentioned by H. Sinany *Bibliographie des oeuvres de Alexis Remizov*, Bibliothèque russe de l'Institut d'Etudes Slaves, Tome XMIV, Paris, 1978, p. 10, but the date and place of publication are not specified nor have I been able to locate it elsewhere. One of the earliest publications of Remizov's dreams is in the periodical *Zolotoe Runo*, No. 5, 1908, Moscow, pp. 31-37 under the title "Pod krovju noči. Sny. 25 snov."

7. L. Šestov, *Skovannyj Parmenid, ob istočnikax metafizičeskix istin*, YMCA-Press, (undated) p. 7. For how Šestov presented this book to Remizov see 'U Šestova', *Učitel' Muzyki*, ed. Antonella d'Amelia, La Presse Libre, Paris, p. 343.

8. Ibid, p. 8.

9. A. Remizov, *Martyn Zadeka, Sonnik*, p. 10.

10. Ibid, p. 11.

11. Ibid, p. 12.

12. Ibid, p. 12. This view is in direct opposition to Freud's idea of the 'Censor' which still works in dream.

13. Ibid, p. 14.

14. Ibid, p. 14.

15. A. M. Remizov, *Podstrižennymi glazami, Kniga zakrutov i uzlov pamjati*, YMCA-Press, Paris, 1951, pp. 14-15.

16. *Martyn Zadeka, Sonnik*, p. 15.

17. A. Remizov, *Ogon' veščej. Sny i predson'e*, Oplešnik, Paris, 1954, p.14.

18. A. Remizov from 'Pis'mo Dostoevskomu', *Učitel'Muzyki*, pp. 295-6.

19. A. Remizov, *Ogon' veščej*, p. 128.

20. Ibid. The quotation of course, is from Puškin's *Kapitanskaja Dočka*, and introduces Grinev's prophetic (and indeed convincingly *a*logical) dream of Pugačev.

21. Ibid, p. 203.

22. Ibid, p. 222-23.

23. Ibid, p. 203. The italics are mine.

24. R. D. Timenčik, V. N. Toporov, T. V. Civ'jan. 'ny Bloka i Peterburgskij tekst načala XX veka', *Tezisy I Vsesojuznoj (III) Konferencii: Tvorčestvo A. A. Bloka i russkaja kul'tura XX veka*, K 70-letiju D. E. Maksimova, Tartu, 1975, 129-35.

25. Letter of 27 May 1903. A. M. Remizov. *Severnye Afiny*, a commentary to his early letters to Serafima Pavlovna published in *Sovremennye zapiski, Ežemesjačnyj literaturnyj i obščestvenno-političeskij žurnal*, No. 30, 1927, and under the title 'Vologda 1900-1903, Proščenyj den'' in *Novoe Russkoe Slovo*, No. 14890 for 1 Feb. 1953; (2). 'Podorožie', No. 14897, 8 Feb. 1953; (3) 'Podorožie', No. 14911, 22 Feb. 1953; (4) 'Savinkov', 14925, 8 March 1953, but quoted here from manuscript in possession of N. V. Reznikova, Book 10, SPRD, consisting of letters (Vologda 1903, 27 May – Petersburg, 1905 22/24 August) copied out by Remizov with interpolations, explanation of initials, etc. The original letters are also in the archive of N. V. Reznikova.

26. In a letter to the author December, 1984.

27. Horst Lampl, 'Zinaida Hippius an S.P. Remizova-Dovgello.' *Wiener Slavistischer Almanach*, 1978, Band I, pp. 159, 182-3.

28. L. Šestov, 'Dostoevskij, Nitše, filosofija tragedii', *Sobranie sočinenij*, 4th ed., YMCA Press, Paris, 1971, III, 245.

29. J.R.R. Tolkein, 'On Fairy-Stories', *Tree and Leaf*, fifth impression 1971, (first pub. 1964), Union Books, London, p. 60 et seq.

30. Ibid., p. 21.

31. Vl. Xodasevič, 'O simvolizme,' *Izbrannaja proza*, ed. and intro. N. Berberova. Russica Publishers, Inc., N.Y., 1982, pp. 123-8.

ПЕТЕРБУРГ
1908-1909

с н ы

ЛЕВ ШЕСТОВ
1866-1938

1908 21 на 22 XII
(с воскр. на понедельник)

Я и А.М. попали в какой-то сарай вроде постоялого двора. На мне
шуба. И вижу, здесь же в сарае Н.П. Булич (Оводов) и мне хочется
увидеть его и сказать ему, чтобы он не сердился на меня, да никак не
могу найти его. Вот открываю дверь и вижу, что с другой стороны эту
же дверь отворяет Н.П.Б. Он почти весь седой. Я обрадовалась:
наконец-то нашла его! Я сказала ему что-то из моей мысли, а он
нахмурился и отвернулся. И мы очутились на «поле битвы» возле
какого-то села, где живет Лидия Ант. Борейко (Лена Боровая). Лежим
мы втроем: я, А.М. и Лев Шестов. Кругом трупы убитых, очень
страшно . . .

Шестов говорит: «Вот для примера! — и подает в руке какие-то отвратительные разложившиеся кишки.

Могилы открыты. Я чувствую, как в одной из могил кто-то шевелится в золотой одежде. И вдруг я поняла, что это шевелится царь
Алексей Михайлович. Я очень боюсь, чтобы А.М. это не узнал: он,
как узнает, сейчас же пойдет смотреть на царя Алексей Михайлович —
ничем не удержишь. А царь так давно ведь умер — в 1676, и поэтому
вид его, должно быть, ужасен. А в это время кто-то из могилы кричит:
«Послушайте! Послушайте!» И вдруг подходит ко мне какая-то
барышня:

> «Я думаю, говорит она, значение современных писателей в том, что
> они влияют на людей».
> Я сказала: «Может быть, вы правы». И проснулась.

(Для Шестова очень характерно эти «разложившиеся кишки»: его
страсть «разлагать», чем он особенно гордился, вся тут в его руке. По
«кишкам» не называя имени, сразу догадываешься: никто, как Шестов.
Мне это понравилось в Шестове, я люблю «копаться», да думаю, без
этого и нельзя, если хочешь иметь отчетливое представление о вещах,
но я люблю и легенду и чувствую ее магию и без легенды не могу

представить себе живое в мире, все то, что можно разложить. А беда Шестова в том, что его глаза и сердце были закрыты для этого сказочного мира и от его слов всегда печаль, как его глаза. И для меня этот сон характерен: мое любопытство, которое заметила С.П., мое всегдашнее посмотреть что-нибудь такое необыкновенное, как тут царя Алексей Михайловича. Но не в этом дело, а в моей зрительной памяти, которую заметила С.П., а эта моя память острейшая, захватывающая всю душу. С.П. боялась этого. Особенно напугал я ее в Херсоне, в первый год нашей жизни: в Херсоне поймали какого-то важного «разбойника» и приговорили к смертной казни, назначен был день — в 4 ч. утра — на тюремном дворе; для назидания было разрешено присутствовать при казни всем, кому охота, и я собрался идти. Теперь я думаю, если бы я увидел, всю бы жизнь мою в глазах у меня висел бы человек на виселице. Вот этого С.П. и испугалась.

Кроме писем, не философских, а домашних, осталась от Шестова память: написал в альбом С.П. 26 XI 1921, Berlin.

«Первые слова после многолетней разлуки: Кто знает? Может быть, жить — значит умереть, а умереть значит жить. Эврипид».

К этому глубокомысленному закруглению двух противоположностей: «жить» и «умереть», я подписал под Эврипидом от мудрости самого Льва Шестова: «хлопотать за всех сразу — верное средство не выхлопотать ни за кого» («Последние Новости» № 1769, 25 I 1926, Paris). В этих словах тоже закругленность Эврипида: «хлопотать, значит не хлопотать». Кажется, так просто, куда проще, чем «жизнь» и «смерть», но Шестов при своем уме, понимая Еврипида, не мог всю жизнь понять своих собственных слов и всегда за «всех» хлопотал.

Шестов с бутылкой «порто» (портвейну) нарисовала С.П. Она вообще не рисовала, но я всегда приставал к ней нарисовать что-нибудь — любопытно, как человек не рисующий, кого-то изображает: испытание человеческого глаза при безыскусственной руке. И в чем-то всегда получается сходство. Человек рисует глазом, это заметил Новалис, а глаз, если только есть глаза, никогда не обманет. Обыкновенно я обрисовывал рисунки С.П-ы и только в этом мое. А.Р.]

Figure 1.
Serafima Pavlovna's drawing of Lev Šestov
'drawn round' by Aleksej Mixajlovič

Figure 2.
From Vestnik RXD, N 121, 11, 1977
An elaboration of Serafima Pavlovna's drawing by A. M. Remizov.

PETERSBURG
1908-1909

Dreams

I

Lev Šestov
(1866-1938)[1]

1908 night of 21/22 XII
(Night of Sunday to Monday)

A. M. and I had got ourselves into some kind of outhouse, something in the nature of an old posting-inn. I'm wearing a fur coat. I know N. P. Bulič (Ovodov)[2] is already here in the outhouse and I want to see him and tell him not to be angry with me, but I can't find him however hard I try. Now I open a door and there is N. P. B. opening the same door from the other side. He is almost completely grey. I was glad: at last I'd found him. I told him something of what I had been thinking, but he frowned and turned away. And suddenly we were on a 'battle-field' near some village, where Lidia Ant. Borejko (Lena Borovaja)[3] is living. The three of us are lying there together: I, A. M. and Lev Šestov. All around us the bodies of the slain, very horrible.

Šestov says: 'There you are, for example!' and holds up a handful of repulsive, decomposing guts.

The graves are open. I sense someone moving in one of the graves all dressed in gold. And suddenly I realized that it was Car' Aleksej Mixajlovič[4] moving: I am very anxious that A. M. should not find out: as soon as he does, he will immediately go to have a look at Car' Aleksej Mixajlovič— there'll be no stopping him. And the Car' died so long ago, you see, in 1676, and so his appearance, presumably, is terrible. But just then someone cries out of the grave: 'Listen! Listen!' and suddenly a young lady comes up to me:

'My opinion is', she says, 'that the significance of contemporary writers is that they influence people.'
I said: 'You may well be right.' And woke up.

———————

[For Šestov those 'decomposing guts' are very typical: it was his passion to 'de-compose'[5] and he was very proud of his ability to do so, and there it all is in his hand. By those 'guts', even without naming names, you'd guess immediately: no-one but Šestov. That was what appealed to me about

Šestov, I like to 'get to the bottom of things', and even think that there is no other way if you want a clearly defined conception of them, but I also love legend and feel its magic and without legend I can't imagine any living thing in this world, any of those things that are subject to decomposition. Šestov's misfortune was that his eyes and heart were shut for all that world of story and his words left one with a feeling of sorrow, as did his eyes.[6]

And the dream is typical of me, too: my curiosity, which S. P.[7] had noticed in me, my unfailing curiosity would certainly have prompted me to have a look at anything so altogether out of the way as this Car' Aleksej Mixajlovič. But the point is not in this but in my visual memory, which S. P. had also noticed in me, and that memory is extremely poignant, obsessive. That was what S. P. was afraid of. I scared her particularly badly in Xerson, in the first year of our life together:[8] In Xerson they had caught some exceptionally important 'brigand' and had condemned him to death, the day was fixed—at four o'clock in the morning—in the prison yard; to make an example of him anyone who wanted to be present at the execution was permitted to do so, and I had meant to go. Now I think that if I had seen it, the man on the gallows would have dangled before my eyes all my life long. That is what S. P. was afraid of.

Apart from letters, not philosophical but domestic, there is one relic of Šestov: he wrote in S. P.'s album for 6:XI:1921, Berlin:[9]

'The first words after many years separation: Who knows? Perhaps to live is to die and to die is to live. Euripides.'[10]

To this profound reconciliation of two opposites, 'to live' and 'to die', I added, under Euripedes, from the wisdom of Lev Šestov himself: 'to try to do good to everyone at once is a sure way of not doing any good to anybody at all' (*Poslednie Novosti*, No. 1769, 25: I: 1926; Paris).[11] In these words there is the same kind of reconciliation of opposites as in Euripides: 'to do good is not to do good'. It seems so simple, much simpler than 'life' and 'death', but Šestov, clever as he was and well up to understanding Euripides, could never, till the end of his days, understand his own wisdom—and was always trying to do good to everybody.

S. P. drew Šestov with a bottle of 'porteau' (port wine). She didn't draw at all, really, but I used to talk her into having a try: it is interesting to see how somebody who doesn't normally draw will depict people; a test of the human eye allowing for the unskillfulness of the hand. And there's always some likeness. A person draws with their eye, Novalis noted that,[12] and the eye, if only one knows how to look, never lets one down. Usually I would draw round S. P.'s drawings—and that was all my contribution. A. R.]

Notes to Dream I and Commentary

1. Lev Isaakovič Šestov, (Ieguda Leib Švartsmann), 1866-1938, son of a Kiev businessman, educated Kiev and Moscow where he studied first mathematics, then law at Moscow University. Forbidden by the censor to defend his doctoral thesis on labour legislation in Russia, Šestov served a term in the army (1890-1891), then returned to Kiev where he worked for five years in the family business and discovered a vocation for literature and philosophy. His first book *Šekspir i ego kritik Brandes* was published privately in St Petersburg in 1898, but his real literary debut may be counted from the publication of his *Dobro v učenii Gr. Tolstogo i Fr. Nietzsche* in 1900 under the auspices of Vladimir Solov'ev. This was reviewed at length by N. K. Mixailovskij in *Russkoe Bogatstvo* and elicited an invitation to contribute to *Mir Iskusstva*. During the ensuing years Šestov became an accepted figure in modernist circles. He shared their interest in Dostoevskij and Nietzsche and was a powerful ally in the critique of positivism, but his keenly destructive thought, which seemed to rejoice in insoluble questions and irreconcilable paradox, often led him into ferocious polemics with his own side. Even before the revolution he lived much abroad and read and studied voraciously, his interest in ideas in literature gradually yielding to pure philosophy, although he retained an aphoristic and essentially literary style. He left Russia in 1920 and eventually settled in Paris where, from April, 1922 to March 1936, he lectured in philosophy at the Section Russe de l'Institut d'Etudes Slaves prés L'Université de Paris and published a steady flow of new works in French, German and Russian. His friendship with E. Husserl, whose phenomenology he had originally attacked for undue rationalism, led to Šestov's discovery—in 1928—of the oeuvre of Kierkegaard, with which he felt a profound affinity, and to which he devoted several major studies. In spite of his international renommé and influence (notably upon the young Albert Camus), Šestov was too destructive a thinker to be acceptable to all his fellow-Russians, including some of the editors of *Sovremennye Zapiski*. Remizov was first introduced to Šestov by Berdjaev in Kiev in November 1904. Even then, there must have been a feeling of kinship. Šestov—by then a major figure in literary Kiev—greeted the young Remizov, whose career was all before him, with a penetrating glance from his 'sad, blue eyes' and the Russian phrase: 'Rybak rybaka vidit izdaleka' ('One fisherman recognizes another afar off'). When, in 1905, Remizov's article 'Po povodu knigi L. Šestova 'Apofeoz Bespočvennosti'', appeared in *Voprosy Žizni*, July, No. 7, Spb, 1905, it seemed to its subject the only approving voice; to some of Remizov's friends, however, the article read as though it were indeed *'po povodu'* (à pro pos) rather than *about* the book, as though Remizov was writing about himself (See N. Baranova-Šestova, *Žizn' L'va Šestova*, I, La Presse Libre, Paris, 73-4). This article was republished many times: in the book *Krašenye ryla. Teatr i kniga*, izd-vo 'Grani', Berlin, 1922, pp. 124-6; in the journal *Svoimi Put'jami*, Prague, No. 12/13, June, 1926 (on the occasion of Šestov's 60th birthday); and in *Nov'*, Tallin, No. 8, 1934; a translation appeared in the French journal *Hippocrate*, Paris, No. 2, 1936, (in time for the subject's 70th birthday). It has recently been made the subject of a special study by Katalin Ceke: "'Apofeoz bespočvennosti': Lev Šestov i Aleksej Remizov." Remizov also wrote of a visit to Šestov in 'U L'va Šestova', *Čisla*, Paris, No. 9, 1933, (more readily available in *Učitel' Muzyki*, ed. Antonella, D'Amelia Paris, 'La Presse Libre', 1983, pp. 340-5) and a moving obituary 'Pamjati L'va Šestova' for *Poslednie Novosti*, No. 6451, 24, November, Paris, 1938 (now more readily obtainable in *Vstreči*). Needless to say, Šestov figured also in Remizov's dream-life 'vsegda k den'gam' (always as a sign money was on its way)—See 'Moi sny', *Zveno*, No. 143, 26 October, 1925, where Šestov appears together with other contemporaries such as Brjusov, Bal'mont, Kuzmin, Filosofov, Merežovskij, Ščegolev and Aleksej Tolstoj. Some of these dreams were in fact 'borrowed' from Serafima Pavlovna (see introduction).

In the daytime also Šestov's inner world and Remizov's had open borders. 'In all my "comedies" Šestov undoubtedly played the chief part. . . . For me, with my whimsical world without beginning or end, Šestov was just the person I needed, I could easily and unconstrainedly let my imagination run riot along all the highways and byways of its 'bezobrazie'. And Šestov believed in my make-believe, trustingly accepting even the most 'unlikely things' (i samoe nesoobraznoe'). . .It was easy for me to be with him and I felt free—that's a man who was never a block of wood, never one of those people without a smile, those humourless sober people in whose society there's no air to breath' ('Pamjati Lva Šestova', *Vstreči*, pp. 267-9). Nikolay Andrejev, in a percipient article on Remizov published in *Grani* (No. 34-35, Munich, 1957, 202-214) describes the writer's attitude to other people, and to their fate in the world, their struggle for 'their own voice' in the choir of the world, as 'smiling' ('Remizov polon ljubvi k etomu čeloveku, on *ulybčiv k nemu*', p. 212 [my italics]) and this is very apt. Horst Lampl, in his factually invaluable account of Remizov's life in Petersburg, misses both smiles—Remizov's and Šestov's—when he cites the hardships of the former's youth to excuse his 'thoroughly unpleasant' behaviour towards his fellow men, his habit of spreading rumours and mystifications 'for example that Šestov was a secret alchoholic' ('Remizovs Petersburge Jahre. Materialien zur Biographie', *Wiener Slavistische Almanach*, Band I, 1978, p. 276). Since Serafima Pavlovna's drawing of Šestov depicts him grasping a bottle of *porteau*, this particular 'rumour and mystification' deserves attention here. Remizov did not actually say that Šestov was a secret drinker. He merely indicated to Vasilij Rozanov—who found it very sad and quite incomprehensible—that Šestov 'bez vina ne možet' ('can't get along without a drink'). Rozanov thereafter always made sure there was wine on the table when Šestov and others came visiting . . . 'in droves', as Remizov tells us. What he failed to notice was that it was not Šestov but Berdjaev and Remizov who then drank it! (*Kukxa. Rozanovy pis'ma*, Berlin, 1923, pp. 25-7). Later, Šestov was appointed 'Vinodar' (the giver of wine) to the Obežjanja Voľnaja Palata, a compliment to his generosity as well as a continuation of the 'mystification'. His daughter tells us that 'Šestov laughed a lot' at this fantasy of Remizov's (N. Baranova-Šestova, op. cit., p. 89n.) and her biography offers a very simple explanation as to how it all originated. In 1903, the young philosopher saw in the new year with three new acquaintances, the marxists-turned-idealists Vodovozov, Bulgakov and Berdjaev. 'If only you could have seen me', he wrote to his wife, 'I got thoroughly tight ('Zdorovo vypil') and amused the whole company. It doesn't happen often, but it does happen, especially when there's champagne. I drank brudershaft with Berdjaev and Vodovozov. And the things I said to them! But it was all right—they didn't take offence. Berdjaev even came to see me next day and we talked philosophy for about 5 hours' (Ibid, p. 5). Later, Šestov told his French disciple Benjamin Fondane that, in his youth, contrary to his general reticence and dislike of polemics, he was always ready to start an argument after a drink or two and that his friends, knowing this and finding it extremely amusing, 'always found a way of making me a bit drunk.'

2. N. P. Bulič, depicted in *V rozovom bleske* under the name of Ovodov, self-appointed guardian of the heroine's schooldays who virtually followed her into revolutionary activity and thereafter into prison and exile. He hated Remizov, who appears to have born him no malice.

3. Lidia Antonovna Borejlo, depicted in *V rozovom bleske* as Lena Borovaja, a friend of Serafima Pavlovna's.

4. Car' Aleksej Mixajlovič (1629-76), 'Tišajšij', last Car' of the old, pre-Petrine Muscovite Russia and, of course, particularly interesting to Remizov because of the shared name and patronymic.

5. 'Decomposing', 'to de-compose': in the original Russian 'razlagajuščiesja' and 'razlagat'. The non reflexive verb can also mean to seduce from the straight and narrow, to induce disaffection, doubt.

6. Indeed, though the facts of Šestov's biography suggest a comparatively happy, well-ordered and successful life (certainly for a XX century Russian writer and European Jew), he was caught always on the horns of the dilemma Remizov here suggests: the impossibility of 'justifying the world' without faith (that 'magic' and legend', without which, for Remizov, there could be no life)—and the impossibility of reconciling what he knew of the world with

any religious or philosophic certainties whatsoever. His enquiring mind demanded proof, not the lifegiving, aesthetic, intuitive consolation Remizov drew from 'legend', including the apochryphal legends of Christian Russia (I do not know whether he would have used the word 'legend' to describe Christianity itself). The two authors were, however, at one in their acute awareness, not dissimilar to Kafka's, of the defenselessness of man in a world 'which is going under by reason of its own dull 'reasonableness' and cold 'calculation', like a self-deceiving gambler, who thinks that he has found the perfect 'mathematical' system'! That this is so is self-evident. You don't even have to look in order to feel what is going on all around, the fathomless suffering which is engulfing the world of written judgements by default, of theoretical programmes which have no ear for living, palpitating life. Šestov's 'madness', his 'Apotheosis of groundlessness', was a challenge to this very soulless, world-wide order of the machine. . .' ('Pamjati L'va Šestova', *Vstreči, p. 268*). If Remizov looked to St. Nicholas 'swift-to-help', Šestov called his philosophy one of tragedy and chose title and epigraph for one of his most remarkable books from Job: 'Oh that my vexation were but weighed, and my calamity laid in the balances together! For now it would be heavier than the sands of the seas.' Job I, 23. (*Na vesax Iova*, first published, Izd-vo 'Sovremennye Zapiski', Paris, 1929). Ultimately, there was perhaps a shared hope, but Šestov's was 'demythologised', harder to grasp, 'nur für die Schwindelfreien' (*Only for those who do not suffer from vertigo*), as he himself once qualified it. Yet at Šestov's graveside, Remizov, picturing himself bobbing about terrified as he pulls himself up to a vertiginous summit on a climber's rope, was able to say: 'I accompanied you to the very edge. . .' ('Pamjati L'va Šestova', *Vstreči*, p. 269).

7. S. P.—Serafima Pavlovna Dovgello-Remizova (1883-1943).

8. Serafima Pavlovna and Remizov were married in June 1903 in Xerson after he received permission to leave Vologda at the end of his term of exile. In Xerson, Remizov worked with Vsevolod Meyerhold's *Tovariščestvo Novoj Dramy* and sent work to Merežkovskij's *Novyj Put'* (which did not accept it) and to Brjusov, who was more encouraging. When Meyerhold's troupe left for Tiflis, the Remizovs moved to Odessa, then Kiev. They were not permitted to reside in Petersburg until the autumn of 1904.

9. The Remizovs left Petersburg on 5 August 1921 and arrived in Berlin, where Remizov was elected president of the *Dom Iskusstv* and member of the *Klub Pisatelej v Berline*. In November 1923, they moved to Paris. Šestov, who emigrated in 1919 to Switzerland, where he had been living before the war, moved to Paris in 1921, but from there made several visits to Berlin where he had publishing interests.

10. Cf. L. Šestov's letter to his daughters dated Geneva, 13-4-1921, à propos his own article on Lev Tolstoj's view of death 'Na strašnom sude', *Sovremennye Zapiski*, Paris, 1920, for the view that 'the revelation of death is not the denial of life, but on the contrary is rather an affirmation, only not in the sense of the usual 'mouse-like scuffling' on which people tend to waste themselves' (*Na Vesax Iova*, YMCA-Press, Paris, 1975, p. 392).

11. *Poslednie Novosti*, a daily paper edited first by M. L. Gol'dštejn then by P. N. Miljukov, Paris, 25 April, 1920- 11 June, 1940, No. 1-7015. Nathalie Baranoff's *Bibliographie des Oeuvres de Léon Chestov*, Bibliothèque Russe de L'Institut des Etudes Slaves, Tome XXXVI, Paris, 1975 gives no article by Šestov for this number.

12. Novalis' pseudonym of Friedrich von Hardenberg, 1772-1801, German poet. Was leading practioner (and to a lesser degree, theoretician) of the Jena Romantics, one of whose principal tenets was the subjective, idiosyncratic quality of vision.

ВЯЧЕСЛАВ ИВ. ИВАНОВ
1866 -

1909 1-2 VIII на среду

Видела много знакомых и маму. Попала в огромный дом, иду по коридору — по сторонам двери. И вижу Лидия Димитриевна (Зиновьева-Аннибал, жена Вяч. Иванова) в черном шелковом платье. Она показывает на дверь:

«Не пускайте Вячеслава в эту дверь, говорит она, там его смерть: придут такие маленькие, черненькие, цепкие . . . Скорее! Скорей!»

Я бросилась к двери и вижу, стоит Вяч. Иванов и еще какие-то, они тоже не хотят его пускать.

«Вячеслав Иваныч, не ходите туда, не ходите!» кричу.

А он как-то сразу приоткрыл дверь и собачонкой юркнул туда. Лицо у него бледнее, чем всегда, а волоса чернее. Мы тоже вошли за ним в комнату. Нас человек десять: я, А.М., Вера Константиновна (Шварсалон, падчерица Вяч. Иванова, а впоследствии жена), Анна Рудольфовна Минцлова, Александра Николаевна Чеботаревская, Марья Михайловна Замятина, Модест Людвикович Гофман, а кто еще, не помню. Комната пустая, четырехугольная, высокая, полы крашеные и очень блестят. По одной стене желтые венские стулья. Мы сели и все заняли. А Вячеслав Иванов лег у противоположной стены на пол.

И вот вижу, идут, и откуда они взялись? — я насчитала восемь — маленькие, черненькие и все в черном, один повыше, другой пониже — тоненькие, цепкие. Идут тихо, медленно, на цыпочках и ложатся на пол: одни ничком, скрестив тоненькие руки, другие навзничь, скрестив руки. И стало тихо до жути. И я вспоминаю, как Лидия Димитриевна сказала, чтобы не пускать Вячеслава в эту комнату . . . и я боюсь, умрет он.

«Господи, что сделать! Как сделать, чтоб он не умер? Возьми из меня силы, чтобы только не умер!»

И задыхаясь вдруг почувствовала, как вылетает из меня с шумом, как голуби шумят, и вижу маленькие птички — белые, и много их — стая, и полетели.

Я стою у окна и смотрю в сад. И мне сердце щемит — это такое чувство, когда хочется в сад, а не пускают.

[Вяч. Ив. Иванов замечательный человек: он все знает.

Таким универсальным был кн. Одоевский и Сенковский (Барон Брамбеус). Рисунок С.П. в моей обрисовке ♌ ♉ . Его стихи высоким стилем, не архаические слова, а церковно-славянские. Они, конечно, имеют право обращения, но после Ломоносова, Третьяковского и Хераскова потеряли значительность и звучат смешно. Можно было бы и тут найти неиспользованные слова, сколько есть и какой звучности в русском переводе Иоанна Златоуста, хотя бы Беседа II-я на послание к Ефесем, нравоучение II-ое. «На Схизматики, отдирающих себе от Церкви в тойжде вере, занеже противная закону и правилом творити». Вяч. Иванов «обратился» в католичество, он может во что угодно обратиться, так необъятна его «универсальность», эта беседа ему бы как раз, но зачем ему по-русски, когда он может по-гречески! К слову «обернуться»: в 1919 г. вернулась из Москвы О.Д. Каменева, она заведовала ТЕО, и нам — «члены коллегии» — сообщила свое необыкновенное открытие: она разговаривала с Вяч. Ивановым, и оказывается он «марксист» — было очень весело. «В каком плане?» спросил А.А. Блок, но Каменева не поняла. Вяч. Иванов мог быть одновременно и марксистом и антропософом и православнейшим и католиком — и все в «разных планах». Е.В. Аничков уже тут, в эмиграции, ездил в Рим и видел Вяч. Иванова «припадающим» католиком. «Но меня это нисколько не удивило», рассказывал Аничков, «до утра мы с ним проговорили о манихейцах, Вячеслав защищает, впрочем Вячеслав все может». Если Ф.К. Сологуб чтением, как рассказов, так и стихов, действовал снотворно, редко кто выдерживал, и Ф.К. сердился, Вяч. Ив. Иванов своим чтением вызывал самый добродушный веселый смех, но так как в стихах было полно любомудрия (философии), и никакого шутовства и смеяться было не к месту, выхохатывались потом, впрочем, если бы кто не удержался и прыскнул, Вяч. Иванов не заметил бы: он при чтении отдавался стихам весь до слепоты, до глухоты и до беспамятства, забыв какую-нибудь строчку он держал в беспокойной тишине обалдевающее внимание слушателей. Голосом на грани фистулы, с распевом, гнуся он выводил строку за строкой, никто ничего не понимал, и тут дело не в церковно-славянских жупелах, а как определил Картыков, автор сборника «Бабьих сказок», — «все мы средней культуры, а Вяч. Иванов высокой». Сын нашего петербургского «Демона» Тартаков жил в Уси-кирхе в санатории Волковой, и так не заморыш, да еще и разнесло, лечился для похудения, а я лежал с грелкой — язва желудка, так и познакомились. И что странно, таких крупных размеров человек, а

представлял самых маленьких птичек чижиков, ремеза не мог, но зато
соловья, как настоящий, обыкновенно после обеда выйдет в соседнюю
комнату с орехами — такой был способ леченья, наестся орехов — и
начнет свое соловьиное, затарахтит, защелкает и до чаю с час зали-
вается, вот подлинно дар Божий это его птичье пенье. А был в
Петербурге такой писатель Осип Исидорович Дымов (Перельман), в
революцию 1905 первый писатель в «Биржовке», человек доброй души
и незлобивый, и, как Тартаков птиц, Дымов писателей представлял.
Люди тонкой чувствительности говорили про него «пошляк», а он был
самый настоящий отпрыск Гейне с его наивным идиотизмом, только
без Гейновской гениальности. Сенковский очень метко определил,
как Гейне пишет стихи: «Его спрашивают, говорите ли вы по-французски? — нет, отвечает он, но мой двоюродный брат отлично играет
на скрипке». Дымов представлял и таких начинающих, как я, и по-
тенных отставных, как Аким Львович Волынский (Флексер), редактор
когда-то самого задорного из журналов «Северного Вестника» и пи-
савшем всегда на одну тему с Мережковским, а в наше время утоп-
шим в болоте, предшественник В.Я. Левинсона, бесподобно передава-
лась Дымовым природная осточертенелость Волынского, но всех
лучше выходил Вячеслав Иванов: «Се медь звучит, оле! не ты ли
Кюхельбекер!» — Вяч. Иванов слушал и не мог не улыбаться, он
слышал свой голос, свой прием, какие-то свои слова. В альбом С.П.
Вяч. Иванов написал стихи, но без всякой «меди» и «Кюхельбекера»:
26-27 IX 1906 г.

Млея в сумеречной лени, бледный день
Миру томный свет оставил, отнял тень.

И зачем-то загорались огоньки;
И текли куда-то искорки реки.

И текли навстречу люди мне, текли . . .
Я вблизи тебя искал, ловил вдали.

Помнил я: ты в околдованном саду . . .
Но твой облик был со мной, в моем бреду;

Но твой голос мне звенел, — манил звеня . . .
Люди встречные глядели на меня.

И не знал я — потерял иль раздарил:
Словно клад свой в мире светлом растворил, —

Растворил мою жемчужину любви . . .
На меня посмейтесь дальние мои!

Нищ и светел, прохожу я и пою, —
Отдаю вам светлость щедрую мою.

Вяч. Иванова рисовал К.А. Сомов, 96 сеансов: терпение! — золотые
кудри и золотая козья бородка и все лицо золото, сияя кротостью и
умилением: «овчий пастырь». Потом Вяч. Иванов эту маску с себя
снял, и уж лысый и бритый обратился в немецкого профессора; Jean
Chuzeville встречавший Вяч. Иванова в Москве в образе «овчего пас-
тыря» через много лет полтора месяца прожил в Риме на одной улице
с Вяч. Ивановым и был убежден, что это Момзен. А интересно бы
знать, как сам Вяч. Иванов себя представляет себя — свое «я» без
всяких масок. Я спрашиваю это потому, что по себе сужу: мне случа-
лось видеть себя — себя, непохожего ни на какие фотографии, ни на
то, что сам я вижу в зеркале — кое что о *себе* я представляю, конечно,
в общих очертаниях, и несколько раз я встречал на улице и всегда
думал, вот на кого *я* похож, и это ото всех скрыто, и если бы как-то
содрать с себя кожу и рассечь себя, вышел бы этот человек — *я*.
    Лидия Димитриевна Зиновьева-Аннибал, ученица Виардо, автор
единственного рассказа «Тридцать три урода» (33 портрета — но как и
что, ничего не помню). Ей всегда было жарко и она легко одевалась,
так и простудилась и померла 17 X 1907. Добрый человек и очень
внимательный.
    Анна Рудольфовна Минцлова (сестра С.Р. Минцлова, прославлен-
ного в эмиграции, но он печатался и в России, только как-то незаметно) оккультная дама и не без зрения, С.П. выделяла, но я почему-то
попал в круг «темных». Она и знала много, можно было ее спросить,
я, помню, о снах с ней разговаривал, только как-то все расплывчато у
нее получалось, чего-то в ней не было или точнее, что-то в ней было,
что ее затолкало, и она вдруг исчезла, говорили, что кончила само-
убийством, возможно. Злые люди говорили, что «завралась», а надо
сказать «запуталась», это вернее: взяла на себя такое, на что сил не
было, а отказаться не было мужества. Кто был ее учителем, не знаю.
Папюс? Какое-то отношение она имела к антропософии — к Рудольфу
Штейнеру. Говоря, она держала руку, закатывала глаза — иногда

слова ее набегали и перебивали друг друга, у нее спадали зубы. Человек безусловно добрый. Долго у нас хранился ее золотой крестик на цепочке, она дала С.П., когда у нас ничего не было, сначала закладывали, а в последние годы пришлось расстаться. Между прочим, у нее не было никакой оседлости: она все время переезжала: то в Москве, то заграницей. О ней есть у Андрея Белого и у Г.И. Чулкова в «Воспоминаниях». Мне ее всегда было жалко: она была какая-то бездомная в жизни.

Александра Николаевна Чеботаревская, сестра Настасьи Николавны, жены Ф.К. Сологуба. Она была в стае Вяч. Иванова, или как ее называли «мироносицей» Вяч. Иванова, у него были такие верные, вот она и Марья Михайловна Замятина, верные до самопожертвования. Ал. Ник. была переводчица, хорошо знала и немецкий и французский, а жила в Москве, и часто приезжала в Петербург. От нее я узнал, что она была невестой Павла Владимировича Беневоленского. А Беневоленский имел для меня огромное значение: он давал мне книги, он был товарищ моего брата Николая и часто бывал у нас, через него я добирался до самой верхушки — он мне давал и Ничше и Ибсена, только что появившиеся тогда на свет Божий, по крайней мере для русских. Вместе с братом он окончил гимназию и поступил на филологический. Но уже студентом я его не встречал. Я всегда думал, что из него выйдет что-нибудь особенное. А как-то слышу от брата, что Беневоленский едва перешел на 2-ой курс: надорвался. А потом слышу: болен и дают ему только виноград. А вскоре и совсем плохо: туберкулез. Совсем молодым помер. Сын священника от Семена Столпника.

Модест Людвикович Гофман, ему было лет 15, ходил он в голубой распашонке и представлял «отрока» при Вяч. Иванове, я не слыхал, чтобы он сказал хоть слово, всегда молча на цыпочках, а между тем, однажды мы были у него, и он показывал такой вот огромный ворох бумаги — свое сочинение: «История русской литературы». А.Р.].

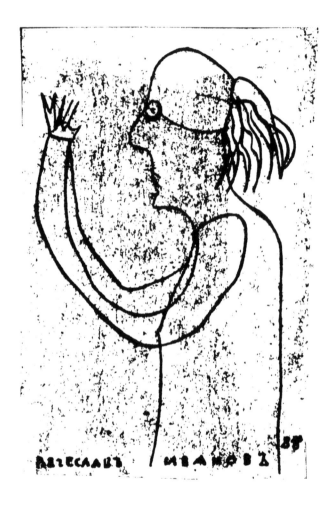

Figure 3.
Serafima Pavlovna's drawing of Vjačeslav Ivanov
drawn round by Aleksej Mixajlovič.

IV

VJAČESLAV IV. IVANOV[1]

1866 -

1909, 1-2, VIII, to Wednesday

I saw many people I knew and Mama. Here I am in a huge house, I go along the corridor; there are doors on either side. I see Lidia Dmitrievna [Zinov'eva-Annibal, the wife of Vjač. Ivanov][2] in a black, silk dress. She points to the door.

'Don't let Vjačeslav in through that door', she says. 'His death is behind it: they'll come, the little, black, clinging ones . . . Quickly! Quickly!'

I rushed to the door and saw Vjačeslav Ivanov standing there and some other people, and they don't want to let him through either.

'Vjačeslav Ivanyč, don't go in there, don't go!' I cry.

But somehow he opened the door a little way all of a sudden and whisked through like a little dog. His face was paler than usual and his hair darker. We followed him into the room. There were about ten of us; I, A.M., Vera Konstantinovna [Švarsalon, Vjač. Ivanov's stepdaughter, and later wife],[3] Anna Rudol'fovna Minclova,[4] Aleksandra Nikolaevna Čebotarevskaja,[5] Mar'ja Mixajlovna Zamjatina,[6] Modest Ljudovikovič Gofman,[7] and who else I don't remember. The room was empty, lofty, with four corners, the floor boards were painted and very shiny. Along one wall was a row of yellow Viennese chairs. We sat down, occupying all of them. And Vjačeslav Ivanov lay down against the opposite wall on the floor.

And there I see them, they're coming, but wherever from?—I counted eight—small, black and all in black, one a bit taller, another shorter—skinny, clinging. They come softly, slowly, on their toes and lie down on the floor: some on their sides, folding their skinny little arms, others flat out, folding their arms. And it grew quiet, uncannily quiet. And I remember how Lidia Dmitrievna had said not to let Vjačeslav into that room . . . and I am afraid that he will die.

'Lord God, what's to be done? How can we manage so that he should not die? Take strength from me, only don't let him die!'

And gasping for breath, I suddenly felt something flying out of me with a whirr like pigeons on the wing and I see little birds—white, and there are lots of them, a flock, and off they flew.

I am standing at the window looking out into the garden. And my heart
contracts—it's the feeling you get when you want to go out into the garden
but they won't let you.

[Vjač. Iv. Ivanov is a remarkable man: he knows everything. Prince
Odoevsky[8] and Senkowski (Baron Brambeus)[9] were universal in this way.
S.P.'s drawing is drawn round by me: 𝕏𝕐. His poetry was in the high style,
not archaic words but Church-Slavonic. Of course, they do have a right to
circulation, but after Lomonosov,[10] Tredjakovsky,[11] and Xeraskov[12] they
lost their meaningfulness and sound funny. It would have been possible to
find fresh words there too, how many of them there are and how resonant
they sound in the Russian translation of Ioann Zlatoust,[13] the 11th address,
for instance, on the Epistle to the Ephesians, the 11th homile 'On the
Schismatics, who have turned themselves away from the Church and the
one faith, insofar as they do that which is against the law and the cannons.'
Vjač. Ivanov turned Roman Catholic,[14] he can turn anything you care to
name, so unencompassable is his universality. That address might have
been written for him, but why should he read it in Russian when he has the
Greek! About that word 'to turn': in 1919 O. D. Kameneva[15] came back
from Moscow, she was in charge of TEO,[16] and announced to us 'members
of the collegium' her astonishing discovery: she had had a talk with Vjač.
Ivanov and it turned out he was a 'marxist',—it was very funny. 'On what
plane?' A. A. Blok[17] asked, but Kameneva didn't understand. Vjač. Ivanov
could be simultaneously a marxist and an anthroposophist and an Orthodox and a Catholic and all 'on different planes'. E. V. Aničkov,[18] here, in
the emigration, went to Rome and saw Vjač. Ivanov a 'practising' (lit. 'ven-
erating') Catholic. 'But that did not surprise me in the least', Aničkov told
us. 'He and I talked till morning about the Manicheans,[19] Vjačeslav sticks
up for them, but then Vjačeslav can do anything.' If F. K. Sologub's[20]
reading of stories and poems worked soporifically—few people lasted it out
and F. K. used to get very annoyed—Vjač. Ivanov's reading called forth
the most good-natured laughter although, since his poetry was full of wisdom (ljubomudrie) and not jests it was really inappropriate to laugh at the
time, we all had our laugh out afterwards, though as a matter of a fact if
someone had lost control and snorted, Vjač. Ivanov would not have noticed:
when reading he would so immerse himself in the poetry as to be blind,
deaf and unconscious of anything besides, when he happened to forget a
line he would hold the stunned attention of his listeners in uneasy silence.

In an almost falsetto voice, chanting, intoning, he would produce line after
line, no one understanding anything and not at all because of the Church-
Slavonic bugaboos but, as Kartykov, the author of the collection 'Bab'i
Skazki'[21] very properly put it: 'all of us are of merely average culture,
whereas Vjač. Ivanov is *highly* cultured.' The son of our Petersburg
'Demon', Tartakov[22] lived in Usikirche at the Volkovo Sanatorium. He
never had looked underfed and at one time got so fat he had to take a
slimming cure, and I was tucked up there too with a hot-water bottle, a
stomach-ulcer, and that was how we met. And the strange thing was that
though he was such a big man he could imitate the smallest birds such as
finches, not a penduline tit though,[23] though after dinner he would go into
the next room with his nuts—that was his cure, to satisfy his appetite with
nuts—and begin this nightingale business of his, chirruping, chirruping and
trilling away for an hour or more till they brought in the tea. It was a real
God-given talent, that birdsong of his. And then in Petersburg there was a
writer, Osip Isidorovič Dymov (Perel'man),[24] the premier writer of the *Biržovka*[25] during the 1905 Revolution, and this Dymov could imitate writers
just as Tartakov imitated birds. Refined and sensitive people said he was
'cheap', but with his naive idiotism, he was the most genuine descendant of
Heine, only without Heine's genius. Senkovski gave a most perceptive definition of the principle according to which Heine structured his poems: "He
was asked: 'Do you speak French?' to which he would reply: 'No, but my
brother plays the violin very well.'" Dymov could imitate beginners like me
and worthy has-beens such as Akim L'vovič Volynskij (Flekser),[26] the editor of *Severnyj Vestnik*,[27] once the most challenging of literary journals,
who invariably wrote on the same subjects as Merežkovskij and—'in our
time'—was quite bogged down in the past, a forerunner of A. Ja. Levinson,[28] and Dymov conveyed incomparably Volynskij's sense of being fed
up to the teeth with everything. . . .Best of all, though, was his impersona-
tion of Vjačeslav Ivanov: 'Se meď zvučit, olé: ne ty li Kjukhelbeker!'[29] (So
sounds the brass, olé: is that you, Kjukhelbeker?) Vjač. Ivanov listened and
couldn't help smiling; he heard his own voice, his technique, words that
seemed to be his own. In S.P.'s album, Vjač. Ivanov wrote a poem, but
without the 'brass' and the 'Kjukhelbeker':

26 27: IX: 1906

Quavering in the lazy haze, pale day
Left but luxurious light, stole shade away.

And, why we know not, little lanterns glowed,
And, where we knew not, rivers sparkling flowed,

And people flowed to meet me, flowed and flowed . . .
I sought close by you, found on a far road,

Remembered you: spellbound beyond the sea . . .
Yet in my fevered dream your image was with me;

Yet your voice rang clear, and singing drew me on.
I followed struggling through the staring throng

And knew not; was it lost or given away?
My treasure melted in the world's bright day,

Dissolved my pearl of love . . . ah, distant ones,
Laugh if you will, but I must needs go on. . .

Radiant and poor and singing as I go
On you—ungrudgingly—my radiance I bestow.[30]

K. A. Somov[31] drew Vjač. Ivanov, in 96 sittings: What patience!—golden
curls and a golden goatee beard and the whole face awash and beaming
with meekness and tenderness: 'A shepherd of lambs'. Later, Vjač. Ivanov
took off this mask and, bald and shaven, turned into a German professor.
Jean Chuzeville,[32] having met Vjačeslav Ivanov in Moscow in the image of
'a shepherd of lambs', lived many years later for a month and a half in the
same street in Rome as Vjač. Ivanov and was convinced that he was really
Mommsen.[33] It would be interesting to know, though, how Vjač. Ivanov
saw *himself*, his 'I', without any mask whatsoever. I would like to know
because I judge from my own experience: it has happened to me to catch a
glimpse of myself, myself as I am, unlike any photograph, unlike what I see
in the mirror—and I do see myself to some extent, in a very general way, of
course, and once or twice I have actually met myself on the street and
thought: so that's who *I* resemble, but nobody else will ever see it and only
if I could up and off with my own skin and cut myself open would that
person who is really *me* at last emerge.

   Lidia Dmitrievna Zinov'eva-Annibal, a pupil of Viardot,[34] was the author
of one solitary story: 'Thirty-three monstrosities' (33 portraits, but I
remember nothing as to how and what).[35] She always felt hot and dressed
lightly, and so she caught cold and died 17: X: 1907.[36] A kind person and
very attentive.

Anna Rudoľfovna (the sister of S. R. Minclov, who made his name in emigration but did also publish in Russia only not very noticeably somehow) was an occult lady and not without vision. She singled out S.P. but I, for some reason, was relegated to the circle considered 'dark'. She knew a lot, too, you could ask her things, and I remember I talked to her about dreams, only somehow everything she said was rather vague, there was something missing in her or rather there was something present in her that was pushing her towards the brink and one day she disappeared, people said that she had committed suicide, she may well have. Malicious people said that she had 'got caught up in lies' but one ought to say simply 'she had got caught up', that would be nearer the truth; she had taken upon herself something she hadn't the strength for and she hadn't the courage to give it up. Who her teacher was I don't know. Papius? She was connected in some way or other with anthroposophy—with Rudolph Steiner.[37] When she spoke she held your hand, rolled her eyes—sometimes her words would run on and interrupt one another, she was losing teeth. Undoubtedly a kind person. For a long time we kept her little gold cross on a chain, she gave it to S.P. When we had nothing we began by pawning it but later we had to let it go. By the way, she had no permanent place of residence: she was constantly on the move; now in Moscow, now abroad. There's something about her in Andrej Belyj[38] and in Čulkov's *Memoirs*.[39] I was always sorry for her: as though life had somehow deprived her of her birthright.

Aleksandra Nikolaevna Čebotarevskaja was the sister of Nastasia Nikolaevna,[40] F. K. Sologub's wife. She was one of Vjač. Ivanov's flock or, as they were called, Vjač. Ivanov's myrrh bearers; he had such faithful women, her and Mar'ja Mixajlovna Zamjatina, for instance, faithful to the point of self-immolation. Aleksandra Nikolaevna was a translator with a good knowledge of German and French, and lived in Moscow but often came to Petersburg. From her I heard that she had been betrothed to Pavel Vladimirovič Benevolenskij.[41] And Benevolenskij had the greatest significance for me. He gave me books, he was a friend of my brother Nicholas[42] and often came to see us, it was through him that I reached the very summit—he gave me Nietzsche and Ibsen, who were just emerging into the light of day, at least for Russians; he finished school at the same time as my brother and entered the philological faculty. But I never met him after he became a student. I always thought that he would become something special. Then I learned from my brother that Benevolenskij had hardly been allowed to go on to the second year: he had not stayed the course. And then I heard he was ill and allowed to eat only grapes. And soon things became really bad: tuberculosis. He died quite young. The son of the priest from St. Symeon Stylites.

Modest Ljudovikovič Gofman. He was about 15 years old, went about in
a pale blue open jacket and fulfilled the function of accolyte (otrok), attached to Vjač. Ivanov. I never heard him say a single word, always silent,
walking on his toes, and yet once when we were at his house he showed us
a pile of papers *that* high: — his own work: 'The History of Russian Literature'. A. R.]

Dream IV. Notes

1. Vjačeslav Ivanovič Ivanov (1866-1949) Russian poet, scholar and theoretician of symbolism. Ivanov's social origins were the spheres of lower ranking civil servants and the priesthood
(duxoventstvo), but he was encouraged by his mother to see himself from the age of five as a
poet. Disturbed by student riots at Moscow University, he went abroad to complete his
studies of classics and ancient history in Berlin and subsequently travelled widely in Europe. It
was at this stage that, influenced in his interpretation of the classics by Friedrich Nietzsche, he
began a lifelong labour of reconciliation of the most various tendencies of human thought and
psyche with the elaboration of his religion of the suffering God—a religion which sees Dionysos not, as Nietzsche sees him, as the antipode but as the forerunner of Christ, and admits of
an adogmatic, amoral Christianity and a mysticism which is amourous, orgiastic and tragic.
Here also he met his second wife Lidia Zinov'eva-Annibal, and in 1904 the couple returned to
Russia to take up residence in St Petersburg, heralded by the publication of a book of poetry
Kormčie Zvezdy (1901), which earned Ivanov immediate recognition among the Russian Symbolists. Both in his own works, theoretical and poetical, and in the famous literary-
philosophical discussions at 'The Tower' (1905-1910), Ivanov propagated his conception of art
as a theurgic activity, of the poet as hierophant of a Divine Truth of which all religions are but
fragmentary and partial revelations. In 1913 Ivanov moved to Moscow where he remained
throughout the war and the Revolution. In 1921 he headed south to recover from the hardships of the time and was appointed Professor of Greek at the University of Baku. In 1924 he
left the Soviet Union for Rome, where he continued to teach Classical studies and became a
convert to Roman Catholicism, writing the *Rimskie Sonety* and doing a great deal of scholarly
work and translations for the Vatican.

   The sharply negative attitude to Ivanov which emerges from Remizov's commentary to his
wife's dream stems primarily from a profound opposition of poetic temperament. Remizov
liked to 'get to the bottom of things', as he says in his commentary to Dream I, whereas
Ivanov glided majestically from 'plane' to 'plane', selecting all that was pleasing to his keen
aesthetic sense and harmonizing discordant impressions according to the strict rules of genre,
shrouding tenuous religious insights, the fall of empires and the sorrow, sin and loss of life
itself in the splendid panoply of antique tragedy and myth. It was typical of the two writers
that Ivanov should have drawn inspiration from Ancient Greece and from the highly artificial
XVIII Century Church Slavonic as first used in lay literature, whereas Remizov took off from
the spoken language and from the vigourous *skaz* of Protopop Avvakum, the spontaneous
and unadorned XVII Century writings of *d'jački* involved in the day-to-day administration of
Muscovite Russia, and the rhythmic lilt of legend and folk-tale. Ivanov, Vjačeslav The Magnificent, as he was nicknamed in Petersburg literary society, did not understand Remizov's
'bezobrazie'—or the pain from which it sprang. At least when Remizov read his 'Strasti Gos-
podni' at the Tower in Passion Week, 1907, Vjačeslav Ivanov cried 'Blasphemy' and
'Remizov, who without that was already sufficiently bent and wounded by life, bent still lower
and left in silence with his wife' (Margarita Woloschin. *Die Grüne Schlange. Lebenserinnerun-
gen*, verlag 'Freies Geistesleben', Stuttgart, 1969 [?],* p. 194). Moreover, if Ivanov did not

understand the pain in Remizov's writing, how could he understand the humour of his fantasies? Horst Lampl tells us that on 3. 11. 1910 Ivanov wrote Remizov a letter forbidding him to spread rumours 'die seine Person betraffen' (H. Lampl, Op. Cit., p. 315).
(*No date on book but the foreword by the author is dated March 1968.)

2. Lidia Dmitrievna Zinov'eva-Annibal (1872-1907). The rebellious daughter of a patrician family, Lidia Dmitrievna met and married Vjačeslav Ivanov while they were both resident abroad, bringing three children from a previous marriage. A vivid and, according to Blok, truly 'Dionysian' personality, she was popular with the poets who visited the Tower and would listen to their verses and talk art and poetry while Ivanov held deep discussions with the philosophers in the next room. Towards midnight they would converge over the supper table—and Lidia's poets had been known to pelt the sages with oranges if thereafter their conversation became too abstract. She also acquired considerable notoriety as author of the story Remizov mentions in his notes, 'Tridcat' tri uroda' ('Ory', SPb., 1907) which was banned for its lesbian overtones. It is not true, however, that this was all she wrote—but the lush style dated and little else is remembered. Among her published works which include drama, short stories and articles are Kol'ca, 'Skorpion', M., 1904 and contributions to various 'mystic anarchist' publications such as Mističeskij Zverinec, 'Ory', SPb, 1907 and the shortlived 'Ory' periodical Fakely. She did not, as Remizov says in his commentary, die of a chill, but of scarlet fever contracted when nursing some village children while on holiday in the country (thus confirming his characterisation of her as 'attentive' and 'kind'). In her dress, she affected an antique mode altogether suitable for Vjačeslav Ivanov's Muse. Serafima Pavlovna's dream came two years after her death amd may perhaps reflect the battle for Ivanov's spirit described in the notes below.

3. Vera Konstantinovna Švarsalon (1891-1920). Believing himself to have the blessing of his dead love Lidia Dmitrievna, three years after her death Ivanov took to wife her daughter Vera, who was expecting his child. The marriage shocked literary Petersburg (Cf., for instance, A. Blok's diary for the Autumn of 1911, Aleksandr Blok. Sobranie Sočinenij I-VIII, ed. Vl. Orlov, M-L, 1960-5, Vol. VII, p. 72 and Aleksandr Elčaninov in 'Vstreči s Vjačeslavom Ivanovym ('Iz dnevnika 1909-1910 gg.', Vestnik RSXD, Paris,; No. 142, 1984, pp. 60-65), where he records a conversation on the subject with Ern which totally destroyed his regard for Ivanov as a spiritual mentor. Ivanov, however, convinced himself and his own immediate circle that his marriage was the product of a close spiritual union between himself, Lidia Dmitrievna and her daughter, a union in which Vera had always represented the principal of cool wisdom and freshness. He thought of her as Persephone to Lidia's Demeter. She bore him two children, but failed to survive the privations of the revolution and civil war and died of tuberculosis at the age of 30. The best accounts of the marriage as seen through the eyes of Ivanov's immediate circle are those given by Olga Dešart in her invaluable preface to the three-volume Collected Works (Vjačeslav Ivanov, Sobranie Sočinenij, Vols. I-III, 'Foyer Oriental Chretien', Brussels, 1971-1079, vol. I, pp.129-138) and by Vera's half-sister, serialised in Novyj Žurnal: (Lidia Ivanova, 'Vospominanija o Vjačeslave Ivanove'; Novyj Žurnal, Nos. 147-51, New York, 1982-3).

4. Anna Rudol'fovna Minclova, a disciple of Rudolph Steiner who wielded considerable influence over Lidia Dmitrievna and was of great comfort to Vjačeslav Ivanov after her death, drawing him into her occult, anthroposophical beliefs and encouraging the attempt to sustain spiritual contact with his dead wife. For a time they spent many hours together daily and he dedicated to her the poem 'Vates' (published in the collection Cor Ardens). Minclova, however, believed herself to be the organiser of a secret Rosacrucian society destined to redeem Russia, and Vjačeslav Ivanov to be the chosen instrument of this redemptive labour. When she became aware that he was attracted to Vera she demanded from him a vow of chastity—which he refused to give. Dešart gives the following version of her disappearance: 'Quietly, humbly she said: "It's my fault. I have not been able to fulfil the task they laid upon me. They are calling me away. Goodbye. May God keep you." She went away. Forever. No one who knew her in Russia ever saw her again. She had disappeared.' (O. Dešart. Op. Cit., p. 140)

5. Aleksandra Nikolaevna Čebotarevskaja 1870-1925, sister-in-law to Fedor Sologub, editor and translator. Aleksandra Nikolaevna was a good friend of Blok's, who found her sympathetic and valued her opinion on literary matters.

6. Mar'ja Mixajlovna Zamjatina, died 25 March, 1919. A faithful friend of Lidia Dmitrievna, Zamjatina helped the Ivanovs raise their children and remained a part of their household in Moscow until her death from undernourishment and exhaustion during the period of War Communism.

7. Modest Ludovikovič Gofman (1890-1959), poet and critic. This well-named young man was part of the St. Petersburg literary scene from 1907 onwards and is the editor of a series of short articles on contemporary poets which appeared in *Kniga o russkix poetax poslednego desjatiletija*, ed. M. Gofman, 'M. O. Vol'f', M.-St. Pb, 1909, 1910. He also contributed reviews to symbolist periodicals. Having emigrated in 1923, he continued to draw on his memoirs of the Silver Age in numerous articles for emigré newspapers and journals.

8. Prince Odoevsky, Vladimir Fedorovič (1803-1869) philosopher, journalist and writer of short stories and an unfinished novel about *The Year 4338*, a precursor of the Slavophiles and president of the Society of the Lovers of Wisdom (Ljubomudry), deeply influenced by German Romanticism and Schelling. The comparison with Vjačeslav Ivanov is apt.

9. Osip Ivanovič Senkovsky (pseud. Baron Brambeus) (1800-1858), professor of Arabian and Turkish literature at the University of St. Petersburg, he published his own versions of folk tales from the cultures of the Near East as well as humourous articles and critical works on contemporary writers. His prose style, though influential, was undistinguished, and the comparison is grossly unflattering, though the interest in ancient cultures and modern literatures might, in a sense, be said to parallel Ivanov's range. Both these comparisons serve to place Vjačeslav Ivanov firmly in the company of those who, though they have found their niche in the history of literature, are distinctly second-rate as creative artists.

10. Mixail Vasilevič Lomonosov (1711-1765) the fisherman's son who became, in Puškin's words, 'a university in himself'. Lomonosov is the author of 'A Letter on the Rules of Russian Versification' (1739), as well as a *Rhetoric* (1748) and a *Grammar* (1757). He advocated a neo-classical system of three literary styles. The 'high' and 'middle' styles both allowed for a more or less heavy admixture of Slavonic words and Slavonicisms into a polite, emasculated Russian, the syntax of which followed Latin and German models. A poet in his own right, Lomonosov is the author of some truly majestic odes and Remizov, deeply opposed as he was to the Latinisation of Russian syntax, here implies his acknowledgement of their merit for their own day.

11. Vasilij Kirillovič Tredjakovskij (1703-1769). Another luminary of Russia's XVIII Century and theoretician of 'The Composition of Russian Verses'. The first to attempt Russian hexameters (in his translation of Fénélon's *Télémaque*) Tredjakovskij's awkward style and infelicitous borrowings from a variety of languages and cultures made him a figure of fun even during his lifetime. Batjuškov depicts him in *A Vision on the Shores of Lethe* as '. . . naezdnik xilyj/Stroptiva devstvennic sedla/Trudoljubivyj, kak pčela', but grants him a place amongst the immortals. His work had considerable pioneering value at a time of total flux and uncertainty in the literary language.

12. Mixail Matveevič Xeraskov (1733-1807). A third and most curious figure of the Russian Enlightenment who sought to create a body of Russian epic poetry along classic lines, thus earning the reputation of a Russian Homer. In his work slavonicisms are used deliberately to counter the influence of modern European languages.

13. St. John Chrysostom (C. 345-407). Born in Antioch and educated at the Sophist school of Libanius, he was converted to Christianity in his mid-twenties and twenty years later became Archbishop of Constantinople and one of the greatest Christian preachers (hence the title 'Golden-mouthed' that became as it were a second name). Popular with the citizens but opposed by powerful enemies, Chrysostom ended his days in exile, with the result that many of his greatest homilies have come down to us as written works. Particularly beloved of Rus-

sian Orthodox Christians is the sermon read at Easter Matins welcoming those who have fasted and those who have not fasted, those who have toiled from the first hour and those who came only at the eleventh hour, but Remizov—characteristically—mentions a more recondite work, pertinent to his next argument.

14. Vjačeslav Ivanov considered, as did Vladimir Solov̌ev, at least in his middle years, that while diversity within the Church was perfectly in order, hostile division must be against the will of God. After emigrating to Italy he accepted the Roman Catholic—or at least the R. C. Uniate faith. Remizov's disapproval does not appear to be of an ecclesiastic nature, though clumsy attempts by invading Catholic powers to force a Union on the Ukraine, White Russia, the Baltic and elsewhere have left deep scars on the historical memory of the Russian Orthodox Church. Nor is it, in the strict sense of the word, theological. The homile of St. John Chrysostom (see n. 13) to which Remizov refers is against the Aryans and Chrysostom himself is, of course, a saint of the *undivided* Church. By emphasizing the fact that Ivanov read him in Greek rather than Russian, Remizov is gently ridiculing the sublime manner in which he tended to soar above the agonies of history, gathering only the honey from the roses and leaving the thorny bushes firmly implanted in the dirt from which they grow. The reproach echoes Blok's reaction to the first number of *Trudy i Dni* in a 1912 letter to Andrey Belyj: 'The first number is Vjačeslav Ivanov's number; he has taken pleasure in rattling a thunder-sheet over sad people, over sad Russia in her rags—that is the only way in which I can hear that cry of 'catharsis' which grates on my ear' (A. Blok. *Sobranie Sočinenij v vos'mi tomax*, Tom 8, M-L. 1963, p. 387). Blok, too, spells out the 'catharsis' in the Greek. Of course, Remizov is not impugning the disinteredness of Ivanov's motivation—he was later turned down for the Chair of Slavonic Studies at Bologna because he was not a member of the Fascist party, and it does not appear to have crossed his mind to make *this* adaptation. Here, for the balance, is Olga Dešart's account of his conversion: 'In 1926, on the Day of St. Vjačeslav in Russia (4/17 March), Vjačeslav Ivanov before the altar of St. Vjačeslav in St. Peter's Rome, read out the formula for joining the Catholic Church (not the usual one but the particular one composed by Vladimir Solov̌ev) and then, in the Chapel above the Apostle's tomb, having attended Mass, he took communion in two kinds after the Orthodox fashion . . . uniting in his own person Orthodoxy and Catholicism, he had no doubt that he was not only fulfilling his own individual duty but also his duty to his country in obedience to the maturing, albeit unconscious, deeply hidden will of the people to Union' (O. Dešart. Op. Cit., p. 174). From the same source, however, we learn that Ivanov, when called to a private audience with Pope Pius XI in 1938, said 'that he not only had no hope for the unification of the Churches, but none even for their reconciliation in the near future, in our century' (Ibid, p. 198), and that at his wedding to Lidia Dmitrievna—in a Greek Church in Livorno—he had been particularly delighted by the *Dionysian* 'crowns' held over their heads during the ceremony, wreaths woven, according to Greek custom, from vine leaves and the snow-white fleece of young lambs (Ibid., p. 35). Remizov's 'he can turn into anything you care to name, so unencompassable is his universality' is undoubtedly justified, but should be qualified by the sincerity of Ivanov's 'poetic' perception. For instance, when D. S. Merežkovskij, in an article 'Za ili protiv?' (*Novyj Put'*, September, 1904, pp. 269-270) challenged Ivanov to state clearly whether he were still for Dionysos 'of the many names' when 'the one Name' of Christ was long since revealed, Ivanov replied with an exquisite poem ('Lico ili maska', *Novyj Put'*, October, 1904, p. 165) recalling the many guises in which Christ himself had appeared, known yet unrecognised: on the road to Emmaus, lighting a fire on the bank of a lake, as a gardener, coming in judgement with a 'face shining as the sun'. He ends triumphantly.

Ty, Suščij—ne vsegda l'? I, Tajnyj,—ne vezde li,—
I v grozdjax žertvennyx, i v belom sne lilej?
Ty—glas ulybčivyj mladenčeskoj svireli,
Ty—skaly dvižuščij Orfej.

[Art Thou not He Who *is*, at all times? And He Who is in secret, in all places,
In the sacrificial grapes, in the white sleep of the lilies?
Thou art the smiling voice of the shepherd's pipe of our infancy,
Thou art Orpheus, who moves cliffs.]

15. O. D. Kameneva, wife of Lev Borisovič Rosenfeľd (1883-1936) better known as L. Kamenev, a prominent Bolshevik, and sister of L. D. Trotskij. Olga Davidovna was Commissar of the Theatrical Department of Narkompros in the early days of the Revolution in Petrograd, where Blok and Remizov were in frequent contact with her as employees of TEO (TEO). This contact was maintained, though naturally at one remove, after the Bolshevik Government evacuated to Moscow in the spring 1918.

16. TEO, Teatraľnyj otdel Narkomprosa RFSR 1918-20.

17. Aleksandr Aleksandrovič Blok, (1880-1921). For his changing relationship to Vjačeslav Ivanov see E. L. Beľkind, 'Blok i Vjačeslav Ivanov', *Blokovskij Sbornik* II, Tartu, 1972, pp. 365-84; Avril Pyman, *The Life of Aleksandr Blok* Vols. I and II, O.U.P., Oxford, 1979, 1980, (index Ivanov, Vjačeslav) and also the important 'Iz perepiski Aleksandra Bloka s Vjač. Ivanovym', Publikacija N. V. Kotreleva, *Izvestija Akademii Nauk, Serija Literatury i jazyka*, Tom 41, No. 2, 1982, pp. 163-176. For Blok's relationship with Remizov see 'Perepiska s A.M. Remizovym'. Vstupiteľnaja staťja Z.G. Minc. Publikacija i kommentarii A. P. Julovoj *Literaturnoe Nasledstvo, Tom 92, Aleksandr Blok, Novye Materialy i issledovanija*, Kniga vtoraja, Nauka, M., 1981, pp. 63-142. The page reference covers the supplementary publications of dedications Remizov wrote on books presented to Blok and of his memoirs of Blok published in Berlin 1922 (*Axru. Povesť Peterburgskaja*, Berlin–Pb.–M., Izd. G. I. Gržebina, 1922); in Paris 1931 ('Desjaľ leť, *Poslednie Novosti*, 6 August, Paris, 1931) and for the fortieth anniversary of Blok's death 'Po serebrjannym nitjam (Litija)', (*Sovetskij Patriot*, M., No. 54, 9 August, 1946). This publication is by N. A. Kajdalova and N. N. Primočkina. Apart from these reminiscences of Blok, Remizov dreamt of him—'more often than of anyone else' and these dreams, too provide remarkable poetic insights. 'I always remember you', he ended his last "Litija"'.

18. Evgenij Vasiľevič Aničkov (1866-1937) a critic and historian of literature who in Petersburg enjoyed great popularity for his liberal opinions and hospitality and was acquainted with all the literary establishment of the pre-revolutionary years. After the Revolution he lived outside Russia.

19. Manicheans. Heretics of the 3rd Century, who professed a dualistic creed which seeks to combine Christianity with Zoroastrianism.

20. F. K. Sologub (Fedor Kuźmič Teternikov, 1863-1927). One of the older generation of Symbolist poets and an acknowledged arbitor of taste. Entertainment at Sologub's establishment, whether the hostess was his hospitable, simple sister or his unhappy, intellectual wife Anastasija Nikolaevna Čebotarevskaja, was a far more formal affair than at Ivanov's Tower. There was no breaking up into small groups; guests sat round the table, reading and discussing poetry, almost as if at a seminar. Sologub, as an ex-school teacher and inspector of schools, had a stiff manner which no doubt did work somewhat soporifically when he read his own, deeply pessimistic and demoralising stories and exquisite verse.

21. I have been unable to trace Kartykov or *Bab'i Skazki*.

22. Our Petersburg 'Demon', Tartakov . . . also untraced.

23. Penduline tit: in Russian 'remez', from which the surname Remizov (originally Remezov) derives.

24. Osip Isidorovič Dymov (Pereľman 1878-1959) journalist, playwrite, short-story writer and novelist who published a good deal with 'Šipovnik' between the revolutions. From 1913 lived in the U.S A. Wrote also in Yiddish.

25. Biržovka—familiar name for the Petersburg newspaper *Birževye Vedomosti*, 1908-1917.

26. Volynskij (Akim Ľvovič Flekser, 1863-1926). Literary critic and art critic. From 1889 he worked regularly for the journal *Severnyj Vestnik*, from which, in his capacity as editor of the literary section, he spearheaded the reaction against the literary critics of the 1860s (see his

book *Russkie kritiki*, SPb, 1896) and against positivism (see *Bor'ba za idealizm. Kritič. Stat'i*, SPb, 1900). He also encouraged writers such as N. Minskij, F. Sologub, K. D. Bal'mont, Zinaida Hippius and D. S. Merežkovskij, many of whose early works were published in *Severnyj Vestnik*. Like Merežkovskij, he wrote much about Dostoevskij (*Carstvo Karamazovyx*, SPb, 1901; *Kniga Velikogo Gneva*, SPb, 1904; *Dostoevskij*, SPb, 1909) and Leonardo da Vinci (*Leonardo da Vinči*, SPb, 1900). Having tilled the ground for the success of the symbolist movement, he never shared that success, disagreeing with the symbolists (including Merežkovskij) on philosophical matters. V. adhered to a serene pre-Nietzschean, neo-Kantian worldview which looked for consistency and methodical harmony. He dismissed the modernists' paradoxical way of thinking and belief in 'arbitrary jumps' as equivalent to 'the conclusion that all moral ideas are an empty chimera'. (See for instance his critique of Vl. Solov'ev, *Severnyj Vestnik*, July, 1896, p. 235).

27. *Severnyj Vestnik*. Monthly periodical published in St. Petersburg 1885-98. Originally the journal, under the editorship of A. M. Evreinova, was populist in tendency and provided a platform for N. K. Mixajlovskij and others after the closure of *Otečestvennye Zapiski* in 1884. It was only from 1891 when the journal was acquired by the publisher L. Ja. Gurevič, who entrusted the literary section almost entirely to Volynskij (see n. 26), that it began to·propagate aestheticism and idealism and to polemicize against utilitarianism in the arts. The political section of the journal continued in much the same vein as before, and *Severnyj Vestnik* was thus a living example of the disestablishment of art both from the liberal 'second censorship' and from official conservative ideology. It may be said to have prepared the way for the modernist journals: *The World of Art* (1898-1904), *The New Way* (1903-4), *The Balance* (1904-1910), etc., right on to *Apollo* (1910-1917) where, as Blok said, 'all the names' were still to be found, though the spirit had by then become almost academic. A useful summary of the role of Volynskij and *Severnyj Vestnik* was published quite recently by Amy Barda, 'La Place du *Severnyj Vestnik* et de A. Volynskij dans les débuts du mouvement symboliste', *Cahiers du Monde Russe et Soviétique*, Vol. XXII-1, Janvier-Mars, Paris, 1981, pp. 119-125.

28. A. Ja. Levinson, probably Andrej Jakovlevič Levinson (1887-1930) a theatre and art critic who emigrated from Russia in 1920.

29. Pure parody. Kjuxelbeker, Wilhelm Karlovič (1797-1846) was, of course, Puškin's friend, a Romantic Russianised German poet and Decembrist who later—much to the amusement of his acquaintance—turned to a stilted XVIII Century type classicism.

30. The last poem from the cycle 'Eros' entitled 'Nišč i svetel' ('Poor and radiant'), from book II *Speculum Speculorum* of *Cor Ardens*. The cycle *Eros* was first published in a separate book: *Kniga liriki*, 'Ory', SPb, 1907, (see also *Sočinenija*, II, 382). It commemorates the strange 'Platonic' experiment made by Lidia Dmitrievna and Vjačeslav Ivanov to include a third, younger person (Sergej Gorodeckij and Margarita Vološina successively) in their passion for one another. This poem, which must have been still unpublished when Ivanov wrote it into Serafima Pavlovna's album, brings the unsuccessful romance with Gorodeckij to a resigned conclusion. In the sonnets to Vološina ('Zolotye Zavesy', *Sočinenija* II 384-392) Ivanov plays on her name, Margarita, and its meaning: 'Pearl'. But the date of 'Nišč i Svetel' suggests that—in spite of the concluding image of the pearl dissolved—the inspiration came from the renunciation of Gorodeckij. 'Indeed, one followed hard upon the other'. As Ivanov writes in the first poem to Vološina:

> Lučami strel Erot menja pronzil,
> Vlača na kazn', kak svjazna Sevast'jana,
> I, rastoča gorjuči snop kačana,
> S drugim snopom primčat'sja ugrozil . . .

> (Eros pierced me with arrows like rays of light,
> Dragging me to execution, like the bound Sebastian;
> And, having spent all his quiver of burning arrows,
> He threatened to come running with another sheaf)

> (*Sočinenija* II. p. 384)

31. Konstantin Andreevič Somov, (1869-1939) a painter from the *Mir Iskusstva* group, remarkable for the bitter-sweet nostalgia of his imaginative painting. He was also an excellent portraitist and his drawings of Kuzmin, Nurok, Blok, Ivanov and others have gone far towards forming our visual imagination of the Silver Age. In 1907 he designed the cover for Ivanov's *Cor Ardens* (pub. Skorpion, 1911). He was friendly with Remizov whom he first met in the autumn of 1905. In 1906 he illustrated Remizov's erotic tale 'Čto est' tabak. Gonosieva povest'', published privately in an edition of 25 copies by 'Sirius'. There is a self-portrait in coloured crayon in Serafima Pavlovna's Album for the Year 1927. However, he distrusted Remizov's manner of writing: 'I began to read Remizov's "Vzvixrennaja Rus'". He writes insincerely, tearfully. But he has it in him, if only the artificiality hadn't got into his blood' [. . .] *Konstantin Andreevič Somov*, ('Iz dnevnika, 25 Marta 1927 g'. *Mir Xudožnika, Pis'ma, Dnevniki, Suždenija sovremennikov*, 'Iskusstvo', M., 1979, p. 316). He preferred *Kukxa*: 'An awful lot of scatology, but it's very well done (Letter to A. A. Mixajlova 29 Dec. 1924; Ibid, p. 263). See Horst Lampl, op. cit., pp. 284-5 for Remizov's association with Rozanov and Somov.

32. Jean Chuzeville. French Russianist, particularly interested in the 'decadents' and their contemporaries. He wrote *Dmitry Merejkovsky, l'âme russe et nous*, Editions Bossard, Paris, 1922, and pronounced the oration at M's graveside in 1941. Chuzeville was a frequent visitor at Remizov's flat in the Rue Boileau.

33. Professor Theodore Mommsen taught Vjačeslav Ivanov in Berlin after he left Moscow University to complete his studies in the classics and ancient history.

34. Turgenev's life-long love Pauline Viardot (1821-91), of whom he has a good deal to say in *Ogon' Veščej* ('Oplešnik', Paris, 1954, pp. 146-147): 'Turgenev's fate is bound up with Viardot, whom he first met in 1845, and all his life was spent under her sign: he died under it, too, in "another's nest", in Bougival, near Paris. The fate of Petuškov is the fate of Turgenev. There is no dream in the story, but something very close to a dream—"a love potion" . . .' I am indebted to April Fitzlyon, the biographer of Pauline Viardot (*The Price of Genius, A Life of Pauline Viardot*, John Calder, London, 1964) and a relation by marriage of Lidia Dmitrievna, for a reference confirming that the latter did indeed take singing lessons from Viardot. This is L. Ivanova, 'Vospominanija o Vjačeslave Ivanove', *Novyj Žurnal*, 147, 1982, p. 139.

35. The story tells the tale of a successful actress who forms a worshipful, erotic attachment to a beautiful young girl. Feeling that she should be generous and share her protegée's beauty with the world at large the actress encourages her to model nude for an art class where there are 33 artists. The paintings which result, at first deeply offensive to the delicate sensibilities of both women, are the 33 monstrosities. The young girl, however, feels increasingly drawn to these male views of herself, and the rarified friendship with the older woman is ruined. The story was certainly fuelled by Lidia Dmitrievna's own feelings during the attempt to establish a threefold love (see note 30).

36. Possibly the confusion as to the cause of Lidia Dmitrievna's death (see Note 2) arose from the fact that she had indeed suffered a serious inflammation of the lungs the previous winter.

37. Margarita Vološina, who introduced Minclova to the Ivanovs in the first place, had met her at a lecture given by Rudolph Steiner, but Minclova is known to have considered herself at least Steiner's equal and to have hinted at Rosacrucian associations.

38. Andrej Belyj, *Načalo veka*, OGIZ-GIXL, M-L, 1933 p. 318 et. seq. Minclova, for all the vividly grotesque description he gives of her, appears to have played some part in his reconciliation with Ivanov after the ideological warfare over 'Mystic Anarchism'. Certainly she was present—'her eyes like two wheels boring through the wall into cosmic emptinesses'—at their first 8-hour talk. (Ibid, p. 320)

39. G. Čulkov. *Gody strantstvij. Iz knigi vospominanij*, M., 1930. Čulkov knew Minclova in Ivanov's circle. In an undated letter written in the summer of 1906, Blok, trying to smooth over some misunderstanding with Čulkov, writes: 'Yesterday you transgressed the command-

ments of Minclova and something false came of it, (vyšla nepravda).' *Pis'ma Aleksandra Bloka,* 'Kolos', Leningrad, 1925, p. 134.

40. Anastasia Nikolaevna Čebotarevskaja (1876-1921), writer and wife of the poet Sologub. She was a notable Petersburg 'hostess', though she never established her own creative 'persona' in the way Zinaida Hippius or Lidia Zinov'eva-Annibal had done, merely lending an element of sophistication and savoire-faire to the literary gatherings at her husband's home. She also introduced a new interest in amateur dramatics. A. N. committed sucide in 1921 as a result, it is said, of an unhappy love affair.

41. Pavel Vladimirovič Benevolenskij. I have been unable to discover more about this clearly significant figure in Remizov's early life than what he himself tells us in these notes.

42. Remizov, Nikolaj Mixajlovič (1874-19?). Aleksej Mixajlovič's eldest brother. Like all the rest of the family, he was musical and gifted in many ways. Having studied law, literature and drawing he worked for a while as a lawyer, but devoted his principal energies to the Church, becoming 'starosta' of the great Cathedral of the Dormition in the Moscow Kremlin. Thanks to this appointment, Remizov himself was 'at home' in the cathedral and was able to attend services not open to the public at large. A reflection of this familial relationship with the great Kremlin Churches is to be glimpsed in R's *Lament for the passing of the Land of Rus'*. When in Moscow, he often stayed with Nikolaj in the wooden 'fliegel' in the garden of his typically Muscovite house, but the brothers do not appear to have been particularly close (see N. Kodrjanskaja, *Aleksej Remizov*, Paris, 1954, pp. 73-5).

VI

Д.В. ФИЛОСОФОВ

1873 - 1940

1909 22-23 X (на пятницу)

Пришла я к Мережковским. В передней стоят: З.Н. Гиппиус, Философов, Татьяна Николаевна Гиппиус в шубах, З.Н. и Т.Н. пошли в одну сторону, а мы с Философовым в другую. Идем — а по дороге лежат все дохлые лягушки, вообще какая-то дрянь. Потом видим лежит мертвый человек: из него все внутренности вынуты и пустой он. А Философов взял этого пустого мертвеца и надул воздухом, как надувают вербных свинок. И стал мертвый человек толстым — вот-вот лопнет. А мы пошли на Бестужевские Курсы — Курсы стоят на берегу реки. А возле Курсов пароходы, а кругом снег лежит, все в снегу.

[Что же такое был Философов? У него было чувство долга, а это не валяется. Помню, в те еще времена, когда бунтовала Государственная дума он как-то «почтительно» поехал в Павловск — предполагалась демонстрация на вокзале во время музыки. И еще у него была верность: это к Мережковским: жить с Мережковскими, а он уехал от матери с Баскова пер., и поселился в доме Мурузи, это уже подвиг. И терпел до Варшавы, т.е. до 1920 г. и тут что-то произошло, Мережковские со Злобиным уехал в Париж, а он остался в Варшаве. Он был библиотекарем в Публичной библиотеке, любил книгу. Да, он был без лукавства и всякой «политики», он был простой, а судьба его столкнула с такими, как Мережковские, потом Савинков. Какое разочарование и сколько огорчений! В «России в письменах», т.II (не издано) о Философове: «Письма его деда и отца». А.Р.]

DREAM VI

D. V. Filosofov[1]

1873-1940

1909 22-23 X (to Friday)

I arrived at the Merežkovskijs'. In the entrance hall were standing Z. N. Hippius,[2] Filosofov, Tatjana Nilolaevna Hippius[3] in fur coats. Z. N. and T. N. went one way and Filosofov and I the other. We are strolling along and all along our way dead frogs are lying and in general some pretty nasty things. Then we see a dead man lying: all his insides have been taken out and he's empty. And Filosofov took this empty corpse and blew it up like you blow up Palm Sunday balloons (verbnyx svinok). And the dead man grew fat—at any moment he was going to burst. But we went on to the Bestužev courses[4]—they were on the bank of a river. And just by the Courses were steamers, and all around the snow was lying, everything was covered in snow.

[What *was* Filosofov? He had a sense of duty, and that's not to be sneezed at.[5] I remember the time when it was still the State Duma that was in a state of rebellion he once 'respectfully' went out to Pavlovsk[6]—there was supposed to be a demonstration at the Railway Station during the music.[7] And another quality of his was fidelity: I mean to the Merežkovskijs: to live with the Merežkovskijs—and he left his mother's house in Baskov Pereulok and moved in to Dom Muruzi[8]—that is real self-sacrifice. And he bore it until Warsaw, that is until 1920, and there something happened. The Merežkovskijs and Zlobin[9] left for Paris and he remained in Warsaw. He worked as librarian in the Public Library, he loved books. Yes, he was without cunning or any 'politics' (probably in the sense of 'capacity for intrigue'. Tr.) He was straight-forward, and Fate brought him together with people like the Merežkovskijs, then Savinkov.[10] What a disillusionment and how many disappointments! In 'Rossija v pijs'menax', Vol. II (not published) under Filosofov there are: 'letters from his grandfather and father'.[11] A. R.]

Dream VI—Notes

1. Dmitrij Vladimirovič Filosofov (1872-1940). A cousin and, in youth, a lover of S. P. Djaghilev, Filosofov was one of the founder-members of the circle for self-education which

formed the nucleus of the *Mir Iskusstva* group. Originally gathered about himself, Alexandre Benois, Walter Nouvel, Alfred Nourok and Leon Bakst, the group was later virtually taken over by Djaghilev. Under his aegis they began to publish the journal *The World of Art*, of which Filosofov was literary editor. His beautiful, sociologically committed mother Anna Pavlovna commented on the first number: 'I cannot altogether agree with them! All that they preach is very fine and, of course, the cult of beauty and the implanting of the love of art in the masses is a good thing, but not yet, not here, in much suffering and starving Russia . . . *at this present* I would rather see my son somewhere in the districts of Kazan or Penza organising famine-relief than the fearless editor of the journals *Law* and *The World of Art*' (*Sbornik Pamjati Anny Pavlovny Filosovoj*, Vol II, Petrograd, 1915, p. 29). This responsible, philanthropic strain in Filosofov's upbringing led first to a serious involvement in the Merežkovskijs' inner circle and outward activity to promote a New Religious Consciousness, to which, as Remizov points out, Filosofov remained loyally committed until after the three of them fled abroad, accompanied by the youthful Vladimir Zlobin, in 1919. In his remarkable biography of Hippius (*Tjaželaja Duša*, Kamkin, Washington, D. C., 1970 and in translation *A Difficult Soul: Zinaida Gippius*, ed. annotated and with an introductory essay by Simon Karlinsky, Documentary Studies in Modern Russian poetry 2, University of California Press, Berkeley, 1980), Zlobin tells the story of Filosofov's defection in human terms, as a rebellion against the domination of Zinaida Hippius. In her 'Life of Dmitrij Merežkovskij', Hippius depicts Filosofov's increasing involvement with Savinkov and Pilsudski's anti-bolshevik army in Poland as the immediate occasion for the break-up of their relationship, but the publications of her letters and diaries by Temira Pachmuss (Cf. particularly letters to Filosofov and Savinkov in *Intellect and Ideas in Action. Selected Correspondence of Zinaida Hippius*, Centrifuga Russian Reprintings, Vol. II, Wilhelm Fink Verlag, Munich, 1972, and the diary 'O byvšem', published in the journal *Vozroždenie*, Nos. 217 and 218, Paris, 1970) tell us much more of the intricate course of the amitié amoureuse which bound her 'in different ways' to her husband and Filosofov, and which also bound the two men. Essentially, both their alliance and its dissolution were founded in the fact that they complimented one another. Filosofov had done all the hard work for Djaghilev, and his role in the creative lives of the Merežkovskijs was equally supportive. He was a cultivated journalist (see his collection *Slova i Žizn', Literaturnye Spory novejšego vremeni 1901-1908 gg.*, SPb, 1909) who shared and propagated their opinions, but he was not a creative artist in his own right, and it was probably psychologically inevitable that he should eventually have rebelled against the role of second fiddle. He would have been less aware of this role at the beginning of their relationship, when Zinaida Nikolaevna effectively 'stole' him—an arrogant Adonis, very conscious of belonging to the intellectual and social élite of St. Petersburg (Cf. A. Benois, *Moi Vospominanija v pjati knigax*, Vol. I, 'Nauka', M., 1980, II, 9, p. 609)—from the glittering world of *Mir iskusstva* and from his family home. From 1920 Filosofov lived in Warsaw where he wrote articles for the newspaper *Za svobodu* and edited the journal *Meč*. Benois, while paying tribute to his exceptional intelligence, claims that 'He wanted to fly but lacked wings; it was a kind of spiritual emasculation (skopčestvo) which he himself, on occasion, admitted with some bitterness. He was particularly tormented by the absence of any creative principle; this nurtured a kind of envy towards those of his friends who were creatively gifted' (Benois. Op. Cit, vol. II, IV, 43, p. 363). At the same time, 'he was always seeking . . . disinterested . . . there was a kind of essential loftiness in his ideas which always charmed me . . . In some other age of the world he would have been a puritan iconoclast, and *fate* played a strange joke on him when it *established him* at the very heart of one of the most important artistic undertakings in the Russia of his time' (p. 364). It is curious that Remizov here uses almost the same words: 'and *fate brought him together* with people like the Merežkovskijs, and Savinkov'. Could it be that the irreproachable Filosofov needed all these 'imperfect' people and undertakings to fill some inner emptiness, and that some such perception lies behind Serafima Pavlovna's dream of his attempt to 'blow up' a dead man?

2. Hippius, Zinaida Nikolaevna, (1869-1945) Wife of D. S. Merežkovskij, symbolist poet, short story and play writer, literary critic and religious 'seeker'. Apart from the works mentioned in Note I, one of the best, and kindliest, portraits of her is that given by S. K. Makovskij in his *Na parnasse Serebrjannogo Veka*, Verlag 'ZOPE', München, 1962, pp. 87-122. In English, her religious thought has been examined in a scholarly monograph by Temira Pachmuss *Zinaida Hippius: An Intellectual Profile* (Carbondale: Southern Illinois Univ. Press, 1971), her poetry by Olga Matich (*Paradox in the Religious Poetry of Zinaida Gippius*, Centrifuga Russian Printings and Reprintings, Vol. 7, Wilhelm Fink Verlag, Munich, 1972) and her role as a precursor of the 'sexual revolution' by Simon Karlinsky in his preface to the translation of Zlobin's book. She also figures prominently in most memoirs of the period, dominating the Symbolist scene in Petersburg from the mid-nineties until 1906, and in Oleg Maslennikov's pioneering book *The Frenzied Poets*. Her friendship with Serafima Pavlovna and patronising attitude to Remizov is described by Horst Lampl in the introduction to 'Zinaida Hippius on S. P. Remizova-Dovgello', *Wiener Slavistischer Almanach*, 1978 Band I pp. 155-194. The poverty of the young couple and the fact that they were late-comers to Petersburg literary society gave her every opportunity for benevolent interference. She tried to persuade R. to take a steady job in Government service, loaded S. P. with advice on how to bring up her daughter and provide spiritual support for her husband, and tried to control the Remizovs' circle of friends. Her critical assessments of Remizov (in *Russkaja Mysl'*, I, 1912, III and *Sovremennye Zapiski* 22, 1924, pp. 447-9) were not unfriendly, but she did not really admire his work and opposed the publication of 'Prud' in *Novyj Put'*. It was Remizov's search for contact and continuity with Soviet literature leading to his cooperation with Svjatopolk-Mirskij's journal *Versty* 'pri bližajšem učastii A. Remizova, M. Cvetaevoj i L. Šestova' which, in 1925, led to a five-year break in relations after Z. N. had sent Remizov an insulting letter and attacked him in print for being nearer to the animal than the human state. After 1930 the quarrel between S. P. (who had been bitterly offended on her husband's behalf) and Z. N. was made up but the former closeness was never resumed and the correspondence dwindled to nothing by 1937.

3. Hippius, Tatjana Nikolaevna (Tata) (1877-19?) Sister to Zinaida, artist and member of the Merežokovskijs' religious circle. Tatjana lived on in the Soviet Union and was, I believe, still resident in Novgorod with her sister Natalia in 1959.

4. The building of the Bestužev Courses for young ladies where Serafima Pavlovna was studying at the time of her arrest for revolutionary activity.

5. Remizov had good reason to appreciate Filosofov's loyal friendship. Disregarding R's position as a political exile, Filosofov had not only kept him supplied with *Mir Iskusstva* during his exile in Vologda but had met him on a clandestine visit to Petersburg before the ban on visiting the capitals was lifted. The two men had got on well and Filosofov encouraged Remizov's early attempts at writing, showing an appreciation of the novel *The Pond* which he tried unsuccessfully to persuade the Merežkovskijs to publish in *Novyj Put'*: 'The imperfection of form attracts me . . . it bears witness to a *process*, and not to academic finish.' (Cf. Horst Lampl, op. cit., pp. 182-3, n.3).

6. Pavlovsk. One of the many royal palaces in the country near St. Petersburg, built by Catherine the Great for her son Paul. As with all these miniature and not-so-miniature Versailles, the palaces were soon surrounded by small towns to house both courtiers and people providing the various services required by the court. These in their turn became ideal holiday resorts and dormitories for Petersburg and were served by the suburban railways.

7. Music at the railway station at Pavlovsk cannot but call to mind Dostoevskij's *Idiot* and the scandal created by Nastasia Filipovna during a concert in the same setting.

8. 'Dom Muruzi'—the house where the Meržkovskijs lived during the heyday of their influence in Petersburg and right up till 1913.

9. Vladimir Anan'evič Zlobin, (1894-1967), poet, house-friend, disciple and general factotum to the Merežkovskijs throughout their exile and to Zinaida Hippius until her death. I met Vladimir Anan'evič in 1951 when he was living in the South of France and still writing, or

possibly merely planning his book on Zinaida Hippius (see Note 1). He recalled walking in on a scene between her and Filosofov. She was lying, gazing up at him with wide, glittering eyes and he—standing rigidly some feet away from her—cried out on her that she had devoured him, that he must be free. Zlobin's own attitude seemed to be that of one who had himself but recently 'escaped', although he had clearly revered and, at the last, deeply pitied Hippius. His movements were light and boyish, he was living, too, like a student, in an attic-room where he entertained my friend and me (who were students) to large (and delicious) plates of spaghetti cooked on a ring. We had hoped he might have the Merežkovskij archive still, but he told us that much of it was sold to Lifar and what was not was in the bottom of a trunk at his aunt's house in Paris. We did not, however, return empty-handed. Zlobin most generously presented me with Zinaida Hippius' copy of *In Memorium, Dmitry Merezhkovsky 1865-1941*, a brochure commemorating the inauguration of Benois's monument in 1945. We also took away with us a vivid impression of the Merežkovskijs' life in exile, their total inability to cope with day-to-day affairs and their total absorption in the life of the mind, their mutual dependence, and her rebellion against God Himself for allowing Dmitrij Sergeevič to die before her. To Zlobin she was obviously a hard taskmistress who had, on occasion, ridden rough-shod over his self-respect, not scrupling to mock him for the very down-to-earth ability to cook and shop and clean which held the household together. Equally obviously, she had been an enthralling companion, and his biography, when it came, turned out to be a deeply sensitive tribute, the life-work of a lyrical Boswell, such as could not have been written by anyone not themselves a poet. The first volume of poems, published by this most self-effacing man in 1951, was entitled *Posle ee smerti*. Hippius's letters to Zlobin have been published with invaluable notes and an ill-considered introduction by Temira Pachmuss (*Intellect and Ideas in Action*, pp.181-331).

   10. Boris Viktorovič Savinkov, 1879-1925. A leader of the S. R. party and political terrorist, involved in the assassinations of U. K. Plehve and of the Grand Prince Sergej Aleksandrovič. Deputy Minister and Minister of War towards the end of the Provisional Government, committed to carrying on the war against Germany and thus utterly opposed to the seizure of power by the Bolsheviks, Savinkov worked actively against them for the next seven years from within and without the Soviet Union. Sickened by the carnage of Civil War, he eventually repented of his activities before a Soviet Tribunal and subsequently took his own life—or, as some maintain, was murdered—in a Moscow prison. He began to write under the influence of Zinaida Hippius, and in 1909 published a novel about his terrorist activities *Kon' Blednyj* (*The Pale Horse*) under the pseudonym V. Ropšin. The title was actually thought up by Hippius. This was followed, in 1914, by *To čego ne bylo* (That which didn't happen) about the 1905-7 Revolution and *Kon' Voronoj* (The Black Horse) published in both Moscow and Paris in 1924 which, written in the first person in telegraphic prose and question-and-answer dialogue form, catalogues the meaningless horrors of Civil War. In 1931, a book of Savinkov's poetry previously published in various almanacs and, according to the *Kratkaja Literaturnaja Enciklopedija* (Vol. 6, p. 588) redolent of Hippius's influence, was published in Paris. Hippius blamed Savinkov, her one-time lover, for alienating Filosofov in 1920 when he made him assistant and deputy of the chairman of the Evacuation Committee [as the Russian detachments in Poland were called] . . . 'He separated us from Dima (Filosofov) taking him entirely under his influence . . . He is nothing. I have plunged Dima with my own hands into this deceptive emptiness', Hippius noted in 'Savinkov', *Intellect and Ideas in Action, Selected Correspondence of Zinaida Hippius*, Centrifuga, Russian Reprintings and printings, Vol. II, 1972, Wilhelm Fink Verlag, Munich, pp. 133-140.

   11. Horst Lampl (stet: op. cit., pp. 182-3) describes Filosofov's attitude to Remizov as 'Wohlgesinnt und hilfsbereit' ('benevolent and ever ready to help'). He notes that Filosofov not only gave Remizov the family materials here mentioned for his *Rossija v pis'menax* but, in his capacity as librarian at the Public Library, accepted for safe-keeping a part of Remizov's archive.

VII

Д.С. МЕРЕЖКОВСКИЙ 1865-1941
З.Н. ГИППИУС 1867-

1909 г.

Лежу в лесу на кровати. И знаю я, что в лесу я путешествую: то в кровати, то так — иду. Лес зеленый, лиственный и такой жуткий холодок. Птицы перепархивают. И слышу, как они между собой разговаривают. Птицы говорят:

«Померла Зинаида Николавна Гиппиус. А через полчаса и Димитрий Сергеич».

И вижу: идут они — З.Н. в черном, Д.С. в сером. Ну такие же самые, только чуть побледнели лица и вроде как просвечивают. Я поднялась в кровати и пошла с ними.

«Ну как же у вас, кружки какие существуют?» спрашивают оба.

«Есть, говорю, один, называется «Вирофлей», там читают Мережковского».

А З.Н. на это как-то так, не то, что недовольно, а капризно:

«Зачем же читают Мережковского?»

Д.С. вступился:

«А почему же не читать Мережковского?»

И они так это говорят, будто совсем не про них говорится, а о ком-то другом. А птицы все перепархивают и такой зеленый лес.

И вижу я продается рыба, селедка что ли — она плавает в кадке, а на какде палочка и на дощечке надпись — 1 р. 50 к. А продает рыбу приказчик в белом фартуке, и такой неприветливый, нет, чтобы предложить, знай себе руками вылавливает рыбу из кадки и опять в кадку пускает.

«Дайте и мне немного», говорит З.Н. приказчику. И ко мне: «Это я Бердяеву хочу отнести».

«Нет, говорит приказчик, я вам не дам, это им раньше заказано!» на меня показывает.

А я тихонько утешаю их:

«Не обращайте, говорю, на него внимания, это не настоящий хозяин: настоящий хозяин совсем добрый».

[С.П. хранила память о З.Н. Гиппиус: письма, книги с надписями и два стихотворения, посвященные С.П.-е: 1. на листке 1.1 1906 Спб. 2. в альбоме — 1 1913.

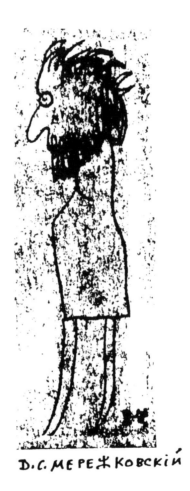

Ð·C· МЕ РЕЖ КОВСКiй

Figure 4.
Serafima Pavlovna's drawing of D.S. Merežkovsky,
drawn round by Aleksej Mixajlovič.

1

То бурная, властно-мятежная, —
То тише вечернего дня;
Заря огневая и нежная
На небе взошла для меня.

Простая, спокойно-суровая,
Как правда пряма и ярка,
Чиста, как вода родниковая,
Как чистый родник глубока.

Пусть люди, судя нас и меряя,
О нас ничего не поймут.
Не людям — тебе одной верю я,
Над нами есть Божеский суд.

Их жизнь суетливо-унылая
Проходит во имя ничье.
Я — вечно люблю тебя, милая,
И все, что ты любишь — мое.

2
Тебе

В горькие дни, в часы бессонные
Боль побеждай, боль одиночества.
Верь в мечты свои озаренные:
Божьей правды живы пророчества.

Пусть небеса зеленеют, низкие,
Помню мысль свою новогоднюю.
Помни, есть люди, сердцу близкие,
Веруй в любовь, в любовь Господнюю.

О Мережковском память: его словесный загиб в альбоме С.П.: «Людей надо судить не по тому, что они есть, а по тому, чем они хотят быть». Почему это философы всегда пишут глубокомысленную «бестолочь», ничего не поправляющую в живой жизни? Еще есть письмо Мережковского С.П-е, а у меня хранилось письмо здешнее уж, да кто-то стащил. Рисунок С.П. передает то у Мережковского, чем он был.

В Петербурге мы часто встречались с Мережковскими, хотя у меня не было никакого пристрастия к [так у Ремизова], я ценил отношение З.Н. к С.П. Зинаида Николаевна поняла ее больше, чем кто-либо. А.Р.]

ИЗ ДНЕВНИКА 1941 г.

9.XII. Вчера умер Д.С. Мережковский, Господи, прости ему все грехи, упокой его. Тяжело думать. Прости ему!

10 XII. Очень плохо спала. Сегодня похороны Мережковского. Господи, прости ему грехи. Жалко З.Н.

DREAM VII
THE MEREŽKOVSKIJS[1]

D. S. Merežkovskij 1865-1941
Z. N. Hippius 1867-   [2]

1909

I am lying in bed in a wood. And I know that I am travelling through this wood: sometimes on the bed, and sometimes just like that—on foot. The wood is green, deciduous, and there is a creepy sort of chill. Birds are fluttering around.[3] And I can hear what they are saying to one another. The birds are saying:

'Zinaida Nikolavna Hippius died. And half an hour later so did Dimitrij Sergeič!'

And I see them walking along: Z. N. in black. D. S. in grey. Just as they always were, only the faces are a tiny bit paler and as if there were some kind of light behind them. I got out of bed and walked on beside them.

'Well, how are things with you? Are there any literary circles (kružki)?' they both ask.

'There is one', I tell them. 'It's called "Viroflej" and they read Merež-kovskij'.

To this Z. N., not exactly displeased, but a trifle peeved:

'Why ever do they read Merežkovskij?'

D. S. put in a good word:

'And why shouldn't they read Merežkovskij?'

And they say it all as though it wasn't themselves they were talking about, not in the least, but somebody else. And the little birds kept fluttering by and the wood was so green.

Then I see there's fish for sale, salt herring, perhaps—it's swimming in a wooden barrel and on the barrel there's a little stick with a notice: 1 rouble 15 kopecks. And the fish is being sold by a superior salesman in a white apron—so unfriendly! there's no question of his offering any, he takes no notice of anybody, just catches fish out of the barrel with his hands and then drops them back in again.[4]

'Give me some too', Z. N. says to the salesman. And to me. 'It's for Berdjaev,[5] you see'.

'No', says the salesman. 'I won't give you any. The lady ordered it first!' and pointed to me.

And I comfort them quietly:

'Never mind him', I say, 'he's not the real fishmonger: the real fishmonger is perfectly kind'.
[S. P. kept in memory of Z. N. Hippius: letters,[6] books with dedications
and two poems,[7] dedicated to S. P.: The first on a piece of paper dated 1.1.
1906 SPb. The second in her album I/1913.

1

Now tempestuous, rebellious, commanding
Now quieter than late afternoon,
For me in the sky there has risen
A fiery and tender dawn.

Simple, and calmly austere,
Vivid and straight as truth,
Pure as spring-water,
Deep as a pure spring.

People may measure us, judge us,
And understand nothing—so be it.
It is you alone I trust—not people,
We are under the judgement of God.

Their life, busy and dismal,
Passes by in the name of—nothing.
I love you for all eternity, dear one,
And all that you love is mine.

2

To You

In bitter days, in hours of sleeplessness
Conquer the pain of loneliness.
Believe in your dreams that are full of light
The prophecies of God's truth are living yet.

What though the skies are green and lowering,
Remember my New Year's thought.
Remember, there are people close to your heart.
Believe in love, in the love of the Lord.

In memory of Merežkovskij: his verbal posturing in S.P.'s album: 'People should not be judged for what they are but for what they want to be'. Why is it these philosophers always write such profound *'bestološ'* [nonsense— in inverted commas in the original A.P.], which is of no help at all in life as it is lived? There is also a letter from Merežkovskij to S.P. and I did have a letter written here but someone pinched it. S.P.'s drawing conveys something about what Merežkovskij was truly like.

In Petersburg we often met the Merežkovskijs, although I had no inclination whatever that way, I did appreciate Z.N.'s attitude to S.P.: Z.N. understood her better than anyone.[8] A.R.]

From her [Serafima Pavlovna's] *Diary 1941*

9. XII. Yesterday D.S. Merežkovskij died. Lord, forgive him all his sins, grant him rest. It is painful to think of. Forgive him![9]

10. XII. Slept very badly. Today was Merežkovskij's funeral, Lord, forgive him his sins. I am sorry for Z.N.

Dream VII — NOTES

1. The Merežkovskijs. It is fitting that they should appear together. Georgij Čulkov remembered that, way back in the days of *Novyj Put'*, the Petersburg Intelligentsia considered them as a kind of compound personality and it was Hippius's boast (or perhaps merely a statement of fact) that after their marriage they were never apart for so much as a single day. Emigré memoirs remember them always arm in arm, walking together as in Serafima Pavlovna's dream. The marriage was not a conventionally faithful one. Like Vjačeslav Ivanov and Lidia Zinov'eva-Annibal, they appear to have considered Eros an essential ingredient of spiritual friendship and high Platonic love. The resulting permutations of pairs might have verged on the comic, were it not for the undercurrent of tragic loneliness which colours their lives and poetry. For Merežkovskij, a hard worker and a constructive thinker for all his abstractions and oddities, Hippius was an essential link with live people and the whole sphere of intuitive perception. In a sense he fed on her, but Zlobin makes it clear that he also sheltered her from the 'fatal emptiness' which Blok (who dedicated to Hippius 'My deti strašnyx let Rossii' and called her a 'kindred spirit') perceived they shared. Indeed, Blok regarded walking the edge of an abyss into which, if one fell, 'there would be nothing left', as the occupational risk of the lyric poet. Merežkovskij walked between his wife and the edge. He was theoretically aware that the abyss was there but it did not draw him and he spent a weary lifetime promoting new combinations and definitions and formulae in an attempt to fence it off. For this Hippius reverenced him, but writers like Šestov and Remizov, who were *interested* in the abyss but less imperilled by it, were profoundly alienated by Merežkovskij's business on the brink. Other people, on the contrary, were fascinated: Filosofov, Belyj, Berdjaev, Kartašev and, to some extent, Serfima Pavlovna herself; later, Marietta Šaginjan. The Merežkovskijs, acutely aware of their own spiritual isolation, were genuinely hungry for religious community, but their

possessive tenderness towards those who had been drawn into their circle and the oppressive artificiality of the attempt to found a home church invariably led, sooner or later, to a more or less painful break away on the part of their disciples.

2. The missing date of Hippius' death (1945) is due to the fact that these dreams were written out (together with Remizov's commentaries) shortly after his wife's death and *before* Hippius's.

3. Birds in a pastoral setting, or in connection with prayer and paradise, seem to be a recurrent theme in Serafima Pavlovna's dreams (see the dream of Vjačeslav Ivanov and also a dream, unpublished here, in which she meets Bal'mont). Birds are the natural symbols of joy in an unspoilt world in much religious literature—as, for example, in the C. S. Lewis religious science-fiction for children and grown-ups.

4. Fish—as we saw in the introduction, Remizov himself admitted the possibility of dream symbolism based on traditional associations, though with proper caution. As a working hypothesis, the fish might be taken to stand for Christian truth and the unfriendly fishmonger for the priesthood, who—with a few exceptions—were not unnaturally chary of the Merež-kovskijs' Religion of the Trinity and the Coming Christ—particularly at the time of the dream—1908-9.

5. Nikolaj Aleksandrovič Berdjaev, (1874-1948) Marxist turned Idealist who graduated through a brief infatuation with the ideas of the Merežkovskijs (Zinaida Nikolaevna, he claimed in his autobiographical *Samopoznanie*, haunted his dreams till the end of his life) to acceptance of the Orthodox Church and a kind of Christian Existentialism. Like Remizov, Berdjaev first met the Merežkovskijs through his and Bulgakov's takeover of *Novyj Put'* in the autumn of 1904 which, under their aegis, changed its name and nature to continue publication throughout 1905 as *Voprosy Žizni*. Z. N. Hippius is confused, making everything happen a year later than it actually did in her Life of D. S. Merežkovskij, see pp. 142-147. For Ber-djaev's account of the relationship see *Samopoznanie. Opyt filosofskoj autobiografii*, Paris, 1949. For Hippius' letters to Berdjaev see T. Pachmuss, *Intellect and Ideas in Action*, pp. 141-167.

6. Serafima Pavlovna's letters to Z. N. Hippius have been published by Horst Lampl, 'Zinaida Hippius and S. P. Remizova-Dovgello', *Wiener Slawistischer Almanach*, 1978, Band I, pp. 155-194.

7. The poems are both to be found in Zinaida Hippius's two-volume *Sobranie Stixotvorenij*, Munich, 1972 (unpaginated). The first was published in *Vozroždenie*, No. 43, 1955 p.28 under the heading: 'Iz al'boma Serafimy Pavlovny Remizovoj-Dovgello' and is quoted also by N. Reznikova in 'Aleksej Remizov v Pariže (1923-1957)', *Vestnik RXD*, No. 121, II, 1977, pp. 2-39-40. The second poem 'Tebe' appeared in the same number of *Vozroždenie*.

8. Remizov's loving admiration for his wife, who he saw as guide and protector in life and art, corresponds very closely to the picture drawn in Hippius' first poem. All that there was to say against Serafima Pavlovna was summed up in the first word 'burnaja'. She *was* tempestu-ous and stubborn in wilfulness, quick-tempered, impetuous, easily offended and slow to for-give: but she was also, in full measure, all the other things Zinaida Hippius says of her. Remizov seems to have felt that hers was an essentially virginal soul and that perhaps she should not have married and become a mother. It was this thought, and the feeling of guilt and responsibility it entailed, that reconciled him—in a way—to the tragic loss of their daugh-ter Nataša, who Serafima Pavlovna had tried to exclude from all part in her life and memory, having taken offence at the child's apparent alienation after a long separation during the Remizovs' early, poverty-stricken years in Petersburg.

9. Merežkovskij himself had asked for these prayers in a letter to Remizov quoted by Horst Lampl, op. cit., pp. 183-4, n. 9: 'Because I *am very sinful* and that comes out somehow under her profound, clear and seeing gaze . . . But as to you, I'm not afraid of you at all. There is much pain in you to which I feel akin, much puzzlement. Let Serafima Pavlovna pray for me and for Z. N. I *know* that her prayers have great power. And we will pray for her'. The reference given is Gosudarstvennaja Publičnaja Biblioteka, f. 643, ed. xr. 37. 1. 53.

АЛЕКСЕЙ МИХАЙЛОВИЧ РЕМИЗОВ

ПО ВОСПОМИНАНИЯМ 1948-1957 ГГ.

Из всех упущенных возможностей моей жизни, вероятно, возможность поговорить не спеша с Алексеем Михайловичем Ремизовым о серебряном веке русской культуры, об Александре Блоке, о Льве Шестове — да и о нем самом — это та возможность, о которой более всего жалею.

Дело в том, что я впервые познакомилась с Алексеем Михайловичем в момент, когда я не только не знала, какие вопросы задавать, но и вопросы-то на русском языке сложить почти не умела. Позднее, когда я уже закончила университет и вернулась в Париж с тем, чтобы там заниматься целый год — не то с 51-го на 52-ий, не то с 52-го на 53-ый — в библиотеках, и бывала у Ремизова едва-ли не еженедельно, я уже говорила довольно бойко и бегло читала по-русски, но даже будучи аспиранткой, я плохо представляла себе роль Ремизова в развитии русского модернизма. Тема была у меня громоздкая и очень интересная: «Происхождение русского „декаданса", 1890-1905, с особым вниманием к Д.С. Мережковскому». Вся беда в том, что Ремизову разрешили переселиться в Петербург лишь осенью 1904 года, и он «входил» в мою тему краем — в качестве «домового» при редакции *Вопросов Жизни*. Я вопросов ему не готовила, и он рассказывал постольку-поскольку. Вообще ему несвойственно было вспоминать в общепринятом значении этого слова. Его разговор, как и его проза, был красочен и с перескоками, не повествователен и не аналитичен. Он никогда не садился рассказывать, у него этого не бывало, я не помню. Внезапно вспомнит, улыбнется, расскажет о каком-нибудь обычно чисто бытовом случае, связанным с тем или другим ныне известным поэтом или художником, ровно таким же голосом, как он рассказывал, бывало, о сне который видел в эту ночь, или о том, что у него только что побывал Африканский доктор, Верховая, Лифарь или профессор Паскаль; или о том, как у него загорелась в руках целая спичечная коробка и как он при этом думал, что пришел его последний час.

Былого, однако, не вернешь, и у этих частых, бытовых, каких-то малоосознанных встреч было, может быть, и свое преимущество: полное бескорыстие. Мы с ним встречались «просто так», а это иногда лучшие встречи. Во всяком случае, через общение с Ремизовым на меня повеял «воздух символизма», без которого, по Ходасевичу, нельзя ничего понять в творчестве его художников. Я не хочу сказать, конечно, что Ремизов — символист, но он причастен к символизму — человечески и духовно.

В чем было отличительное свойство этого «воздуха», как я его почувствовала на квартире Ремизова?

Скорее всего дело было в том, что здесь жизнь и искусство как бы поменялись местами, м.б., искусство было даже более реальным. Когда заходила речь о книге, Ремизов тут же становился серьезным, сосредоточенным и деловитым. Он был почти слепым, ждал не дожидался чтецов, и всегда знал точно, что ему нужно . . . Какие страницы журнала, какой номер *Русской Мысли*, какой рассказ Лескова. С мучительным напряжением работал над корректурой изданий Оплешника, раздражаясь, трепетно переживая каждый знак препинания, каждую перестановку слов. У него была привычка отослать посетителей к словарю, и он мог всегда подсказать где и куда смотреть.

Помню всего две его просьбы: обе связаны с искусством.

Алексей Михайлович очень любил Розанова, однако, как выяснилось, никогда не читал его полузабытую философскую диссертацию «О понимании». Он был очень доволен, когда мне удалось обнаружить экземпляр этой действительно редчайшей книги в Чешской протестантской библиотеке: при этом ему явно пришлась по душе несообразность этого неожиданного убежища Розановской своевольной русской музы. Он попросил меня привезти ему книгу прочитать. Радовался, предвкушал, и устроился слушать — как всегда за тяжелым письменным столом, перед которым, левым ухом к окну, ютились гости на довольно-таки поломанной, засаленной тахте. Насколько я помню, поближе к двери стояло и низкое кресло, в которое я никогда не садилась, так как предполагала, что оно для более видных гостей . . . что это было местом Африканского Доктора или же Наташи Резниковой, приходившей по делу: письма писать, например, или править корректуру, или проверять перевод. Кровать же Алексея Михайловича была приставлена к задней стене, подальше от окна. Я знала, что он болен астмой, и что в бессонные ночи — а, может быть, и во сне — к нему туда проходят маленькие шустрые существа, не то гномы, не то домовые. Кровать эта представилась мне местом пыток, и он действительно там и умер. Боялся ночи: «Вот лягу, засну, и как проснусь, выдохнуть не смогу».

Но я отвлеклась от Розанова. Вот сижу у Ремизова и горжусь своей находкой. Предвкушаю изумительные Розановские афоризмы. Мне кажется, что сейчас посчастливится присутствовать при радостной встрече Василия Василиевича с Алексеем Михайловичем. В то же время нервничаю. Ведь у меня акцент и я способна испортить впечатление неверными ударениями. Напрягаясь, я читаю медленно и внятно, уделяя больше внимания произношению, чем смыслу прочитанного. Не прочитав и полустраницы уже отдаю себе отчет в том, что я теряю нить, что в первый раз меня не волнует розановская проза, и что читать эту книгу вслух — необычайно трудно. Однако продолжаю. Вдруг легкий полувздох, полухрап с той стороны стола. Поднимаю глаза: Алексей Михайлович прикорнул. Через минуту, чувствуя мой взгляд и молчание, глаза его открываются: веселые, задорные. «Ну, этого мы с вами дальше читать не будем. И кто бы подумал? . . Василий Василиевич, значит, тогда еще не нашел себя. Все «является», «представляется» — все равно, что с немецкого». Потом, после паузы, прибавил: «Пускай у чехов будет, там и место ей — у баптистов».

Другого поручения я, к сожалению, не сумела выполнить. Алексей Михайлович когда-то клеил ширмы, наподобие его знаменитых, и действительно необычайно красивых самодельных обоев. Обои эти представляли собой абстрактный коллаж из разноцветной бумаги. Куски — продолговатые, острие — как обломки стекла. Поблескивало серебро. Он говорил, что клеил по впечатлению разбитого вдребезги во время воздушного налета оконного стекла. Ширмы же были, кажется, довоенной работы, и в момент, в один из этих назойливо повторяющихся в течение всей его жизни моментов крайней материальной нужды, Михаил Терещенко, тот самый, который когда-то издавал полное собрание сочинений Ремизова в своем издательстве «Сирин», закупил у него все, которые только были. Алексей Михайлович попросил меня узнать о судьбе этих ширм, которыми, видимо, очень дорожил.

Терещенко к этому времени скончался. Говорили, однако, что, как Корзухин в «Беге» он не хотел вспоминать о России. Первые годы эмиграции, как мне рассказали, он работал в банке и все говорил, что никогда не представлял в прежней жизни, сколько человеку приходится работать, чтобы просто прокормиться, просуществовать. Потом он восстановил свое материальное положение, женился на богатой скандинавке. Говорят, что он ужасно тяготился воспоминаниями о своей политической роли во Временном Правительстве и хотел только забыть свое собственное прошлое. Во всяком случае, ни через сына его, кембриджского студента как раз в то время, когда я писала диссертацию, ни через семью его жены, с которой была в родстве одна моя свояченица, я ничего не сумела узнать о Ремизовских ширмах. Интересно, сохранились ли они?

И так — Алексей Михайлович относился всерьез к искусству (к своему и чужому), но в жизнь он, на самом деле, «играл»: играл талантливо, улыбчиво, ласково, с воображением и находчивостью.

Я уже рассказала о его комнате. Едва-ли надо прибавить описание знаменитой ниточки с игрушками и рыбьими скелетами или тех разных, странных предметов, которые не столько украшали, сколько жили своей жизнью в его комнате. Здесь, в комнате, где жил и принимал Алексей Михайлович, тлели еще порядок и уют, которые, по рассказам Натальи Викторовны Резниковой, царствовали во всех комнатах, когда была жива Серафима Павловна. К тому времени, когда я впервые пришла в эту квартиру, она стала неуютной, опустела. Комната Серафимы Павловны была холодной, пустой, пыльной и нежилой. Она служила, в сущности, складом для книг, но грустным, каким-то активно пустеющим складом, который еще помнил о прежней хозяйке. В маленькой комнатке рядом с Алексеем Михайловичем, которая мне почему-то помнится темной, без окон, хотя возможно, что я туда и заглянула всего раз или два, и то вечером, жила Утенок. Это была маленькая, худенькая, частенько пьяненькая дама, которая в последние годы жила «сиделкой» у Алексея Михайловича. Мне кажется, что им обоим было трудно это вынужденное соседство. Ему в последние годы необходим был уход; она, вероятно, нуждалась. Я ее помню доброй и приветливой, и в то же время было больно на нее смотреть.

Грохающая уборная и маленькая, несоразмерно высокая кухня, где первое время еще священнодействовал сам хозяин, завершали довольно просторную, гулкую квартиру. Здесь — на кухне — Ремизов сам жарил котлеты, наощупь включая газ и поднося к нему длинную французскую хозяйственную спичку. Котлеты, картошка или макароны, чай, а потом, если кто догадался принести, какие-нибудь пирожные: «gateaux». Я приносила всегда «gateaux-pistache», которые ему нравились, и пачку сигарет Gauloises. Курил он очень много, и опять я вижу, яснее, чем вижу его лицо, старческие, бережные руки, и за пальцами — пламя. Спичку он искал руками же на столе, и прикуривал всегда как человек прикуривает на ветру, как бы защищая ее от несуществующих сквозняков. Вероятно, это было обусловлено его слепотой, но казалось еще, что в этом была какая-то ему лишь свойственная любовь к огню, который он считал своей стихией.

From the collection of Avril Pyman and Kirill Sokolov

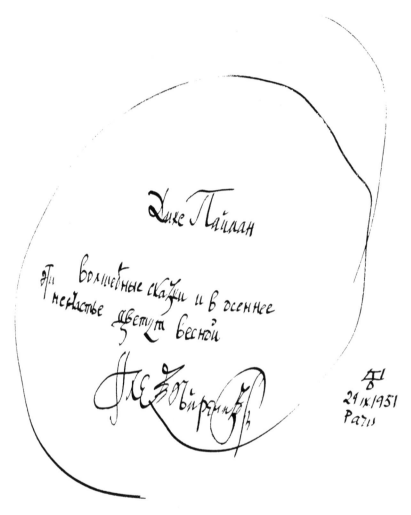

On the book *Natal'ja Kodrjanskaja (Наталья Кодрянская) Сказки, иллюстрации Н. Гончаровой, предисловие Алексея Ремизова*, Париж, 1950

Дике Пайман
эти волшебные сказки и в осеннее
несчастье цветут весной
  Алексей Ремизов
        24 IX 1951
          Paris

To Dicky Pyman
These magic tales bloom like the spring
even in gloomy autumn weather
  Aleksej Remizov
        24 IX 1951
          Paris

From the collection of Avril Pyman and Kirill Sokolov

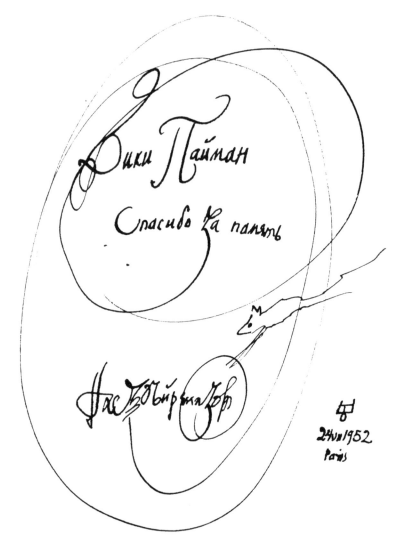

On the book *Мелюзина, Оплешник,* Париж, 1950

Дики Пайман
Спасибо за память
   Алексей Ремизов
      22 IX 1952
        Paris

Dicky Pyman
Thank you for remembering me
Aleksej Remizov
      21 IX 1951
        Paris

From the collection of Avril Pyman and Kirill Sokolov, with grateful thanks to Father Michael Fortumalto, choirmaster to the Russian Orthodox Cathedral of the Dormition and All Saints in London, to whom Mar'ja Isaakovna Barskaja entrusted these books on her deathbed.

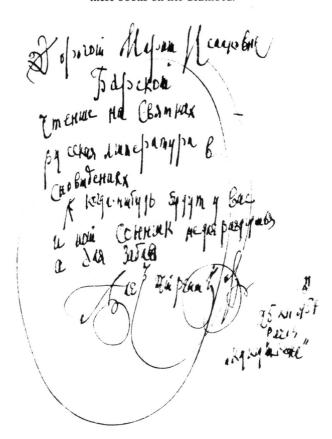

On the book *Огонь Вещей, Оплешник,* Париж, 1950

Дорогой Марье Исааковне	To dear Mar'ja Issakovna
Барской	Barsky
Чтение на Святках	for reading at Christmas-tide
русская лтература в	Russian literature in
сновидениях	dreams.
Когда-нибудь будут у вас	Some time you will also have
и наш Сонник не для раздумья	our Dreams Manual (Sonnik) not for
а для забавы	meditation but for fun
Алексей Ремизов	Aleksej Remizov
25 XII 1954	25 XII 1954
Paris	Paris
«Кукурека»	"Kookooreka"

From the collection of Avril Pyman and Kirill Sokolov, with grateful thanks to
Father Michael Fortumalto, choirmaster to the Russian Orthodox Cathedral of the
Dormition and All Saints in London, to whom Mar'ja Isaakovna Barskaja entrusted
these books on her deathbed.

On the book *Мелюзина, Отлешник,* Париж, 1952

        Марье Исааковне
          Барской
        по словам пройдете Мелюзину
        и вся ваша память уйдет
        в ее неутешный клич

        Вспоминаю, как прошлым летом вы померяли
        очки, примеривая Дике шляпку*, а на утро
        обнаружалось: очки на кухне у повидлы Савельича-
        полбанки съедено.
          Алексей Ремизов
                          24 VIII 1952
                              Paris

To Mar'ja Isaakovna Barskaja
You will walk word for word through the story of Meljuzina and all your sadness will pass
away into her cry that will not be comforted
    I remember, how last summer you lost your glasses, trying on Dicky's hat, and next morning
it turned out: the glasses were in the kitchen and half a jar of Savel'ič's jam had been eaten.
    Aleksej Remizov   24.VIII.1952   Paris

(*Alas, I don't remember this incident, though it obviously has something to do with the hat in
my memoirs! I'll have to change that bit in proof—my romantic speculation is clearly all
wrong! A.P.)

Несмотря на замедленные темпы, «кушать/чай пить» у Алексея Михайловича было всегда весело. Хозяином он был заботливым и внимательным, любил угощать и радовался всяким безобидным мелочам жизни. Помню один случай, когда это тепло и заботливость меня даже вогнали в краску. Как-то летом, я к нему прибежала под проливным грозовым дождем и промокла до ниточки. Он заставил меня досидеть пока ботинки и платье не высохли; Утенок дала халат. А Алексей Михайлович все беспокоился: «Сидите, сидите, отдохните. Вы снимите лучше лифчик, Вам же удобнее будет». Вероятно, судил он по своей представительной жене Серафиме Павловне.

Как это получилось, что я — английская барышня, не претендовавшая на особую культуру — впервые попала к Алексею Михайловичу Ремизову в возрасте восемнадцати лет? Случай. По-Ремизовски — «безобразие». Мне повезло.

Я начала заниматься русским языком в известном лондонском Finishing School (в это время еще надлежало барышням приседать перед королевой и в белом платье ночь протанцевать на первом балу). Так как я была единственной желающей, пришлось для меня специально отыскать учительницу русского цзыка. На мое большое счастье, нашли Марию Исааковну Барскую. Она была из тех странников по свету, которые всю жизнь живут одни, неприкаяны, оторваны от корней, но которые остаются способными на восторженную «любовь к дальнему», к неродному. Мария Исааковна с последней отдачей любила все, что было абсолютно ей противоположно. Малюсенькая, рыжая, зеленоглазая еврейка из Киева, с острым носом и подбородком, с коренастой фигурой, она была вывезена из России вскоре после революции своей зажиточной, ортодоксальной еврейской семьей, В Париже она работала в «couture» и сохранила на всю жизнь любовь к изящным мелочам. По-настоящему, однако, полюбила она непристроенных русских интеллигентов, художников, писателей, и среди них всю семью эсерки Ольги Елисеевны Колбасиной-Черновой: ее дочерей Ольгу, Наталью и Ариадну, и их мужей: Вадима Леонидовича Андреева, Даниила Георгиевича Резникова и Владимира Брониславовича Сосинского, будущих основателей издательства «Оплешник». Любила она и чтила и Ремизова, ценила его тогда, когда мало кто его по-настоящему ценил, и самолично фигурирует в книге «Мышкина дудочка». Во время войны Мария Исааковна застряла без копейки, одна (случайно же) в Англии, где она полюбила англичан, раз и навсегда, за военную солидарность и невозмутимость. Она так и умерла в Англии. Ее последней любовью была Православная Церковь. Она и сама стала православной и, много позже, уже в 1963 году, стала моей крестной . . .

Она же, в 1948 году послала меня на лето к Резниковым — учиться русскому языку. Наталья Викторовна читала со мной *Первую любовь* Тургенева на кухне, и взяла меня с собой на вечер-бенефис Алексея Михайловича Ремизова. У меня разные картины перед глазами, так что возможно, что я слила здесь воедина два вечера. Смутно помню рафинированную эмигрантскую аудиторию — приехала я в Париж как раз к шапочному разбору первой эмиграции — дамы, духи. Должен был, кажется, сказать вступительное слово известный тогда критик и литературовед Адамович. Ведущий, седой господин весьма преклонных лет, сказал, что сейчас выступит Ходасевич. Из аудитории кричали «Адамович, Ходасевич же умер!» Однако он настаивал. Пришлось Адамовичу выступить под псевдонимом. Потом — маленькая фигура Ремизова, горбатая, сказочная . . . лицо не человека вовсе, а доброго, подслеповатого гнома. Это был, пожалуй, мой первый живой писатель, и мне показалось, что необычайность его внешнего вида в порядке вещей. Что он читал своего, я не помню — я ведь очень мало понимала — но помню завораживающую музыку этого чтения, торжественность его отношения к слову, трепет. Это было, как я теперь понимаю, чтение поэта. Потом он прочел сказку о Рыбаке и рыбке: лукаво, весело, печально, а прежде всего с изумлением человека, который среди бела дня споткнулся о чудо. Это чувство сказки, которое дышит во всем, что он сам писал, было в высшей степени свойственно Ремизову-чтецу.

Интересно, что в Советском Союзе, где еще жива устная традиция, Ремизов, считавшийся в Париже трудным и малопонятным писателем, даже ломакой со своим измученным, якобы народным языком, оказался понятным и вполне доходчивым русскому крестьянину. Мы как-то дали почитать его *Мелюзину* Татьяне Максимовне Литвиновой, и она рассказала нам как она однажды забыла книгу на столе на кухне. Ушла к себе работать и вдруг слышит из кухни странные звуки, не то причитанья, не то стоны. Заглянула и видит: сидит уборщица, и вслух самой себе читает сказку, покачиваясь на табуретке. У нас был подобный же случай. Необычайная русская женщина, Мария Ивановна Рябцева, хозяйка избы, которую мы снимали на лето на Пахре, взялась на одну зиму у нас жить и ходить за нашей трехлетней дочерью. Она сама из Лукина, деревни монастырской, а вышла замуж в Куприяниху, деревню колдовскую. Здесь и пришелся Алексей Михайлович ко двору. Пропала за зиму книга его сказок. Спросила Марию Ивановну — не видела ли? «Да что Вы, Мария Федоровна, взяла я прочесть Женьке на печке. И бабам читаю. Хорошие сказки. Таких давно нет, а мы их любим. Да зачем Вам, ученым людям, сказки?» Надо сказать, что если прожить подолгу в деревне, наслышишься много «сказок», из быта как и из памяти народной, по живости языка, меткости шуток, ритмичности повторов, драматизму и жути соперничающих с Ремизовскими. Что так называемая «орнаментальная проза» не такая книжная выдумка, как принято предполагать, показывает и тот факт, что Мария Ивановна с превеликим удовольствием у нас усидела также «На куличках» и «Уездное» раннего Замятина. Ее дети обладали таким же даром красочного устного рассказа, как и она. Не знаю, перешел ли он к третьему поколению. Враг этой традиции сегодня не Петр I и академии, а город и телевизор.

Да простит мне читатель длинное отступление. Но это тоже ведь — из воспоминаний. Вернемся в Париж. Когда Ремизов кончил читать, Наталья Викторовна представила меня и попросила разрешения привести меня к нему в гости. Так и поехали мы с ней из Кашана, с поэтической улицы Camille Desmoulins в 16-ый arrondissement, на поэтическую улицу rue Boileau. Позвонили. Послышались медленные шаги, тихо шлепавшие мягкими туфлями по длинному коридору. Приоткрылась дверь и снизу, через щель, смотрит это, ни на кого не похожее, лицо: испуганное, но любопытно-приветливое, потому что глаза улыбаются, и говорит:

«А я думал — привидения».

В этот ли раз или в другой — не помню — Алексей Михайлович меня расспрашивал о моих занятиях и не помню также, тогда ли или несколько позднее он каким-то своим чутьем почувствовал мою любовь к Блоку и подарил мне изумительный, в сущности пророческий подарок: свой рисунок трагического лица Блока, выглядывающего из осколков разлетевшегося мира. Не помню и шляпы, с которой он меня нарисовал и которую, по его же приписке, я двадцать минут надевала, уходя от него в 51 году. Помнится только, что шла тогда на свиданье, обернувшееся для меня печальным расставанием. Алексей Михайлович был внимателен к людям и, несмотря на слепоту, он, возможно, заметил мою тревогу. Скорее всего, однако, упоминание о шляпе связано с рассказами Марьи Исааковны о том, как она мне «примеряла шляпу на кухне у Савелича (см. надпись Ремизова, приведенная на стр. 105). Мой «портрет» со шляпой и «портрет» Марьи Исааковны опубликованы в сборнике в честь покойного Н.Е. Андреева: *Aspects of Russia, Poetry, Prose and Public Opinion*, Letchworth, 1984, p. 314.

Хочу закончить эти беглые впечатления о своем знакомстве с Алексеем Михайловичем несколькими словами в защиту его памяти. Когда я, по его же рекомендации, побывала у других героев моего романа, у Александра Бенуа, например, или у Сергея Константиновича Маковского, они смотрели на меня с некоторым испугом, узнав, что я не только была, но даже бываю у Ремизова — «Он, знаете ли, выдумывает . . .» «Нельзя, так сказать, вполне полагаться на . . .» — и косились на меня, как будто они сами появятся в моей диссертации в виде хвостатых и клыкастых.

К Маковскому попасть так запросто, как к мягкому, приветливому Александру Бенуа, было невозможно. Но в 1955 году, проездом в Париже, мне удалось добиться приема. Маковский меня принял сначала сухо и формально, как полагается «разумному и праведному» корифею . . . и нарассказал за полтора часа столько небылиц о своих коллегах, сколько я не слышала от Алексея Михайловича за все время нашего знакомства. К концу интервью, значительно подобрев, он сказал: «Очень рад, что Вы ко мне пришли. Мой друг Алексей Михайлович Ремизов — милейший человек, конечно» — засмеялся — «знаете, плутоват. Мог бы Вам рассказать, Бог знает что!»

Интервью я, к сожалению, у Алексея Михайловича не брала, вопросов не задавала, и — как я уже говорила — он сам мало рассказывал. Он, как я понимаю сейчас, уважал неопытность, не торопил, не томил ненужными подробностями, и, во всяком случае, не вводил в заблуждение, не обманывал, не издевался. Думаю, что такое ему и не пришло бы в голову. Наоборот, он просто и доверчиво, как само собою разумевшееся, включил меня в свой мир, страшный, но чудесный, строгий, но улыбчивый и сострадательный, мир случайностей и безобразия, но в то же время мир самого трепетного уважения к той правде и добру, которые ничего не имеют общего с прописными истинами или с казенной моралью.

University of Durham, England

SOME OBSERVATIONS ON REMIZOV'S HUMOR

Peter Ulf Møller

1. Can one judge a writer from his signature?
In a letter to the Danish writer Aage Madelung, dated Charlottenburg, June 13th, 1922, Aleksej Remizov presents what he calls his "new signature".[1]

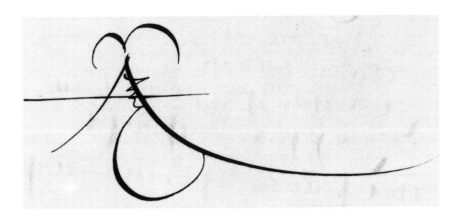

It is an untraditional monogram, largely made up of parts selected from his full signature, as it was at that time. The "A"—from his first name Aleksej—is obviously there. And so is—less obviously—the "lek": the short zigzag inside the "A". The "s"—the unvoiced Russian "c"—protrudes like a round belly from the right leg of the "A". Together they form a Russian "P"—the initial letter of Remizov's last name (written as reflected in a mirror—which, by the way, is permissible also in a traditional monogram). Over the "A" is the voiced Russian "3", also from his last name. In his full signature Remizov often wrote this letter above the line, in the manner of an abbreviation in an Old Russian manuscript. And since the "3" is lying down, it also reads as an "M", the initial letter of Remizov's middle name: Mixajlovič.

Furthermore, the monogram is probably not just a monogram, but also a self-portrait. The horizontal line suggests a division of the writer into two halves, with a pair of fluttering wings above the dividing line and an empty stomach below. This monogrammatic portrait—if it is a portrait—could at

the same time serve as a brief summary of Remizov's 40 letters to Aage
Madelung: they deal with two themes—literature and Remizov's disastrous
material conditions.

Even more revealing than the signature itself is perhaps the fact of the
45-year-old Remizov still wanting to present a new signature. In the world
of grown-ups the signature is a serious matter. You use it on contracts and
cheques, and it should be as stable as your finger prints. It is a legally valid
symbol of *you* as a mature person. Adolescents usually work at developing
their own individual signature, while adults strive to preserve theirs as an
unchanging expression of personal identity. By playing with his signature,
Remizov deliberately demonstrated that he was not a full member of this
adult world.

Remizov did indeed regard himself as being different from normal people
and created a whole myth about his special position in life. In this myth his
near-sightedness and his calligraphy were important—and related—elements. "Не знаю, как сказать, жизнь моя была чудесная. Оттого ли,
что я родился близоруким, и от рождения глаза мои различали мелочи,
сливающиеся для нормального глаза, и я как бы природой моей
предназначался к 'мелкоскопической' каллиграфии, или я сделался
близоруким, увидев с первого взгляда то, что нормальному глазу
только может сниться во сне."[2]

To designate his own special vision, Remizov invented the term "clipped
eyes" (подстриженные глаза), which points to a defect as well as to a
talent. This concept is characteristic of his personal myth, with its peculiar
blend of an inferiority complex and a traditional Romantic belief in the
unique nature of the poet. The myth gave room in Remizov's life and works
for the peaceful coexistence of a gloomy outlook upon life and a buoyant
humor.

2.   Remizov presented himself to other people under the cover of a sad,
clown-like mask. This mask might be labelled *only Remizov*.

Nina Berberova shows us this mask in an episode from her book *Курсив
мой*. In 1905 Remizov was working as a secretary in the journal *Вопросы
жизни* in St. Petersburg. Being only a secretary, he was not allowed to
participate in the editorial meetings. During these sessions he would take
all the editors' galoshes into a neighbouring room, arrange them in a circle
around himself and have his own editorial meeting with them.[3]

This is the "only-a-secretary" variety of the "only-Remizov" mask, which
also came in a number of other varieties. When comparing himself as a
writer to Puškin, Tolstoj, and Dostoevskij, Remizov readily admitted that

he was "only a small beetle" (только козявка).[4] He delights in telling us the sad story of how Czar Nikolaj II in conversation with the artist B. M. Kustodiev compared him to Teffi—much to the advantage of the latter.[5] Even His Imperial Majesty knew that Remizov was "only Remizov". . . .

When it came to making a living and to coping with the practical problems of everyday life, Remizov was not a normal, responsible person, fit and adjusted, capable of looking after himself, but—in his own words—"a scarecrow": ". . . среди нормально зрячих в неразберихе трезвой жизни я, как *пугало,* и конечно, у меня много врагов, а матерьяльно я — нищий".[6] Or he was an enchanted fairy tale character, condemned to live among people in the shape of a defenseless frog.[7] In her memoirs Natal'ja Reznikova tells us that Remizov always emphasized his destitution, his unsettled living conditions, and his isolation, and she hints that much of this was part of a literary image that Remizov strove to create.[8]

There are several animal varieties of the "only-Remizov" mask. The best known is, of course, the image of Asyka, supreme ruler of the Apes (Obez-velvolpal) who signed curious membership documents with his own tail (собственнохвостно)—in a life-long calligraphic game which Remizov played with his friends. This game was, in fact, an elaborate variety of the compensatory editorial meetings.

In a letter to Aage Madelung from 1932 or 1933 "only-Remizov" took on the shape of a bear. A wealthy and successful Swedish writer, Alex Munthe, had recently donated the impressive sum of 100.000 crowns to the protection of wild life in Northern Scandinavia *and (!)* to the support of blind Laplanders. Remizov read about this and, being in need as always, he asked Madelung to persuade the Swedish writer to give some of this money to him. He pleaded that he had always liked bears and written nicely about them: "Nowhere can a bear find better protection than with me."[9] The entire letter, written in German, was entitled "Bärenbittschrift"—a bear's petition.

In conversation with his biographer, Natal'ja Kodrjanskaja, Remizov said that he had two kinds of vision: "To see what is ridiculous and what is bitter, those are my two visions."[10] Remizov certainly applied this double vision when looking at himself and made a unique thing out of being "only Remizov". But he also applied his double vision when looking at the surrounding world.

3. In much of Remizov's writing the reader is struck by a contrast between, on the one hand, the author's comprehensively pessimistic, depressing view of reality and, on the other hand, the exuberant wealth of

absurd, comic detail. One of Remizov's keyholes to reality, and a keyhole which was particularly well suited to match his double vision, was the "xronika"-column in pre-revolutionary Russian newspapers. There is a letter in his correspondence with Madelung which casts an interesting light on the relation between Remizov's newspaper reading and his writing. This particular letter—dated March 17, 1908, and written when Aage Madelung had recently returned to Denmark after almost ten years in Vologda, has a number of newspaper cuttings neatly pasted along the margin. They are all cuttings from the *xronika*-columns of Russian newspapers, many of them from the popular *Russkoe slovo*. They had been selected by Remizov, who had also underlined words and expressions which he found particularly worthy of notice. Remizov's reason for sending them to Madelung was to remind him about Russia. "Не смущайтесь, что пишу на заклеенной бумаге, пишу на своих вырезках, которые изо дня в день собираю. Думаю, что в таком сообществе слово мое прозвучит роднее и пахнет на Вас милою Русью — колыбелью Ваших желаний. Не так ли старый верный Аггей?"[11]

The cuttings selected to remind Madelung of Russia had one common feature: they were terrible and funny at the same time. The absurd quality in them was partly due to their genre, the brief newspaper notice, which reduced a whole tragedy to a few lines, addressed to a curious, but not too seriously interested reader. One was just two lines: "В Славянске жена служащего станции в припадке религиозного помешательства, желая принести жертву, *зарезала свою дочь*."[12] Remizov underlined the last three words.

Another short cutting told the story of an inspector at a military hospital who had been sentenced to five weeks' imprisonment for mounting the coffin of a certain General Muravskij. Sitting on the corpse of the deceased general, he had shouted: "при жизни прижимал нас; дай теперь я на тебя сяду."[13] Remizov underlined this exclamation.

Two cuttings dealt with the case of Fedotuška, a hermit from the Perm region, whose holiness attracted many female believers (богомолки) who went to visit the God-seeker in his isolated cave. They never returned, and when the authorities finally arrested Fedotuška, they found out that he had raped and then strangled these unfortunate women. A whole "female churchyard" (женское кладбище) was found near Fedotuška's cave.

Another cutting was from St. Petersburg—a man by the name of Ždanovskij had been assaulted in front of the Ministry of Communications. When the armed robbers found out that he did not have any money on him they cut off his lower lip. The unconscious victim was taken to the Opuxov-skaja hospital, and the robbers got away.

Remizov had intended to show one more cutting to Madelung, but could not find it at the time of writing. Instead he gave its contents in his own words. It concerned a prison in the Fergana region in Central Asia, where the prison warders had tortured a prisoner by inserting finely cut hair from horses into his penis, one hair after the other. This newspaper item, like the rest, matched Remizov's double vision: it was terrible, on the one hand, and absurd, grotesque on the other.

Four years later, when Remizov's story *The Fifth Pestilence* was published, the reading public had the chance to get acquainted with some of this newspaper material. It had been incorporated into the text. The details about poor Ždanovskij who had his lower lip cut off for no reason at all, and the equally poor prisoner who had horse hair inserted into his penis, were used in judge Bobrov's gloomy reflections about the Russian people at the end of the third chapter.[14] The grotesque verbal snapshots which Remizov found in the *xronika* columns, were thus used as indications of the present material condition of the Russian people. They served to underline the tragedy of the Westernizer Bobrov who can do nothing to improve things. The episode, in the same story, about the hermit Šapaev who rapes the girl Vasilisa, may have been inspired by the Fedotuška-story. (For chronological reasons it could hardly be an allusion to Tolstoy's *Father Sergius*, published in late 1911).

The picture of the Russians emerging from *The Fifth Pestilence* and from several other Remizov stories of the pre-revolutionary period—is that of a people doing or saying odd, primitive things out of ignorance, superstition, despair. They suppress and humiliate each other. They all appear to be the victims of an overwhelming destructive power, which is in part the forces of social injustice and political oppression, but also more generally those of time and death. The author's all-pervading pessimistic outlook on life, combined with a longing for beauty, seems related to the moods in Zinaida Gippius' early writings, in Sologub, and even in Lermontov. It is characteristic of the Neo-Romantic aspect of Symbolism. Some of it was probably derived in part from the Polish Modernist S. Przybyszewski whom Remizov and Madelung both admired in their Vologda days. They both knew Remizov's translation of Przybyszewski's prose poem "Sadness" (Тоска) by heart, and referred to it in their letters. The poem evokes and addresses the image of the all-powerful Sadness, wearing a wreath of faded flowers, and a crown of black suns.[15] The most peculiar thing about Remizov's humor is really that it could grow in the shade of this gloomy figure.

4.   According to Remizov's later explanation, the picture of Russia presented in *The Fifth Pestilence* was a study in the *балагурье* of the Russian

people. In his definition this word (obviously derived from балагурить—to jest or play the buffoon) means "the wondrous, strange things in everyday life" (чудесное, странное в житейском).[16] Some of these wondrous, strange things Remizov evidently found in the newspapers. This explains some of the many italics in his works: Remizov would often quote a source—written or oral—and signal this to the reader by using italics.

The bitter-sweet *балагурье* is one of Remizov's specialties, and his works are full of madmen, bullied, weird children, drunkards, senile persons, crude practical jokes, strange fantasies and dreams.

One does not easily forget the madman Čerkasov from *In a Rosy Light*: "С утра начинал он свою, только ему понятную, работу: он переставлял мебель. И всякий день по новому всё переставлялось, а то и на дню по несколько раз и за несколько дней переломал все стулья."[17]

It is even more difficult to shake off the impression created by the odd characters in *The Clock*, as slowly, with the passing of time, they drift towards their inevitable destruction. The boy Kostja Kločkov, an outsider because of his crooked nose, fights time by manipulating and finally wrecking the works of the clock in the local church. As the hour of his complete madness approaches, he has nightly fantasies about being swallowed by a monstrous reptile (гад) and afterwards rotating in its cold, slippery entrails.[18] His grandfather, the senile Andrej Petrovič, occasionally sees cows' legs sticking up from his tea cup, and suspects that his own head is full of hatching cockroach eggs.[19] The clockmaker Semën Mitrofanovič is a heavy drinker and has perverse fits of cruelty. His victim is usually a small boy who helps out in the shop. Semën Mitrofanovič forces him to kiss his fusty heel and to drink from the chamber-pot.[20]

One of Kostja Kločkov's mad ideas is that he can prohibit laughing. "Смеяться никто не смеет, понимаешь ты, смеяться запрещено."[21] In *Following the sun (Посолонь)* there is a story titled, "Flowers" ("Красочки"), where laughter is also prohibited, even if it cannot be. An angel and a devil divide all the flowers of the earth among themselves. The flowers which surround the angel are not permitted to laugh. If they break the rule they must pass over to the devil. In spite of this grave punishment, the flowers burst out laughing, one by one.[22]

Like these flowers, Remizov cannot help laughing, no matter how inappropriate the situation. The modernists who surrounded him in the literary life of pre-revolutionary Russia — Symbolists of both generations — were generally serious people. Remizov's place among them and the unique nature of his life-work are still to be explored and assessed in detail. Nevertheless, although his full signature has not yet been adequately described, it is evident that a very characteristic zigzag in it is formed by humor.

Copenhagen University
Institute of Slavonic Studies

NOTES

1. *Письма А. М. Ремизова и В. Я. Брюсова к О. Маделунгу*, Copenhagen 1976 (Kobenhavns Universitets Slaviske Institut, Materialer 1), p. 52.

2. А. М. Ремизов, *Подстриженными глазами*, Paris 1951, p. 34.

3. Н. Берберова, *Курсив мой*, München 1972, p. 307.

4. А. М. Ремизов, *Иверень*, (as quoted in *Избранное*, M. 1978, p. 20).

5. Ремизов, *Подстриженными глазами*, pp. 281-282.

6. Ibid., p. 120.

7. Ibid., p. 301.

8. Н. В. Резникова, *Огненная память*, Berkeley 1980, pp. 137-138.

9. *Письма*, p. 56.

10. Н. Кодрянская, *Алексей Ремизов*, Paris 1959, p. 116.

11. *Письма*, p. 46.

12. Ibid.

13. Ibid.

14. А. М. Ремизов, *Пятая язва*, Letchworth 1970 (Rarity Reprints, 14), p. 47.

15. *Письма*, p. 79.

16. Кодрянская, p. 116.

17. А. М. Ремизов, *В розовом блеске*, Letchworth 1969 (Rarity Reprints, 8), p. 81.

18. А. М. Ремизов, *Рассказы*, II, München 1971 (reprint), p. 85.

19. Ibid., pp. 34 & 36.

20. Ibid., pp. 45 & 119.

21. Ibid., p. 81.

22. *Избранное*, p. 318.

РЕМИЗОВСКИЕ ПИСЬМЕНА

И. Маркадэ

Творчество Ремизова в своем графическом живописном аспекте является одной из тех важнейших вех, в которых проявляется сила языка, как выражение всей потаенной духовной силы целого народа. Никто другой как Ремизов не довел до такой предельной напряженности языковые наслоения славяно-русской речи в ее вековом развитии, создавая неслыханный поэтический диалект, в котором переплетаются не только словесные нововведения, столкновения, усвоения, но и разные синтаксические ритмы, которые следуют не грамматическим нормам, но устным интонациям, умственному упорядочению оборотов речи, и, так сказать, «смысловому дыханию». Тот факт, что литературное творчество Ремизова сопровождается и интенсивной графической живописной деятельностью, как раз подтверждает главную черту этого творчества: ремизовское творчество является по преимуществу лучшим образцом того понимания языка как «энергии», в смысле Вильгельма фон Гумбольдта, который в предисловии к своему исследованию «О языке Кави на острове Ява» противопоставляет язык как нечто застывшее («эргон»), языку как деятельность — «энергия», как «постоянное и единообразное в деятельности духа, заключающееся в приспособлении артикулированного звука для выражения мысли».[1]

Я уже по другому поводу исследовал в их теоретических и практических аспектах отношения между поэзией и живописью, между тем, что написано пером и то, что написано красками и рисунком на основе деклараций и достижений итальянских и русских футуристов в 10-х и 20-х годах.[2] Я хочу здесь только резюмировать эти анализы.

Самым архаическим образом, акт писать слова и акт писать красочные формы и рисунки один и тот же акт; это уже доказывается тем, что по-русски один глагол «писать» обозначает оба действия. А сам Ремизов пишет: «Писатели рисуют. Объясняется очень просто: *написанное* и *нарисованное* по существу одно. Каждый писец может сделаться рисовальщиком, а рисовальщик непременно *писец*».[3]

Последняя формулировка спорная, слишком обобщенная, чтобы быть до конца верной, хотя в первой четверти века почти все деятели русского искусства, будь они символисты или футуристы, были и писателями и рисовальщиками-живописцами.[4]

У Ремизова есть постоянная потребность вернуть слова и к своему рисуночному начертанию, к пиктографии, и к своей артикуляционной звуковой первобытности: «Обладая необычной магической силой слова, Гоголь узнал и волшебство голоса — звучание слова».[5] Или: «Написанное не только хочется выговорить [. . .], написанное не только хочется произнести в полголоса, как это часто делается в процессе письма, а чтобы на-голос — во всеуслышание, а если возможно, то и пропеть, и уж само-собой нарисовать (иллюстрации Пушкина и Гоголя)».[6]

Мы узнаем здесь ту мечту о синтезе разновидных искусств в одном целом, то что Вагнер назвал *Gesamtkunstwerk* для музыкального-драматического искусства. Это желание соединить слово как рисунок, цвет и слово как музыку в одном общем движении: «Слово — музыка — живопись — танец — это единое и многое, и у всякого свой ритм, своя мера».[7] Это должно оправдаться тем, что ритм является общим двигателем всех искусств и только в техническом воплощении этого всеобщего ритма и разнятся искусства.[8]

В символизме начала века, неоднократно встречается соприкосновение зрительных и музыкальных искусств. Ремизов говорит: «Что такое 'видеть и слышать' — 'рисовать словесно'».[9] Или: «Цвет и звук для меня были нераздельны».[10] Как не вспомнить здесь Кандинского, для искусства которого музыка сыграла первостепенную роль. Между прочим, «Ремизов и Кандинский» — это отдельная глава, требующая особого исследования.

Например, в своем произведении *Подстриженными глазами*, в главе «Краски», Ремизов пишет о цветовых ассоциациях, вызванных колоколами московских монастырей.[11] Не могу удержаться, чтобы не привести здесь конец красочного описания Кандинским Москвы в его книге воспоминаний, *Ступени*: «Розовые, лиловые, белые, синие, голубые, фисташковые, пламенно-красные дома, церкви — всякая из них как отдельная песнь — бешено зеленая трава, низко гудящие деревья, или на тысячу ладов поющий снег, красное, жесткое, непоколебимое, молчаливое кольцо кремлевской стены, а над нею все превышая собою, подобная торжествующему крику забывшего весь мир аллилуйя, белая, длинная, стройно-серьезная черта Ивана Великого».[12]

У Ремизова слово действительно и звучание (музыка) и рисунок сами по себе. Очень характерен в этом смысле следующий анекдот: французская переводчица Дарья Оливье спросила его однажды про одно непонятное слово. Ремизов ответил: «Забыл!». Это не только ответ чеховского медика, а в этом есть и своя закономерность; ведь не одной этимологией художественно оправдываются ремизовские словоновшества, а их музыкой-рисунком.[13]

Можно сказать, что Малларме первый обратил внимание на графическую сторону писания, когда он издал сборник своих стихотворений в виде факсимиле с их рукописей в 1887 г. А музыкальное построение написанного Малларме подчеркнул тем, что он издал в 1897 книгу-партитуру, где стихотворение составляет графический монтаж различных шрифтов: это поэма *Un coup de dés jamais n'abolira le hasard* (*Бросить жребий не упразднит случайности никогда*).

Очень близки к высказываниям Малларме по поводу своего типографического изобретения, высказывания Алексея Ремизова: «Во *фразе* важно пространство, как в музыке. Во мне все звучит и рисует, сказанное я перевожу на рисунок (музыкальное построение)».[14] В другом месте он пишет: «У китайцев каждое произведение требует своего особого буквенного расположения — в 'как, на чем, чем' написано есть зрительный ключ для чтения, 'мелодия'; китайская рукопись, черной ли тушью на бумаге или золотом на шелку, всегда звучащая».[15]

Оба эти неоднозначные эксперимента Малларме проложили, можно сказать, путь целому ряду разнообразных достижений в течение XX-го века в художественном оформлении книг. Это был своего рода отказ от массового производства печатных книг, ставших за редким исключением очень однообразными в их типографическом аспекте. И символисты (мирискусники), и футуристы (итальянские и русские) и конструктивисты (русские и немецкие) боролись за художественную книгу, но не в смысле роскошных книг, сделанных, как говорится, «pour le plaisir de quelques bibliophiles» (для удовольствия избранного числа библиофилов) — таковые книги всегда были и будут — нет —то, что было пущено в ход в конце прошлого века Малларме и имело столь плодотворное потомство, к которому принадлежит Ремизов, это своего рода борьба против открытия Гутенберга, против печати, или скорее против опошления типографических способов. В черновике манифеста «Буква как таковая», подписанного Хлебниковым и Крученых, объявлено: «Вы видели буквы их слов — вытянуты в ряд, обиженные, подстриженные, и все одинаково бесцветны и серы — не буквы, а клейма!».[16] Здесь, как не вспомнить о «ненависти» Розанова к Гутенбергу, который обездушил «в печати» всех писателей.[17] Здесь не место говорить о литографированных изданиях русских футуристов, оформленных по принципу, провозглашенному в манифесте «Садок Судей № 2» в 1913м г.: «Мы стали придавать содержание словам по их начертательной и *фонической характеристике*»[18] или в выше процитированном черновике «Буква как таковая»:

Есть два положения:
1) Что настроение изменяет почерк во время написания.
2) Что почерк, своеобразно измененный настроением передает это настроение читателю, независимо от слов. Так же должно поставить вопрос о письменных, зримых или просто осязаемых, точно рукою слепца, знаках. Понятно, необязательно, чтобы речарь был бы и писцом книги саморунной, пожалуй, лучше если бы сей поручил это художнику. Но таких книг еще не было. Впервые даны они будетлянами, именно: *Старинная любовь* переписывалась для печати М. Ларионовым. *Взорвалъ* Н. Кульбиным и др. *Утиное гнездышко* О. Розановой.[19]

Я напомнил эти факты из истории так называемого русского авангарда, сегодня лучше известной, благодаря пионерским работам Н.И. Харджиева и Владимира Федоровича Маркова,[20] чтобы показать, что художественная ориентация символиста Ремизова удивительно схожа в этой проблеме сочетания слова, рисунка и музыки с направлением футуризма, — этого заядлого врага символизма. Неслучайно, что первая выставка, в которой Ремизов принял участие это «Треугольник», организованный в 1910-м г. Н.И. Кульбиным. Рядом с холстами, гравюрами, скульптурой, мебелью, лубками, японскими рисунками, французскими и голландскими плакатами, в *Треугольнике* были выставлены и рисунки и автографы русских писателей и режиссеров.

К этой «первой выставке рисунков и автографов русских писателей», Н.И. Кульбин написал следующее вступление, которое я привожу целиком так как оно никогда не было переиздано и имеет большое значение, если его сравнить с более поздними высказываниями А.М. Ремизова по этому поводу. Вот текст Кульбина:

Писатели выступают здесь не как живописцы, а как художники слова, интересуясь главным образом выяснением художественного творчества.
Это их точка зрения (оговариваемся, не всех, только большинства).
Мы устроили их выставку не только для выяснения вопросов искусства, но и для наслаждения живописью писателей, как художественными произведениями.
Мы видим, что художники слова, беллетристы почти все рисуют, и многое — красиво.
Художественно рисовали: Гоголь, Пушкин, Шевченко, Тургенев, Лермонтов, Жуковский.
Писатель, творящий картину из слов, переживает впечатление, сходное с впечатлением живописца. Он только отражает свое переживание словами, а не красками. Не касаемся основного различия между словом и пластикой. Когда он берет в руки уголь или краски, он дает нечто ценное. Если он не работал над техникой живописи, то это и проявится в его рисунке. Но может-быть в нем явится и отсутствие академического натаскивания, шаблона.

Откровение. Безсознательно Творчество. Непосредственность. Иногда
— наоборот.

Как отражается на рисунке эпос, лирика и т.д.

Почему мы не ограничились рисунками писателей-импрессионистов.

При первом опыте желательно иметь материал для сравнения.

Почему рядом с рисунками есть и автографы.

Некоторые из участников выставки интересуются ими, как отражением личности художников слова.

Все мы рады письму любимого писателя, как его посещению.

Н. Кульбин[21]

Вот как Ремизов дает, в свою очередь, объяснение относительно художественного значения рукописей:

> В самом письме рисовальный соблазн: когда «мысль бродит» или когда «сжигается», когда не «поддается слово» или лезет несуразное, рука невольно продолжает выводить узоры — так обозначается рисунок на полях или в тексте; рисунок же выступает и из зачеркнутого, зачеркнутое — зазубренное или заволненное — всегда тянет к разрисовке: неизбежные паузы, заполненные мечтой. И то неопределенное, известное, как «мука творчества», имеет наглядное выражение: рисунок [. . .]
>
> Рисунки рукописей неотделимы от письма; эти рисунки — продолжение строчек и являют очертание невыраженных и несказавшихся слов: рисунки Пушкина и Достоевского. В их непосредственности трепет жизни, «живость 'горячей руки' и отплань, воспаленных мыслей».[22]

Ремизов выставлялся несколько раз. После «Треугольника», его рисунки и каллиграфии были показаны в известной галерее Герварта Вальдена в Берлине «Der Sturm» в 1927м году.[23] В 1933м году, в парижской галерее «L'Epoque» была организована эмигрантским журналом *Числа* выставка рисунков, акварелей, офортов, рукописей французских и русских писателей; в ней Ремизов принял горячее участие и написал статью о своем каллиграфическом искусстве под псевдонимом Василия Куковникова.[24] В том же году, его друг, художник Зарецкий устроил в Праге первую персональную выставку Ремизова в большом зале Народного Музея. Не удалось разыскать каталога, если таковой и был. По словам Алекс. Мих., в Праге были «до 1000 рисунков и отдельные альбомы: 'Сны Тургенева', 'Видения Гоголя', 'Из Достоевского', 'Из Лескова', 'Из Писемского', 'Бесноватая Соломония', 'Взвихренная Русь', 'Посолонь', и портреты современников — писателей, художников и музыкантов».[25]

В те годы была еще и выставка в русской гимназии в Моравской Пшебове, организованная преподавателем русской словесности Вл. Вл. Перемиловским. Надо было ждать 1976 года, когда появятся на выставке живописно-графические работы Ремизова: это было в Париже на выставке «неофициальных» русских художников, организованной Михаилом Шемякиным. Творчество Ремизова фигурирует на почетном месте рядом с молодыми советскими художниками.[26]

Искусство Ремизова было высоко оценено и профессиональными художниками (Бенуа, Сомовым, Бакстом, Добужинским, Билибиным, Чехониным, Кустодиевым, Головиным, Львом Бруни, Анненковым, Пуни, Кандинским) и писателями (назову только французов André Breton и Jean Paulhan).[27]

Но Ремизов, как известно, все время жалел о том, что «разводы разводить — дело увлекательное, только проку мало: товар не любителя — и кому это нужно, да и понять ничего нельзя».[28] А ремизовские письмена, акварели и колляжи гораздо больше, чем курьез писателя. Они сами по себе являются самобытным, самодовлеющим творчеством, которое требует тщательных исследований и особенно, чтобы были организованы выставки. Очень трудно сейчас собрать весь материал, чтобы отдать себе отчет о подлинном размахе и ценности этого творчества. 30 лет после смерти писателя, нет никакой описи, никакого каталога его «нарисованных» произведений. Даже установить их число очень сложно. Можно сказать, что только в эмиграции Ремизов стал систематически переписывать каллиграфическим почерком свои литературные произведения, рисовать пером, тушью, акварелью, составлять альбомы, компоновать колляжи. Сделанные до Революции рукописные книги, альбомы, листы, грамоты и свитки (его первая книга *Гоносиева повесть*) должны, вероятно, лежать в архивах музеев и частных коллекционеров в России, и невозможно делать их обозрение.[29] А число сделанных в эмиграции рисунков, по данным самого автора, около 4000, из которых было сделано большо 400 альбомов.[30]

Особенно поражает в рисунках Ремизова невероятное разнообразие и приемов и тем. Ремизов вполне художник XX-го века в том смысле, что он все время дерзает использовать новые материалы, чтобы выразить «'узлы и закруты' моей извечной памяти».[31] Он вдохновлен той творческой свободой, которую художник 20-го века завоевал себе после четырех-векового господства ренессанской поэтики и иконографии. Сам Ремизов описал разносторонность своей фактуры и тематики:

И тут каких только нет каллиграфических затей и карандашом, и пером, и спичкой, и коготками мелких зверей, и птичьей породы: рукописные альбомы, рыцарские грамоты, знаки и печати, чудища (*Посолонь*), революция (*Взвихренная Русь*), интерпретация (*По карнизам*), пустяки или, по Достоевскому, мизер (*Учитель музыки*).[32]

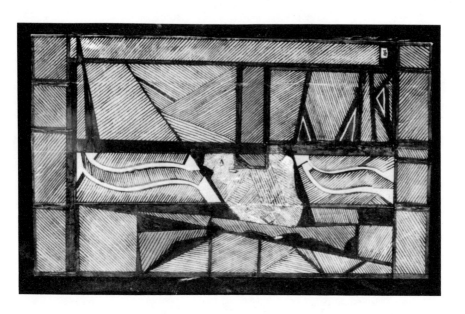

"Collage" from the Thomas P. Whitney Collection, Connecticut

From "Sun and Moon", the Thomas P. Whitney Collection

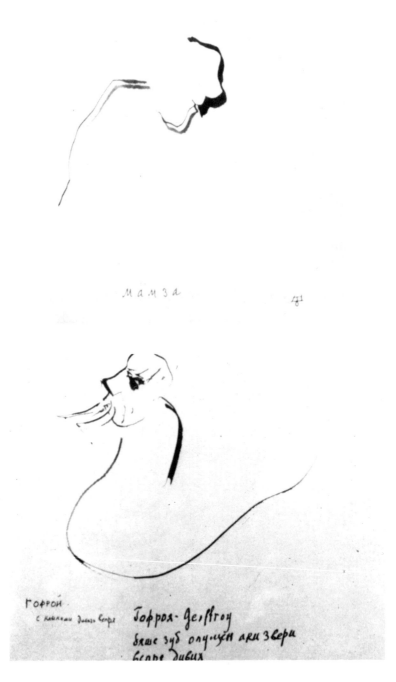

"Melusine" from the N.V. Reznikova Collection, Paris

Надо тоже привести то, что Н.В. Резникова наблюдала воочию:

А.М. всегда чем-то занят: или клеит обложки и обрамления из цветной бумаги — данная ему для прочтения книга возвращается в разноцветной обложке — будущие «collages», для них он сохраняет серебро от шоколада, яркие бумажки. [. . .] В те годы А.М. рисовал тончайшим пером, вплетая в узоры лица, фигурки, зверей. В последствии, с постепенным ослаблением зрения, у него появится другая манера рисовать: уверенным росчерком толстой черты и затем выполнение подробностей и надписи тонким пером.[33]

Мы видим как самый обыденный материал служит ему художественным способом, что выпукло выступает в смелых абстрактных наклейках, которые писатель исполнил во время войны. Эти конструкции, по свидетельству Н.В. Резниковой, были созданы под впечатлением от взорвавшихся после бомбёжки стекол окон. В этих колляжах некий переклик с манерой Л. Поповой. «В войну я делал в больших размерах абстрактные цветные конструкции — три стены в 'кукушкиной', на улице Буало в Париже, десяток у Лифаря в подвале и простенок у Кодрянских в Нью-Йорке».[34]

В Ремизове сталкиваются, с точки зрения истории искусства, два начала. С одной стороны, стилевая традиция югендштиля, с другой же нео-примитивизм, который является одним из главных направлений русского искусства в 1-й четверти 20-го века.[35] А с точки зрения «пиктурологии», т.е. специфического выявления живописной ткани, наблюдается коллизия, иногда на одном и том же рисунке, упругой, свободной, капризной линии с конструктивным, геометрическим, прямым черчением. За исключением своих учителей по чистописанию, у Ремизова не было настоящего художественного образования. А тем не менее, какое стихийное мастерство, какой меткий верный инстинкт!

С самой ранней гимназической поры, Ремизов стал заниматься чистописанием.[36] Благодаря жене, палеографу Серафиме Павловне Довгелло, он не только ознакомился со старинными рукописями, но и переписывал старинные грамоты.

И наши книгописцы — все эти Леониды и Иосифы, «владычные ребята», и дьякон Григорий и дьяк Иоанн и поп Алекса и княжна Ефросиния Полоцкая, никакой 'утилитарной' цели не преследовали: уставное письмо без перерыва между словами — слитной строкой и без знаков; скоропись с надстрочными и подстрочными буквами при разнообразии и никогда не одинаковой величине букв и как в «уставе», без перерыва; и, наконец, «вязь» — слово из сплетения, вплетения и разветвления букв — рука не поднялась бы написать буквы, чтобы слово вышло непременно для какого-то среднего глаза, нет, писалось так, как писалось и иначе не могло написаться, подчиняясь лишь какому-то начертательному закону развития самой линии, составляющей букву.

Сколько голов, столько и почерков, а искусство — каллиграфия — одно.[37]

Среди своих предшественников Ремизов признает китайцев, «у которых начертание неразрывно с формой произведения»,[38] «арабских и персидских чистописцев».[39] Роль случайности в искусстве не игнорирована и Ремизовым. У него целая эстетика кляксы:

Я не знал еще, какие чудеса можно сделать из любой кляксы: ведь чем кляксее, тем разнообразнее в кляксе рисунков, а из брызг и точек — каких-каких понаделать птиц, да что птиц, чего хочешь: и виноград, и китайские яблочки, и красных паучков.[40]

Современные ташисты, дадаисты или адепты «брутального искусства» (art brut) имеют за собой целую традицию от Ботиччелли и Винчи до Гюго или Стриндберга; этот последний является даже своего рода родоначальником ташизма, благодаря своей известной статье 1894 г. «Des arts nouveaux, ou le hasard dans la production artistique» (О новых искусствах, или случайность в художественном творчестве).[41]

«Козявки» скоро мне надоели — все-таки «натура», а ведь меня по моей памяти влекло к «ненатуральному». И я нашел: Это были «сучки» на белом тесе. Всматриваясь, я стал разбираться — и никакому Босху, ни Калло не передать жизни из моего мира «сучков». Еще облака — какая разнообразная чудесная жизнь! Я часами, не отрываясь, смотрел на небо [. . .] Случайно коснувшись обой, я заметил, что самый материал может дать из себя небывалый и «неповторяемый» единственный рисунок, стоит только помусолить пальцем и начать им водить.[42]

Ремизовское творчество тянет к фантазии, к царству химер, кикимор: «Но ведь они добрые — кикиморы, в них нет никакого злого начала, от них идет моя путаница и неразбериха, от них же мои шутки и безобразия».[43] В искусстве Ремизова есть демоническая сторона, иногда эротика,[44] его «графический сонник»[45] не мог не интересовать французских сюрреалистов. Ремизов практикует автоматическое писание не только без теорий и догматов, но и он странствует по миру своей памяти, по сновидениям, по неэвклидовым пространствам.[46]

Остается еще сделать огромную работу, чтобы подвести итоги этого «волшебного царства, где буквы и украшения букв: люди, звери, демоны, чудовища, деревья, цветы и трава — ткутся паутиной росчерков, линий, штрихов и завитушек».[47]

Ремизовские письмена это несравнимое ни с кем и ни с чем творчество. С одной стороны — Ремизов выступал в роли художникапереписчика собственных рукописей, не простогоকописта, а создателя новой художественной области. Я не знаю другого подобного примера. С другой же стороны — он автор альбомов-циклов, посвященных любимым писателям: Гоголю, Тургеневу, Достоевскому, Писемскому, Лескову. Он берет часто никем не замеченный текст в том или ином произведении любимого писателя и пользуется этим текстом для обрамления центрального сюжета, который не представляет собой иллюстрации этого текста, а скорее вольную интерпретацию, своего рода каприччио. Другое построение рисунков Ремизова исполнено наподобие лубка. Так оформлены обложки и титульные листы. Текст расположен наверху и внизу, горизонтально, но каждый раз с особенным распределением написанных единиц.

Ремизов — портретист заслуживает особое внимание. Гротеск, гиперболическое выделение одной части лица или фигуры, комизм, обособляют созданную им галерею современников. Саркастическая ирония и добрый юмор сосуществуют здесь.

Наконец, есть просто рисунки-композиции, где литературный текст играет меньше роли, чем сам рисунок — уже составляющий начерченный текст. Берлинские рисунки начала 20-х годов перекликаются с последними рисунками, особенно в альбоме *Мелюзина,* где искусство Ремизова приближается к предельной простоте и экономности китайской каллиграфии. Штрих здесь как будто обрывается незавершенным, а продолжение его — в бесконечность, в бездонное, в вечно-изначальное.[48]

Словами старинного китайского зографа Ши-Тао: «Единый штрих кисти — начало всего, корень всех явлений; его функция явна для духа и скрыта в человеке».[49]

C.N.R.S., Paris

ПРИМЕЧАНИЯ

1. W. von Humboldt, *Über die Kawi — Sprache auf der Insel Jawa,* t. I, 1836, стр. LVIII-LIX. См. комментарий М. Хайдеггера о языке, как «работе духа» у Гумбольдта в: Martin Heidegger, *Unterwegs zur Sprache,* 7-е изд., 1982, стр. 246-250. На Ремизовской конференции, В. Завалишин убедительно говорил о знакомстве Ремизова с теориями украинского последователя Гумбольдта, А.А. Потебни, о том, как надо вернуть язык к «поэтической образности».

2. См. J.-Cl. Marcadé, «Peinture et poésie futuristes», in *Les avant-gardes littéraires au XXe siècle* (ред. Jean Weisgerber), Budapest, Akadémia Kiadó, 1984, 5. II, стр. 963-979.

3. А.М. Ремизов, *Встречи,* Париж, 1981, стр. 222; то же самое в статье «Рисунки писателей», *Временник общества друзей русской книги,* 1938, № 4, стр. 26: «Писатель

по преимуществу писец: каллиграфический или самчортшеюсломает, не важно, а стало быть в каждом писателе таится зуд к рисованию». А вот как определяются не рисовавшие писатели: «'Рукопись испещренная рисунками', а рисунки рукописи без никакого к написанному, очень характерно для нелегкого, тугого или, как здесь говорят о таких редких мастерах слова, как Валери-Ларбо, 'запорного' писателя» (там же).

4. Лучший обзор по этому поводу дан Н.И. Харджиевым в его книге: *Поэтическая культура Маяковского*, М. 1970; его же «Поэзия и живопись (Ранний Маяковский)» в *The Russian Avant-Garde*, Stockholm, 1976; по-французски: N. Khardjiev, V. Trenine, *La culture poétique de Maïakovski*, Lausanne, L'Age d'Homme, 1982.

5. А.М. Ремизов, *Подстриженными глазами* (1959), стр. 46.

6. «Рисунки Писателей», стр. 26.

7. А. Ремизов, *Пляшущий Демон* (1949), перепеч. в *Русской Мысли*, 14 февр. 1985, № 3556, стр. 9.

8. О ритме, см. статью К.С. Малевича, «О поэзии», *Изобразительное Искусство*, Петроград, 1919 (французский перевод: K. Malévitch, *Ecrits II. Le Miroir suprématiste*, Lausanne, L'Age d'Homme, 1977, стр. 73-82; по-английски: Malevich, *Essays on Art* (éd. Andersen), New York, Wittenborn, 1971, p. 73-82.

9. Письмо к Н. Кодрянской от 4 марта 1953, *Ремизов в своих письмах* (1977), стр. 314.

10. А. Ремизов, *Подстриженными глазами*, стр. 50.

11. Там же.

12. В.В. Кандинский, *Ступени*, М., Изо Наркомпроса, 1918, стр. 12-13.

13. Хочется здесь привести замечания Клоделя, последователя Рембо: «Comment écrire des mots comme œil (l'œil vu en accolade de face ou de profil et le regard qu'il décoche) ou cœur sans y voir une représentation de l'organe représenté . . . Et le mot locomotive qui est une peinture exacte de l'engin avec sa cheminée. ses roues, ses pistons, son sifflet, ses leviers et sa flèche de direction, sans compter le rail! Rêve est toute une représentation. Il y a le papillon qui est l'accent circonflexe. Il y a le chasseur armé d'un sifflet qui avance le jambe à la poursuite de cette miette élusive. Avec une échelle — c'est l'E —, il essaye de l'attraper. Il lui tend les bras à l'inverse du sigle impalpable et c'est V. En vain, il ne reste plus que l'échelle», см. Jérôme Peignot, *Du Calligramme*, Paris, Chêne, стр. 25.

14. Письмо К.Н. Кодрянской от 7 июня 1952, *Ремизов в своих письмах*, стр. 275.

15. А. Ремизов, *Подстриженными глазами*, стр. 40.

16. В. Хлебников, А. Крученых, «Буква как таковая» (1913), *Манифесты и программы русских футуристов*, под ред. В.Ф. Маркова. München, Fink, 1967, стр. 60.

17. Процитир. Антонеллой д'Амелией в ее издании *Учителя Музыки*, стр. XIII.

18. См. «Из Альманаха *Садок Судей*», *Манифесты и программы русских футуристов*, процит. произв., стр. 52.

19. Там же, стр. 60-61.

20. Vladimir Markov, *Russian Futurism. A History*, Berkeley–Los Angeles, 1968; его же издание: А.Е. Крученых, *Избранное*, München, Fink, 1973 (факсимильное воспроизведение классических литографированных брошюрок «будетлян»). Об этом, см. так же: Susan Compton, *The World Backwards. Russian Futurist Books. 1912–1916*, London, The British Library, 1978 и Dora Vallier, «L'avant-garde russe et le livre éclaté», *Revue de l'Art*, 1979, № 44 (весь номер этого журнала посвящен «рисункам писателей» во всем мире с неполным и часто неточным словарем писателей-художников).

21. *Треугольник*, СПб, 1910.

22. А.М. Ремизов, «Рисунки писателей», стр. 26-27.

23. Nikolai Zaretzky, «Russische Dichter als Maler», *Gebrauchsgraphik*, Juni 1928, стр. 43 и сл.

24. Василий Куковников, «Рукописи и рисунки А. Ремизова», *Числа*, 1933, № 9, стр. 191-194.

25. Там же, стр. 194.

26. См. каталог, *La peinture russe contemporaine*, Paris, Palais des Congrès, 1976, стр. 56-57. Воспроизведены в краске: *Карлик, К.В. Мочульский, В.Ф. Ходасевич* и *Ф.А. Степун.*
27. В номере журнала *Cahiers G.L.M.*, посвященном «снам», Ремизов приводит в собственной словесной обработке шесть снов из Пушкина (сон Татьяны, Григория в *Борисе Годунове*, Марии Гавриловны в *Метели*, Адриана Прохорова в *Гробовщике*, Германа в *Пиковой Даме*, Гринева): «Pouchkine. Six rêves (présentés par Alexeï Rémizov)», *Cahiers G.L.M. Septième cahier, Paris, 1938.* Два рисунка, изображающие «Сон Григория» и «Сон Марии Гавриловны», воспроизведены на стр. 34. Этот номер был составлен Андреем Бретоном. Не могло не порадовать Ремизова соседство Парацельса, Лихтенберга, Моритца и других визионерских писателей. Между прочим, там и воспроизведена акварель Дюрера, *Traumlandschaft (flüchtige Aquarellmalerei)* с переводом на французкий язык Макса Эрнста коментария самого Дюрера к этому произведению. В следующем номере журнала (*Cahiers G.L.M. Huitième Cahier*, Paris, octobre 1938, стр. 1618) Ремизов публикует рассказ «La coupe d'argent» (который был переиздан в сборнике *Où finit l'escalier. Récits de la 4e dimension. Contes et légendes*, Paris, 1947).
28. Василий Куковников, проц. произв., стр. 194.
29. Можно надеяться, что после скромных публикаций о Ремизове в *Ежегодниках Рукописного Отдела Пушкинского Дома* на 1974 и на 1977 гг. (1976, 1979) будут поступать новые сведения о недоступном до сих пор материале.
30. «Последние годы 1931-39, когда у меня не осталось никакой надежды увидеть мои подготовленные к печати книги, а в русских периодических изданиях оказалось, что для меня 'нет места' и я попал в круг писателей 'приговоренных к высшей мере наказания' или, просто говоря, обреченных на смерть, я решил использовать свою каллиграфию: я стал делать рукописные иллюстрированные альбомы — в единственном экземпляре. И за восемьдесят лет работы: четыреста тридцать альбомов и в них около трех тысяч рисунков. Перечень 157 номеров напечатан в ревельской *Нови*, кн. 8. Сто восемьдесят пять альбомов 'так или иначе' разошлись», А. Ремизов, *Встречи,* стр. 225; «Сделал 7 альбомов — 234 листа рисунков (у Лифаря 15 альбомов в красках — 102 листа: не может найти, завалил в груде нот и рисунков)», Письмо к Н. Кодрянской от 29/2. 1952, *Ремизов в своих письмах* стр. 241; «И мой графический сонник — сколько, не помню, но первые 100 снов — у Лифаря. Меня спрашивают, куда исчезли мои альбомы, их 400 и до 4000 рисунков — то, что у вас, я говорю уверенно, хранится, а остальное? — сколько пропало в оккупацию, а еще больше от невнимания, просто заброшены», Письмо к Н. Кодрянской от 1/3 1952, *Ремизов в своих письмах,* стр. 242.
31. А. Ремизов, *Подстриженными глазами*, стр. 125.
32. В. Куковников, «Выставка рисунков писателей. Письмо из Праги», *Последние Новости,* 3 дек. 1933, № 4665.
33. Н. Резникова, *Огненная память* (Berkeley, 1980), стр. 23.
34. А. Ремизов, *Встречи*, стр. 226.
35. О нео-примитивизме, см. Camilla Gray, *The Great Experiment in Russian Art. 1863-1922,* London, Thames and Hudson, 1962, в особенности, глава IV; Vladimir Markov, *Russian Futurism,* проц. произв.; Valentine Marcadé, *Le Renouveau de l'art pictural russe. 1863-1914,* Lausanne, L'Age d'Homme, 1971, стр. 225-237; её же, «О влиянии народного творчества на искусство русских авангардных художников десятых годов 20-го столетия», *Communications de la délégation française au VIIe Congrès International des Slavistes,* Paris, Institut d'Etudes Slaves, 1973, стр. 279-300; John E. Bowlt, *Russian Art of the Avant-Garde. Theory and Criticism. 1902-1934,* New York, Viking, 1976, стр. 41 и сл.; Jean-Claude Marcadé, «Le contexte russe de l'œuvre de Chagall», *Marc Chagall. Oeuvres sur papier,* Paris, Centre Georges Pompidou, 1984, стр. 18-25 (по итальянски: Milano, Electa, 1984; по-немецки: Hannover, Kestner-Gesellschaft, 1985); John E. Bowlt, «Pavel Filonov and Russian Modernism», in Pavel Filonov: *A Hero and His Fate* (ред. Николетты Мислер и Джон Боульт), Austin, Silvergirl, 1984, стр. 9-11. Художник Александр Шевченко выпустил в

Москве в 1913-ом году своего рода манифест нео-примитивизма: *Нео-примитивизм, его теория, его возможности, его достижения.*
36. См. *Подстриженными глазами,* глава «Куроляпка», стр. 42-48; «Я не помню, когда бы я не рисовал», там же, стр. 49.
37. А. Ремизов, *Подстриженными глазами,* стр. 41.
38. Там же, стр. 40.
39. Там же; «В сказках я продолжал традицию сказочников, а в письме — книго-писцев», там же, стр. 45; «Из русских писателей над прописями трудился Гоголь. Зачем ему понадобилось под конец жизни выправлять свой почерк? Или потому, что в рукописи есть магия, как в человеческом голосе», там же, стр. 45-46.
40. Там же, стр. 44.
41. См. Philippe Junod, *Transparence et opacité. Essai sur les fondements théoriques de l'art moderne,* Lausanne, L'Age d'Homme, 1976, стр. 245 и сл.
42. А Ремизов, *Учитель музыки,* стр. 189-190.
43. Н. Кодрянская, *Ремизов в своих письмах* стр. 11.
44. См. рисунки к «Rêves de Tourguéniev» (1938) или *Solomonie la Possédée* (1935). Характерно, что переводы по-французски нескольких вещей Ремизова были сделаны Georges Lély, известным специалистом по эротической литературе.
45. Н. Кодрянская, проц. произв., стр. 242.
46. *«'Подстриженные глаза'* это значит: спускающаяся на глаза пелена Майи, проре-зана, мир 'кувырком', Эвклидовы аксиомы нарушены. Из трех измерений переход к четвертому измерению, в мир сновидений. Эти глаза подняли меня в звездный мир; они открыли мне дорогу в подземную глубь черной завязи жизни.

Мне открыт Астральный Мир сновидений, в другой мир-мир нежити — земляные, подземные, воздушные духи. *Посолонь* — мои встречи с цветной нежитью. Связь с миром «нежити» выражена в *Мелюзине* и в *Кикиморе. (В сырых туманах)* — в книге *Иверень.*

Когда судьба открывается во сне, открывается самое неожиданное. Я еще мыслями не захлебнул свою мысль, и отчетливо не вижу, хотя и чувствую — это будет темой моего рассказа», Н. Кодрянская, проц. произв., стр. 378; см. также, Michael Gorlin, «Alexej Remisow», in Michel Gorlin et Raïssa Bloch-Gorlina, *Etudes littéraires et historiques,* Paris, Institut d'Etudes Slaves, 1957, стр. 167: «Auf den Karniesen erwacht der grosse Traum-seher und ist mit einem mal nur ein unglücklicher, gehetzter Mensch, auf dessen übernormale Empfindlichkeit sich die ganze Brutalität des Lebens mit dem Lärm und der Unruhe einer Grossstadtstrasse stürzt. Wie ein kränkliches, nervöses Kind empfindet Remisow vertausend-facht die Pein und die Hässlichkeit des Daseins».
47. *Подстриженными глазами,* стр. 40.
48. По Малларме: «Quelque chose d'autre [. . .] musicalement se lève, idée même et suave, l'absente de tous bouquets», «Avant-Dire» au *Traité du Verbe* de René Ghil, 1886.
49. Shitao, *Les propos sur la peinture du moine Citrouilleamère,* Paris, Hermann, 1984 (пе-ревод и комментарии Pierre Ryckmans), стр. 9. Трактат Ши-Тао отчасти переведен по-английски в O. Siren, *The Chinese on the Art of Painting,* 1963, стр. 184-192, и целиком по-немецки: V. Contag, *Die beiden Steine,* Brunswick, 1950.

ОРНАМЕНТАЛИЗМ В ЛИТЕРАТУРЕ И ИСКУССТВЕ И ОРНАМЕНТАЛЬНЫЕ МОТИВЫ В ЖИВОПИСИ И ГРАФИКЕ АЛЕКСЕЯ РЕМИЗОВА

Вячеслав Завалишин

«Из духа слова рождается музыка
и целый мир красок»

Алексей Ремизов

Термин орнаментализм известен в гораздо большей мере литературоведам, чем искусствоведам. Этот термин можно встретить и у М. К. Азадовского, у Г. П. Струве, и у других. Использовал этот термин и Гаррисон Солсбери и другие. Профессор Г. А. Гуковский определял орнаментализм, «как гроздь фольклороидов, преображенных средствами нового искусства».

К орнаменталистам в большей или меньшей мере принадлежат: Алексей Ремизов, Андрей Белый, Евгений Замятин, Сергей Клычков, Борис Пильняк и др. Даже в прозе у Солженицына встречаются орнаментальные мотивы. Обобщающей работы об орнаментализме в литературе, насколько мне известно, пока ещё нет. Но исследователями накоплено достаточно материала, чтобы судить об орнаментализме в литературе.

Казимир Малевич говорил о том, что эксперименты 1903-1932гг. в живописи и графике породили множество «измов,» которые погибали подобно бабочкам-однодневкам. Таких вымерших «измов» Малевич насчитал свыше пятнадцати. Но один «изм» он хотел бы сохранить, потому что этот «изм» обладает жизнестойкостью и характерен для искусства периода экспериментов. Малевич не назвал имён в подтверждение этого своего пожелания, но сам Малевич, как новатор начинается именно с орнаментализма. Орнаментализм — понятие широкое, далеко ещё недостаточно исследованное.

Ранний толчёк к развитию орнаментальных мотивов в русском искусстве дали Густав Климт и Леопольд Штольба. Это было в самом начале 20-го века. Орнаментальные мотивы несколько ранее, чем у многих других русских, можно встретить в творчестве Филиппа Малявина, Федора Кричевского, Ивана Билибина, Феофилактова, Дитерприкса, Павла Кузнецова и других.

Можно говорить о художниках, в фигуративной живописи которых встречаются орнаментальные мотивы и об орнаменталистах в более или менее чистом виде. Композиции, построенные на преобладании орнаментальных мотивов, встречаются у Василия Кандинского, у Малевича, у Сергея Чехонина и др. Орнаментальные мотивы есть и в искусстве Михаила Ларионова, Наталии Гончаровой, Александра Шевченко, Кирилла Кустодиева (сына Бориса Кустодиева) и других.

Такие современные новаторы-живописцы как Эрте (Роман Тыртов) и Михаил Шемякин показали, что орнаментализм ещё далеко не исчерпал всех своих возможностей, что у него есть ещё будущее.

В пределах короткого выступления невозможно охарактеризовать всех орнаменталистов. Да я здесь перед аудиторией настоящего симпозиума и не ставлю это своей задачей.

Я, да и то вкратце, из-за нехватки времени, остановлюсь на орнаментальных мотивах в живописи и графике Алексея Михайловича Ремизова. Да и то потому, что он интуитивно стал посредником между орнаментализмом в литературе и орнаментализмом в изобразительном искусстве.

Есть писатели, которые прилично рисуют, но мало писталей, которые с полным правом, без всяких скидок, могли бы быть признаны крупными живописцами и графиками. Ремизов исключение. Он и писатель сильного своеобразного дарования, и одновременно большой художник и график. При чём, Ремизов-прозаик, мастер ритмической прозы, углубляет и дополняет Ремизова живописца и графика.

Впервые о Ремизове-художнике (писателя я знал раньше) я услышал от поэта-футуриста Венедикта Марта, отца поэта Ивана Елагина. Это было в Ленинграде, в конце 20-ых годов, когда Венедикт Николаевич отредактировал и рекомендовал в журнал «Мир приключений», построенный на редком тематическом материале рассказ молодого этнографа Линевского «Бесовы следки» (так называли беломорские староверы наскальные изображения первобытных людей на валунах возле рек и озёр, а также на стенах пещер.)

Когда мы обсуждали рассказ «Бесовы следки,» редактор, Венедикт Март, вспомнив Ремизова, назвал его «палеонтологом слова и линий, палеонтологом рисунка, который виртуозно использует технику «Бесовых следок» для преображения на новаторский лад применительно к требованиям тогдашней современности. Если вспомнить, что Алексей Ремизов в начале пути собирался быть естествоиспытателем и что молодого Ремизова поразили оттиски реликтовых растений и животных, изредка находимые в каменноугольных пластах, то истоки его графики становится достаточно понятными.

В беседах с Наталией Кодрянской и с госпожей Резниковой, Ремизов сам себя называл «археологом-реставратором слова и образа». Ремизову было известно учение филолога Потебни о болезни языка. В старину, в незапамятные времена речь человека была образной, а со временем человек утратил дар образно-поэтического восприятия мира. Алексей Ремизов и сознательно и интуитивно преодолевает то явление, которое Потебня назвал болезнью языка. Он вернул русской речи и русской литературе эту утраченную ею поэтическую образность.

Алексей Ремизов нередко вспоминает Епифания Премудрого. Когда Епифаний работал над «Житием Преподобного Сергея Радонежского», он пользовался какими-то недошедшими до нас источниками. Историки древнерусской литературы находили, что Епифаний Премудрый, как стилист, чрезмерно книжен, склонен к риторическому плетению словес и, в то же время, сквозь его писания пробивается какой-то незримый внутренний свет. Это как-бы подснежник, который неожиданно вырос возле келии ученого книжника. Вот этот незримый внутренний свет в писаниях Епифания Премудрого Алексей Ремизов видит каким-то особым метафизическим зрением. И этот свет пробивается в слова и образы его художественной прозы.

А как же с живописью? Я думаю, что не будет преувеличением сказать, что цветопись Алексея Ремизова это «Поиски свети-цвета» с тем, чтобы обогатить этими поисками современный писателю и художнику абстракционизм. Что такое Свети-цвет? Так, по народному поверью, называется цветок папоротника. А папоротник, по легенде, цветёт раз в тысячелетие. Это легенда, но мы знаем, что за Свети-цвет казаки Стеньки Разина принимали лотосы в дельте Волги, увидев их впервые.

Алексей Ремизов находил Свети-цвет в красках только что отреставрированных икон. Умный и чуткий писатель понимал, что эти краски напоминают засушенные цветы. Это сказывается и в его цветописи и опять-таки временами Ремизову удаётся как бы прорастить засушенный цветок, заставить его распуститься. Тогда появляется какая-то особая красота. Вот, например, Алексей Ремизов так описывает икону Николая Чудотворца: «Глаза как звёзды, зубы-молнии. Один Микола — Микола Можайский держит на вытянутой руке церковь, Микола Зарайский воздевает к небу руки, Микола Великорецкий изображён по пояс».

Однако чудесно просиявшие краски старинных икон недолговечны. Они осыпаются как лепестки волшебных цветов. И автор «Взвихренной Руси» втягивает в какой-то вихреворот листья, травы, цветы.

Но Алексею Ремизову в его живописи не чужды и геометрические абстракции. Тогда он приближается к урбанистическим мотивам в творчестве выдающихся абстракционистов, но преображает их, я бы сказал, на свой архаический лад. Даже геометрические абстракции его композиций кажутся созданными в мастерской алхимика.

Абстракции Алексея Ремизова пронизаны чувством ритма. Это подсознательно уловил никто иной, как Вацлав Нижинский. Прославленного танцора к сожалению недооценивают, как большого художника-абстракциониста, которым он по сути дела был. А Нижинский учился на опыте Ремизова.

О ритмике Ремизовских композиций вспоминал и Владимир Татлин, которому принадлежат декорации и проекты костюмов к постановке народной драмы «Царь Максимилиан». А Ремизову же принадлежит обработка этой драмы. Цвет для Ремизова это или терем, или вертоград, или темница линий, рисунка.

Прежде чем перейти к рисункам Ремизова отметим, что он одно время хотел стать учителем чистописания, настолько его привлекало искусство каллиграфии. Этому искусству молодой Акексей Ремизов начал учиться у москвича Александра Родионовича Артемьева, который стал знаменитым актером МХАТа, Артёмом.

Искусство каллиграфии открыло Алексею Ремизову очарованный мир заставок и виньеток древне-русских манускриптов. И Ремизов сделал из каллиграфии новаторское искусство. Он виртуозно использовал для модернистских экспериментов старинные заставки, виньетки, концовки.

Каллиграфия Ремизова тоже может быть признана орнаментальным экспериментом. Его надписи, завитушки звучат как музыка. Недаром каллиграфией Ремизова увлекались в своё время такие незаслуженно забытые композиторы как Сенилов и Остроглазов.

От каллиграфии Ремизов идёт к прорисям старинных икон. Но тут археолог линий становится современным ему новатором, одарённым чувством юмора и феноменальной зрительной памятью. Вспомним, как Ремизов посвящал друзей и знакомых в Обезьяний орден, сопровождая дарственные грамоты рисунками с каллиграфически выполненными надписями. В своих восходящих к иконным прорисям рисунках Алексей Ремизов показывает себя своеобразным каррикатуристом. Говорят, что Жану Кокто понравился тот рисунок Ремизова, на котором изображены Лев Шестов и Поляков-Литовцев, возвращающиеся с похорон и успевшие на поминках хлебнуть пивишка. Живописью Ремизова и его архаическим абстракционизмом интересовались и увлекались многие. Даже привередливый и переборчивый Пикассо и тот похвалил эту сторону творчества Ремизова.

Его изобразительное искусство как и его проза, это и есть волшебный Свети-цвет народных легенд, сияние которого благодаря Ремизову стало достоянием модернистского искусства, но это Свети-цвет, колеблемый бурями и катастрофами эпохи. Свое выступление я заканчиваю такими словами Ремизова:

«Все совершается в круге Судьбы. Всякий свет побеждаем. Свет же последнего Суда неизбежен.»

New York

НЕИЗДАННАЯ КНИГА *МЕРЛОГ*: ВРЕМЯ И ПРОСТРАНСТВО В ИЗОБРАЗИТЕЛЬНОМ И СЛОВЕСНОМ ТВОРЧЕСТВЕ А. М. РЕМИЗОВА

Антонелла д'Амелия

Как и все последние книги Ремизова, неизданный МЕРЛОГ — монтаж из ранее написанных статей, воспоминаний и очерков, опубликованных в русских эмигрантских газетах и журналах. Это, видимо, последний текст, подготовленный писателем для печати во второй половине 50-х годов. Две главы — «Рисунки писателей» и «Антон Павлович Чехов», напечатанные в нью-йоркской газете «Новое русское слово» в июле-августе 1954 г. — дают основание думать, что составление книги относится к самым последним годам жизни писателя, после того как были закончены «Тристан и Исольда», «Петербургский буерак» и сборник сказок «Павым пером». В письмах и дневниках Ремизова 50-х годов содержатся многочисленные ссылки на все эти работы, тогда как о книге под заглавием МЕРЛОГ, вовсе не упоминается.

Как вспоминает Наталья Резникова[1], название книги родилось от искаженного выражения: «что за мерлог!» (вместо «что за берлога!»), часто употребляемого ее няней, которое очень понравилось Ремизову. Впоследствии он его выбрал как название этого своеобразного сборника, чтоб подчеркнуть разнородность включенных в нем материалов. Повторяя слова А. Синявского об «Опавших листьях» Розанова, можно сказать: «это не просто название книги, но определение жанра»[2].

МЕРЛОГ (125 страниц) состоит из 32 коротких глав, в основном написанных в 20-30ые годы, с маленькими дополнениями, сделанными автором позднее[3]. Тематически книга делится на три части.

Первая часть (20 стр.) включает статьи о рисунке и графике, подписанные то авторским именем, то псевдонимом В. Куковников. Эти статьи — «Рисунки писателей», «Выставка рисунков писателей», «Рукописные издания А. Ремизова», «Рукописи и рисунки А. Ремизова», «Courrier graphique»[4] — содержат глубокие замечания об искусстве каллиграфии, о тяге писателя к рисунку, о том большом значении, которое, наряду с письмом, всегда имел в его жизни графический знак. «Не могу считать себя художником, — замечает Ремизов, — я пишу и моему писанию отдаю все. Но только не могу я — так всю мою жизнь — не рисовать» (с. 21). И далее, говоря о тесной связи между *написанным* и *нарисованным*, добавляет: «Рисунки писателя любопытны, как очертания его «невысказавшейся» мысли, или как попытка неумелой рукой изобразить выраженное словом: ведь написанное не только хочется выговорить — пропеть — но и нарисовать» (с. 1).

В главе «Рукописи и рисунки А. Ремизова» писатель прибавляет к многочисленным высказываниям о своей любви к рисунку, включенным в автобиографические книги и в записные книжки, подробную историю своего интереса к графике от первых гимназических опытов до овладения пленительной каллиграфической линией, до первых рукописных изданий, которые привлекли к нему внимание петербургских художников, как А. Бенуа, К. Сомов, Л. Бакст, М. Добужинский, И. Билибин, С. Чехонин, Б. Кустодиев, А. Головин. «В России не мало находится рукописных книг, альбомов, листов, грамот и свитков А. Ремизова. В одном из Московских государственных музеев хранится рукописная книга Ремизова: «Гоносиева повесть», относящаяся к годам после революции 1905 г. Эта паутинная, мелко расшитая буквами, книга — начало рукописных работ Ремизова» (с. 10-11) — пишет он сам о себе.

В биографии Ремизова-рисовальщика следует упомянуть выставку 1915 г. в галерее «Треугольник» у Бурлюка, когда впервые были выставлены его «рукописные завитки»[5], и первую публикацию его рисунков в сборнике «Стрелец», изданном в 1915 г. под редакцией А.Е. Беленсона.

За границей каллиграфическая и изобразительная работа Ремизова не прерывается, а напротив расширяется, благодаря поддержке русских и иностранных критиков и писателей: «через Пуни ремизовский рисунок появился в «Das Kunstblatt». August-Heft 1925, Berlin, через Зарецкого рисунки и грамота воспроизведены в «Gebrauchsgraphik», Iuni 1928, Berlin и в «Die Litterarische Welt» N. 19, 1926, Berlin», а через Вальдена в 1927 г., выставка его графических знаков была устроена в Берлине в галерее «Штурм» (с. 12).

Глава «Выставка рисунков писателей» — репортаж из Праги — проводит нас по залам чешского Национального музея, где зимой 1933-34 гг. «художник, археолог, библиограф, коллекционер, выдумщик и предприниматель» Н.В. Зарецкий выставил рисунки, записи, автографы и книги русских писателей «от великого Ломоносова до чудачеств Ремизова»[6]. Каждый из русских писателей был представлен одним-двумя рисунками или портретом, а основная часть выставки была посвящена Ремизову, который показал более тысячи рисунков, среди них «рукописные альбомы, рыцарские грамоты, знаки и печати, чудища («Посолонь»), революция («Взвихренная Русь»), интерпенетрация («По карнизам»), пустяки или, по Достоевскому, мизер («Учитель музыки»), иллюстрации к избранным любимым текстам Достоевского, Лескова, Писемского, портрет Льва Шестова, и Гоголь — «Вечера»[7].

Уже сам список показывает, как тесно ремизовский рисунок переплетается с книгой: «рукопись переходит в рисунок и рисунок в рукопись» (с. 2). Этот же подход заметен во всех его разрисованных книгах («Взвихренная Русь», «Посолонь», «По карнизам», «Оля») и в иллюстрациях к «любимым текстам» Гоголя, Достоевского, Лескова: текст сливается с рисунками в единое целое, изображения сопровождают рассказ «как часть или продолжение» написанного (с. 2).

«Развой и цвет моей рисовальной каллиграфии — Париж» (с. 17) вспоминает Ремизов, который как художник стал хорошо известен и в парижской эмиграции. Его рисунки публиковались в журналах по искусству и иллюстрировали его собственные книги. Его рукописные альбомы часто выставлялись на его вечерах чтения в залах гостиницы «Лютеция». Его графические завитки были включены в выставку русских и французских писателей-художников, устроенную группой «Числа» в галерее L'Époque в декабре 1931 г.

В Париже, в тяжелые для всей эмиграции тридцатые годы, Ремизов обратился к своему каллиграфическому искусству, и черной тушью, старым русским шрифтом, нарисовал на продажу много рукописных иллюстрированных альбомов, которые сегодня стали библиографической редкостью[8]. «И за шесть лет работы двести тридцать альбомов и в них две тысячи рисунков. Перечень 157 номеров напечатан в Ревельской Нови, кн. 8»[9].

Вторая часть МЕРЛОГа (57 стр.) включает статьи на «литературно-семейные» темы («Щуп и цапля»), шуточные заметки и изречения в духе «Опавших листьев» Розанова («Воровской самоучитель», «Космография», «Parfumerie»), воспоминания о заграничной жизни («Цвофирзон») и своеобразные замечания о писательском труде, о музыкальной прозе, о композиции литературных произведений[10].

В главе «Цвофирзон» описываются «русская жизнь» в Берлине и создание вымышленного философско-литературного объединения «Свободное философское Содружество», возникшего «в противовес эмигрантскому отделению закрытой в России Волфилы» (с. 40), почетным президентом которого был избран Лев Шестов. На фоне литературной выдумки и дада-футуристической игры возникают силуэты некоторых представителей русской интеллигенции, которые в те годы временно задержались в немецкой столице: В. Шкловского, А. Белого, И. Эренбурга, Н. Бердяева. . . . Цвофирзон — это литературная мистификация, где описываются несуществующие собрания в берлинских кафе и «научные» доклады их вымышленных участников на темы, вроде «О питательности пилюль д-ра Кубу» или «Адогматическое обоснование трирэмы, как безмоторного двигателя для борьбы с соляным и спиртовым червем»[11].

Несколько глав этой второй части, которые отражают поиск новой литературной формы, написаны в духе Розанова. Главы «Космография», «Воровской самоучитель», «Щуп и цапля», «Parfumerie» с их мимолетными мыслями, житейскими заметками, критическими наблюдениями над русским языком, чудачествами и «безобразиями» по жанровому своеобразию и «философскому» духу звучат как отклики Ремизова на «Опавшие листья» Розанова. Как и Розанов в «коробках», Ремизов стремится воспроизвести в своих афоризмах звучание живого голоса — его паузы, интонацию, повторы. Словесные скачки и остроты придают каждому изречению игровой театральный оттенок[12].

Литературное родство, которое сблизило Ремизова и Розанова, частично изучено; но интересно подчеркнуть, что Ремизов не случайно собрал свои «опавшие» заметки в книге, где бóльшую часть занимают вопросы о писательстве, о создании новых форм, о том, что значит быть писателем в двадцатом веке.

Как исповедь звучит глава «Для кого писать?», в которой Ремизов отстаивает позицию полной творческой независимости писателя. «Литературные произведения — дело жизни. Пишется не для кого и не для чего, а только для самого того, что пишется и не может быть не написано»[13].

Необычные словесные обороты, неисчерпаемые языковые богатства, сложная структура и трудная тематика его сочинений отдаляли Ремизова от широких масс читателей, от массовой литературы. И с течением времени в «автобиографических» пересказах своей «легенды» он представит себя как непризнанного, непонятого писателя, писателя для себя, для своего удовольствия, сочинителя «былей и небылиц в нашей бедной, темной и рабской жизни», думающего «только о том, чтобы исполнить задуманную или взбредшую на ум закорючку», и ни разу за свою литературную жизнь не задумавшегося, «будет ли толк от моего письма, обрадует ли кого или раздрожит, и, наконец, будут ли читать мое или только взглянув на имя расплюются»[14].

С вопросом о писательстве связана и глава «Пруд», посвященная издательским перипетиям и творческим переработкам одноименного романа. В этой главе Ремизов подчеркивает свои жанровые поиски, выделяя своеобразность музыкальной структуры текста. «И в построении глав было необычное, теперь совсем незаметное: каждая фраза состоит из «запева» (лирическое вступление), потом описание факта и непременно сон; при описании душевного состояния, как борьбы голосов «совести», я пользовался формой трагического хора» (с. 56).

Сны всегда играли большую роль в жизни и произведениях Ремизова. Они тесно сплетены с его мироощущением, с его «видением» окружающей действительности. В *МЕРЛОГе* целая глава «Сонник» посвящена сборникам толкований снов, которые были настольными книгами русских прошлого века. «'Сонник' — 'руководящая' книга — по ней можно знать, что тебя ждет, а, стало быть, и как поступать надо — чего остерегаться и, наоборот, к чему стремиться» (с. 61). В той же главе и длинное отступление о значении снов для понимания и обогащения повседневной людской жизни, когда человек освобождается из-под власти трехмерного пространства: «воспоминание снов увеличивает чувство жизни. Через сон человек проникает на «тот» свет . . . события сна всегда ярче и резче, а чувства глубже» (с. 60-61).

Третья часть (90 с.) представляет беглыми штрихами русских писателей и деятелей культуры, выбранных главным образом по «генеалогическому» древу подлинного русского языка (протопоп Аввакум, Григорий Квитка-Основьяненко, Н.В. Гоголь); в ней анализируется литературная деятельность Л.М. Добронравова в журнале «Заветы» и дан подробный портрет И.П. Гребенщикова — одного «из самых ревнивых и яростно-ревностных библиотекарей Государственной публичной библиотеки», известного всему книжному Петербургу под именем «василеостровского книгочия» (с. 92).

Заключают эту мемуарную часть, где наблюдения критического характера переплетаются с личными переживаниями, статьи в память Л. Шестова, И. Болдырева-Шкотта, В. Диксона, Л. Толстого, А. Чехова и длинный очерк о «философской натуре» молодого В. Соловьева, созданный на основе его писем к невесте Е.В. Романовой и его стихов тех лет[15].

В этой части помещены материалы, опубликованные не только в журналах, но и неоднократно включавшиеся в другие книги воспоминаний. Эти материалы, подобно музыкальным мотивам, по-разному встраиваются в различные автобиографические произведения и по-разному звучат в новых сочинениях и сопоставлениях, как бы заново рассказанные живым голосом Ремизова-повествователя.

Среди многочисленных тем для размышлений, которые возникают при чтении *МЕРЛОГа*, главное место, я думаю, может занять анализ взаимоотношений письма и рисунка в свете авторских поисков нового языка и новой литературной формы.

Книга как рукопись

Литература нашего века в своих самых ярких проявлениях стремится к обновлению художественного языка и повествовательных форм, к стилистическим и структурным поискам новых направлений. Ощущение исчерпанности форм классического романа вызывало многочисленные попытки заново и иначе осмыслить жанр и приемы художественного произведения. Стилистические опыты Ремизова, с самого начала его вступления в литературу, органически вплетаются в русскую культурную действительность, насыщенную поэтическими кружками и школами, где исследовалась «техника» письма. Они развиваются параллельно литературным поискам авангарда, пространственному расчленению кубофутуристов, филологическому углублению в славянские корни «планетчика» Хлебникова. Они созревают на той же почве, что и теоретические анализы формалистов, и литературные эксперименты Серапионовых братьев, и продолжаются в течение всей жизни писателя, развиваясь в оригинальном направлении, и с точки зрения художественной композиции, и с точки зрения языковых исканий.

Первые произведения Ремизова были высоко оценены современными ему писателями и критиками за стилистическое богатство — использование сказа, музыкальных запевов, глагольных ассонансов, динамизм фразы с ее эллиптическим синтаксисом, создание неологизмов, которые, как драгоценные камни, сверкают в повествовательной ткани[16]. Одновременно в его сочинениях происходит планомерная эволюция литературных жанров и поиск нового конструктивного принципа[17]. А в зрелые годы его композиционное новаторство выльется в своеобразные монтажи материалов, собранных «археологической памятью» писателя, которая заново пересказывает литературные памятники прошлого и объединяет их с личными воспоминаниями, с литературными очерками, с путевыми заметками, с некрологами и разбросанными мыслями.

В подарочной надписи, посвященной Наталье Кодрянской в 1948 г., сам Ремизов указывает на путь к пониманию своих сочинений, подсказывая разгадку своего письма: «я только археолог, для которого нет ни важного, ни неважного, все одинаково ценно для какой-то смехотворной истории[18]». Как археолог, писатель старается заново открыть поэтические сокровища; все культурные следы прошлого одинаково ценны для построения художественного здания. Книга для него — это законченный результат сложного стилистического и композиционного труда. «Как создаются литературные произведения? Первое, запись, — полная воля и простор слову, только б удержать образ и высказать мысль. Но запись еще не работа. Работа начинается по написанному как попало. В работе глаз и слух, и от них идет строй (архитектура). Автоматическое письмо не произведение. Произведение выделывается, выковывается»[19].

Литературное произведение требует постоянной работы над ядром образа, требует настойчивого труда над очертаниями будущего текста и, главным образом, упорной борьбы с «книжным языком», для того чтобы воскресить в книге свой «голос» — лад русской природной речи[20]. «Запись — силуэт, или только скрепленные знаками строчки. Надо разрубить, встряхнуть, перевести на живую речь — выговаривая слова всем голосом и заменяя книжное разговорным»[21].

Подлинные звуки русского языка, в которые углубляется Ремизов, откликаются ему в древнерусских рукописях и грамотах XVI-XVII вв. Так он проникает «в сердцевину строя природного склада речи» и определяет «что наше, что наносное»[22]: «Каждый вечер — по грамоте XVI века читаю вслух под кукушку. Так только и можно войти и перенять лад речи[23]». Большой знаток старорусских синтаксических форм, хранитель мелодического склада своего языка, Ремизов стремится создать язык новой прозы, возрождая древние языковые модели. «Я никогда не был копиистом, нигде не говорил, что пишу и чтоб все писали как в XVI-XVII, а повторял и повторяю, что русским надо следовать в направлении природных русских ладов, выраженных отчетливо в приказной речи XVI-XVII, и на этой словесной земле создавать *свою* речь»[24].

В первых книгах уже ясно замечается стремление писателя возвратить прозе все ее фонетическое богатство, но с годами и с наступлением слепоты это стремление усиливается, и писатель, как эпический певец, в своем тусклом мире света и тени, вновь придает языку тот устный и мнемонический смысл, который преобладал в древности. «Я подразумеваю «русскую прозу» в ее новом, и в сущности древнем ладе: в ладе красного звона и знаменного распева, в ладе «природной речи», и в образах русской иконы»[25].

Ремизовская книга находит для себя образец в средневековой рукописной книге, стремится воспроизвести не только ее словесное богатство и устный строй — ее «голос» —, но и всю графическую традицию, вкус к украшенной странице, к расположению заглавных и прописных букв, к всему образному оформлению рукописного изделия.[26] Поиски писателя направлены на воссоздание таких древних сводов, как «Великие Четьи-Минеи» — уникальные по своему духу, по структурному построению и богатой тематике, включавшей наряду с агиографией и книги священного писания, и церковно-полемическую литературу, и патристические сочинения и даже «душеполезные» тексты светского содержания. «В доме у нас хранились старинные Макарьевские Четьи-Минеи в корешковых переплетах с застежками: необычные, с другими не сравнимые, эти пудовые книги единственное исключение: я еще с трудом разбирал церковно-славянскую грамоту, но я очень любил красные прописные буквы; перелистывая припечатанные вощаными слезами страницы, я рассматривал фигурные концовки, вглядываясь, как в чудовищного кита, поглотившего пророка Иону»[27].

Не только весь объем ремизовских работ (написанных и нарисованных) вызывает в памяти древние сборники — сумму средневековых знаний, — но и каждая его отдельная книга, каждый монтаж черпает свое языковое, тематическое и образное богатство в этих произведениях[28].

«Россия в письменах», например, это не только пересказ древних документов, но и современная редакция русской истории. Это редкая рукопись, появившаяся в современную эпоху, где словесное содержание сливается с образным в расположении слов и букв. В «Пляшущем демоне» писатель использует и шершавую бумагу старинных рукописей и украшение заглавных букв в заставке с изысканным плетением завитков. Также в небольших томах изданий «Оплешник» авторские рисунки, как миниатюры в древних рукописях, подчеркивают повествовательное развитие рассказа.

Ремизов занят поисками особой внешней формы издания и типографского набора, которые показали бы необычность творческой мысли автора и стремление материала выйти за круг стандартного и единообразного. Печатная мысль, лишенная своего личного облика (почерк писателя) и облаченная в шаблонные одежды (печать), подвергается опасности потерять свой неповторимый характер «устного» изложения авторской легенды, выражения его природного языка и творческого мира.

Отождествляясь с восточными каллиграфами[29] и с московскими писцами XVI в., Ремизов — «бывший книгописец XVI в. и знаменщик (рисовальщик) XVII в.» — старается вороньим пером «украсить рамкой рукопись, подрисовать глаза и уши в геометрические фигуры — в переплет полей, киноварью выделить букву»[30].

В Ремизове-книгописце тот же гневный бунт Розанова против изобретения печати, та же непримиримая ненависть к «проклятому»

Гутенбергу, который «облизал своим медным языком всех писателей и они все обездушились 'в печати', потеряли лицо, характер»[31].

Возвращая книге ее первоначальный дух рукописи, Ремизов воспроизводит в ней и тематическое разнообразие древних сводов, изложенное «сигнальным» письмом с необычным употреблением знаков препинания, которое направляет чтение и подсказывает устный лад — «голос» текста, и графическое богатство с каллиграфическим переплетением — рисунком и письмом.

Неоднократно и решительно писатель отказывался считать выкристаллизованным и «немым» то, что для него есть сама жизнь: письмо, слово, музыка. «Я всю мою жизнь притягиваю слова, чтобы на свой лад строить звучащие, воздушные, с бьющимся живым сердцем, мои словесные уклады»[32]. И эта словесная музыка, это напевное слово рисовалось ему одновременно и в зрительных образах, и в рисунках, и в типографском наборе «рукописной» страницы.

Мелодия произведения

Ремизов был «исключительным каллиграфом — писал любым уставом и полууставом, любил заставки, заглавные киноварные буквы зачал, росчерки и круженья букв и около букв[33]».

С самого вступления в гимназию и в течение всей жизни (пока позволяло зрение) Ремизов жил в том волшебном царстве каллиграфии, «где буквы и украшения букв: люди, звери, демоны, чудовища, деревья, цветы и трава — ткутся паутиной росчерков, линий, штрихов и завитушек[34]». Врожденный талант к рисунку, унаследованный от матери[35], любовь к росчеркам и линиям, направляли его путь в фантастический мир графического знака[36]. Даже его орфография не была только фонетической, но и графической, придавая письму очертания рисунка, каллиграфические завитки[37].

Свободным каллиграфическим искусством Ремизов был очарован на всю жизнь и использовал его в шуточных обезьяних грамотах и в «рукописных» книгах-альбомах, соединяющих слова и рисунки[38].

Как вспоминает Наталья Резникова, «Алексей Михайлович по вечерам обыкновенно занимался рисованием или каллиграфической перепиской. Почерк у него был знаменит. Изучение древних русских образцов, в котором ему помогала Серафима Павловна, легло в основу его каллиграфического искусства[39]».

Ссылка на каллиграфическое искусство сразу вызывает в памяти его мифическую родину — Восток[40]: Персию, Японию и, главным образом, Китай — «синий, страшный Китай», который глубоко заворожил

Ремизова, «шурша шелком» своей восточной мудрости и словесно-графических знаков.

Китайское произведение — слияние письма-каллиграфии-живописи — это завершенное искусство, в котором осуществляются все духовные состояния писательской души: линейная мелодия и пространственная структура, заклинательные жесты и зрительные слова[41]. Участвуя в расположении целого, каждый знак, который выражает одновременно и очертание предмета и тягу художника к мечте, передает динамичное восприятие мира и включает в пространство страницы временное измерение. Следовательно, у китайцев каждое произведение требует своего особого буквенного расположения. Начертание слов не следует глухому и однообразному линейному построению западных страниц, а стройно располагает письменные знаки, которые уже в своем очертании содержат смысловое значение. В китайском письме явно вырисовывается «зрительный ключ» для чтения, «мелодия» текста: «китайская рукопись, черной ли тушью на бумаге или золотом на шелку, всегда звучащая — и немых строчек, как в нашем однообразном написанном, не отличающим сказки Толстого и розысканий Веселовского, не может быть»[42].

В китайской рукописи, в том слиянии письма, рисунка и музыки, каллиграф Ремизов узнает осуществление своей мечты — звучащий текст, который сливает воедино ритм слова с его изображением. Как и в китайской рукописи, слова ремизовской книги восстают против однообразного равенства, требуют уважения к их личности, стремятся необычным видом отразить творческое напряжение писателя. Лист, украшенный печатным и курсивным шрифтом, испещренный черточками и многоточиями, скобками и тире, силится подражать рукописи, воспроизвести почерк авторской руки и сделаться графическим произведением.

Чередование разных шрифтов, разрядка между буквами, необычные абзацы вместе с рисунками и каллиграфическими завитками придают ремизовской странице вид единственного в своем роде произведения, рукописного изобразительного уникума.

Страница походит на партитуру, на которой знаки препинания и красные строки, передающие интонацию[43], заменяют ноты. И это нотное письмо, по словам Мандельштама «ласкает глаз не меньше, чем сама музыка слух. Черныши фортепианной гаммы, как фонарщики, лезут вверх и вниз. Каждый такт — это лодочка, груженная изюмом и черным виноградом[44]».

Тот, кто знаком с рукописями и с последними книгами-коллажами Ремизова, несомненно заметил, как часто исправлялись писателем знаки препинания и типографское расположение страниц в разных изданиях. Сравнивая, например, первую редакцию фантастических рассказов «Чертик», «Жертва» или «Занофа» в собрании сочинений 1910-12 гг. и в пражском томе «Зга. Волшебные рассказы», можно заметить изменения в многих абзацах, выделение в центре страницы некоторых ключевых выражений, иногда набор в разрядку или жирным шрифтом некоторых ключевых слов, связанных с чудачеством героев, нечистью и нежитью, которые, более чем в первом издании, наполняют эти рассказы. Эти типографские изменения рисуют по-новому «картину» фантастического повествования и направляют наше чтение в «нечистое» пространство.

В революционной хронике «Взвихренная Русь» обилие знаков препинания уподобляет язык Ремизова графической азбуке, которая отражает потрясения и боль того мучительного времени; и пространство страницы расчленяется подобно полотну кубистов.

Ремизов использует еще один прием особого графического распределения текста на печатной странице: он выделяет две повествовательные линии. Текст, расположенный на странице с обычными для издательской практики полями, соответствует основной фабуле, а столбец, печатаемый примерно в 2/3 ширины первого текста, содержит лирические отступления, в особенности описание снов. Этот типографский набор — «переплеск сна в явь», как его определил сам писатель — особенно заметен в таких произведениях, как «По карнизам» и «Взвихренная Русь», где рядом с историческими событиями и повседневными мелочами, развертываются фантастические происшествия — «реальность» ночных видений.

Как признался сам писатель в дневнике, его использование знаков препинания не всегда подчиняется смысловому принципу, но следует ритмическому принципу, «который уничтожает все правила смыслового»[45]; можно добавить, что оно следует и графическому принципу, который «разлагает» страницу на различные повествовательные элементы, подобно смысловому разложению языка В. Хлебникова и атомному членению картины П. Филонова[46].

Рисунок летописца

Когда словесный запас недостаточен, каллиграф Ремизов прибегает к рисунку, к соответствующей графической линии, чтобы передать творческие вспышки, зачатки мысли: «с какими усилиями я добываю слово, чтобы выразить мои мысли, а чтобы что-нибудь твердо запомнить, мне мало слов, мне надобен еще и рисунок . . .»[47].

Ремизовская книга стремится не только к поиску музыкального ритма, к передаче живого голоса, но и требует графической и зрительной формы[48]: «я не хочу воскрешать какой-нибудь стиль, я следую природному движению русской речи и как русский с русской земли создаю свой. В фразе важно пространство, как в музыке. Во мне все звучит и рисует, сказанное я перевожу на рисунок[49]». Ремизовская книга всегда богато снабжена подготовительными рисунками, которые по праву входят в ткань творческого вымысла и являются графическим дополнением текста, изобразительным рассказом, параллельным писанному рассказу[50].

В 1951 г., собираясь писать книгу «Огонь вещей», Ремизов подготовил богатый образный материал, — портреты гоголевских героев — и сопроводил их длинными выдержками из произведений писателя. Кроме того, он создал изображения окружающей героев среды, комнаты владельцев «мертвых душ», детали их одежды, знаменитую тройку — целые гирлянды лиц и предметов, пышно вплетенных в письмо. Изобразительное пространство равномерно распределено между рисунками и словами, и каждому рисунку соответствует гоголевское выражение.

В том же 1951 г., изучая источники кельтской легенды о Тристане, Ремизов исполнил тушью большой альбом (около 200 с.), в котором изображены все персонажи повести, и над каждым персонажем описана его родословная и характеристика по-русски и по-французски.[51]

Выдержки из текстов и словесные выражения являются неотделимой частью изобразительного пространства. Они не являются толкованием рисунка, им принадлежит свое собственное место внутри страницы, так как они вводят временное измерение в повествовательное пространство рисунка.

В 40ые годы, в трудное время второй мировой войны, Ремизов находит другой способ выражения: большие абстрактные конструкции, коллажи, как он их сам называл, в которых он пользовался кусочками цветной, золотой или серебряной бумаги, сочетая наклейку с графическим рисунком пером[52]. Это богатые, разноцветные коллажи, напоминающие по разновидности материала — бумага и перо — его последние литературные коллажи: «Петербургский буерак», «Учитель музыки», «Мерлог».

Путь к четвертому измерению

«из трех измерений переход к четырем»

Рисунки Ремизова являются графическим размышлением, передающим — как и его литературные произведения — очертания и пространственное строение его «ви́дения» мира «пьяными глазами», которое так сродни гоголевскому мировоззрению. Это призрачное видение окружающей действительности, в котором теснятся мечта и быт, сновидение и история, сказка и повседневная жизнь. «Для простого глаза пространство не заполнено, для подстриженных нет пустоты. *Подстриженные глаза еще означают мир кувырком, эвклидовы аксиомы нарушены, из трех измерений переход к четырем»*[53] Мир, окружающий «прозорливого» Ремизова, это волшебный и тайный мир какой-то немирной стихии, где царствуют фантастические чудовища, напоминающие кошмары Босха и Брейгеля, и свиные гоголевские хари. Не случайно в сочинениях Ремизова «так мало реальной, не волшебной природы, и его рассказы напоминают сны с их путаницей и свободой от законов логики[54]». В ремизовском «ви́дении» мира есть такое же богатство и такая же сомкнутость что и в сновидениях, такое же нагромождение героев в воображаемом мире, такое же временное измерение снов. «Реальная жизнь ограничена и стеснена трехмерностью; принуждение проникает все часы бодрствования, во сне же, когда человек освобождается прежде всего из-под власти трехмерного пространства, впервые появляется чувство свободы и сейчас же обнаруживаются чудеса «совместности» и «одновременности» действия, немыслимые в дневном состоянии (с. 61)».

Во сне «освобожденный» человек проникает в другой мир — невещественный, беспредельный. Сон является переходным звеном из одной сферы в другую: «через сон человек проникает на «тот» свет (с. 60)». Сны выступают на хребте двух реальностей, соединяя дневные образы с неземными представлениями. Во снах ослабляются дневные законы, человек освобождается от причинного сознания, теряются границы прошлого и настоящего и «время крутится волчком». Жизнь расширяется, удваивается, поглощая дневную и ночную «реальность»: «и сон и явь крепко связаны и друг другом проницаемы[55]».

«Свидетель призрачности мира»[56], Ремизов обнаруживает в сновидениях ту «интерпенетрацию» пространства и времени, то четвертое измерение, которое всегда искал в своих сочинениях и рисунках. Сновидение становится для него завершенным художественным образом, формой его литературного хронотопа[57], тем местом, где пересекаются пространственные и временные перспективы. Время сгущается, делается почти зримым, а пространство погружается в течение времени, истории и повествовательной фабулы. Приметы времени раскрываются в пространстве, и пространство осмысливается и измеряется временем.

«У писателей сны принимают литературную форму, привычка-ремесло»[58]. В произведениях Ремизова сны являются не только элементами содержания, но приобретают функцию литературной формы, равно как и аналогичные снам вертикальные «видéния» средневековой литературы[59]. Временная логика средневекового видéния — полная одновременность всего или сосуществование всего в божественной вечности. Все, что на земле разделено временем, все эти «раньше» и «позже», вносимые временем, сходятся в чистой одновременности сосуществования. В современном писателю мире нет такого понимания вечности, человеческая жизнь замкнута в своих рамках, и поэтому «ви́дение» мира Ремизова открывает отвратительные чудовища и свиные хари, и дробится на калейдоскопические мелкие части. Единственная реальная ценность для него — культурная традиция, книга, как богатый и старинный свод премудрости. Ремизов обращается к памятникам древней Руси, к старинным рукописям как к образцу идеального — письменного и изобразительного — вѝдения мира; а сновидение для него — литературный жанр, способный более полно и правдиво выразить современную эпоху. «Сонная многомерность» богато наполняет сочинения писателя[60], расширяет их «реальность» пространственно-временными измерениями, освобождает повествование от дневной трехмерности, введя в него время как четвертое измерение пространства.

С этой точки зрения еще более значительна «археологическая работа» Ремизова, его пересказы мифического и легендарного наследия человечества. Сказки и легенды подобны снам человечества[61] и в этих снах-преданиях сказочная память человека, память чудесного и многомерного в мире природы. «Сказочный матерьял для меня клад: я ищу правду и мудрость — русскую народную правду и русскую народную мудрость, меня занимает чудесное сказа — превращения, встреча с живым, непохожим — не человек и не зверь, я вслушивался в балагурье, в юмор»[62].

Глаз писателя, обращенный к таинственному и волшебному в жизни, проникает в многомерное пространство мифа[63]: «моим глазам в какой-то мере открыт мир сновидений — ерунда и вздор на лавочный глаз; а сказка (Märchen) в германском и восточном, мне она свой благоустроенный «тибетский дом»; в легендах же я чувствую несравненно больше живой жизни, чем в исторических матерьялах»[64]. В сказочном повествовании появляется характерное для сновидений искажение временных перспектив[65]. Герой движется в чудесном мире, повсюду он и свой и чужой, повсюду проявляется та положительная фольклорно-сказочная свобода человека в пространстве. Во вне-историческом времени сказки всякая конкретизация — географическая, бытовая или социально-политическая — сковала бы свободу мифического действия и ограничила бы абсолютную власть судьбы. Абстрактная пространственная протяженность тесно связана со сказочным гиперболизмом времени, с его эмоционально-лирическим растяжением и сжиманием: «сказочность — разрушение временного строя, отрывного календаря, хода будильника»[66].

В сказочных пределах развертывается и «автобиографическая» легенда Ремизова: его жизненный опыт символически отражает человеческую судьбу и путь человека в мире и в культурной традиции. Сказочно описан и «задний план» автобиографической легенды, неопределенными являются пространственно-временные измерения выдуманной им Руси-России. Это мифическая Русь древних рукописей и старинных документов, Русь сказок и легенд. Как сам писатель неоднократно повторял, его сочинения — 'домысли' от книг и воображения, из памяти и снов.

Ремизова привлекает субъективная игра со временем: переживание разных исторических эпох и «превращение» при встречах «живых и книжных»: «наша краткая жизнь — не бесследный обрывок во времени, дух души человека — без начала и без конца. Каждый из нас несет в себе бесконечность превращений: разнообразных, но явных пристрастий к вчерашнему[67]».

Ремизовские пересказы старинных легенд и сказок и его «сочинение» автобиографической легенды включены в оригинальный творческий процесс переосмысления мифа. Писатель для писателей, эрудит Ремизов, считая, что «знание, как итог только фактов, не может дать исчерпывающего представления о живом человеке»[68], оживляет исторический документ, перенося его в пространство мифа. А источник мифотворчества открывает «в бездонной памяти человеческого духа», в сновидениях[69].

«Очарованный и чарующий» странник по путям слова, Ремизов воскрешает образ народного сказителя: «своим голосом, русским ладом скажу сказку — послушайте[70]».

University of Salerno

ПРИМЕЧАНИЯ

1. Рукопись МЕРЛОГ находится в парижском архиве Н.В. Резниковой.

2. А. Синявский. *Опавшие листья В. В. Розанова.* Париж 1982, с. 111.

3. Полный список глав приводится в приложении.

4. Рисунки писателей, «Новое русское слово» 25-7-1954; Выставка рисунков писателей, «Последние новости» 30-12-1933; Рукописные издания А. Ремизова, «Последние новости» 16-2-1933; Рукописи и рисунки А. Ремизова, «Числа» 1933, 9; Рисунки писателей, «Временник общества друзей русской книги» 1938, 4; Courrier graphique, «Последние новости» 29-12-1938.

5. ср. *Мерлог*, s. 16-17: «Все мое рисование из каллиграфических завитков. Завитнув, я не могу остановиться и начинаю рисовать, И в этом мое и счастье и несчастье: мне хочется писать, а завиток, крючком вцепившись в руку, ведет ее рисовать. . .»

6. там же, с. 5; Н. Кодрянская. *А. Ремизов.* Parwq 1956, с. 88. Ремизов указывает на 6-ое декабря («на Николин день») как на дату открытия выставки. Эта дата не совпадает с указаниями в письмах Н.В. Зарецкому и В.А. Залкинду (ср. В. Морковин. Приспешник царя Асыки. «Československá rusistika», 1969, XIV, № 4, с. 178-186, и Л.С. Флейшман. «Из комментариев к «Кукхе». Конкректор Обезвелволпала». «Slavica Hierosolymitana», 1977, 1, с. 185-193).

7. А. М. Ремизов. *Мерлог*, с. 4. Благодаря усилиям преподавателя гимназии В.В. Перемиловского, материалы пражской выставки были выставлены затем еще на два дня в Моравской Тшебове (ср. «Рисунки писателей», с. 2).

8. см. Н. Кодрянская. *А. Ремизов*, s. 288 и С.С. Гречишкин. «Архив А.М. Ремизова». В кн. *Ежегодник рукописного отдела Пушкинского дома на 1975 год.* Ленинград 1977, с. 34.

9. А.М. Ремизов. *Мерлог*, s. 18. Другой составленный Ремизовым перечень каллиграфических альбомов, сделанных с 1932 по 1940 г., приводится в приложении.

10. Щуп и цапля, «Новая газета» 1931, 1-2-3-4; Библиография, «Благонамеренный» 1926, 2; Воровской самоучитель, «Ухват» 1926, 5; Цвофирзон, «Наш огонек» 30-5-1925; Книжникам и фарисеям, «Ухват» 1926, 6; Для кого писать, «Числа» 1931, 5; Космография, «Звено» 29-12-1924.

11. О мистификации Ремизова в «русском Берлине» см. Е.К. Лундберг. *Записки писателя. 1920—1924.* Ленинград 1930, с. 300-302; и *Русский Берлин. 1921-1923,* под ред. Л. Флейшмана, Р. Хьюза, О. Раевской-Хьюз. Париж 1983, с. 21.

12. см. А.М. Ripellino, «Rozanov». В кн. *Saggi in forma di ballate,* Torino 1978, p. 75.

13. А.М. Ремизов. *Мерлог*, с. 71 (Ответ на анкету «Для кого писать?», «Числа» 1931, 5).

14. А.М. Ремизов. *Иверень*, с. 7 (Архив Н.В. Резниковой).

15. Столетие пана Халявского, «Последние новости» 19-5-1938; «Новое русское слово» 21-3-1954; *Встречи,* Париж 1981, с. 275-279. Тайна Гоголя, «Воля России» 1929, 8/9; Огонь вещей, Париж 1954, с. 115-119. Заветы. Памяти Леонида Михайловича Добронравова, «Версты» 1927, 2; Встречи, с. 256-264. Яков Петрович Гребенщиков, «Последние новости» 9-5-1935; *Встречи,* с. 264-266. Памяти Льва Шестова, «Последние новости» 24-9-1938; *Встречи,* с. 267-269; *Учитель музыки,* с. 495-497. Аввакум, «Последние новости» 2-3-1939. Чудесная Россия. Памяти Льва Толстого, «Москва» 1929, 5; *Встречи,* с. 229-231. А.П. Чехов, «Новое русское слово» 8-8-1954; «Грани» 1957, 34/35; *Встречи,* с. 250-251. Этот камушек. Памяти Владимира Диксона, «Последние новости» 22-12-1929. Владимир Диксон, «Москва» 1931, 12. Философская натура. В. Соловьев — жених, «Современные записки» 1938, 66.

16. см. А.М. Ремизов. По карнизам. Београд 1929, с. 15: «. . . а работа моя: перебирать слова, как камушки, и нанизывать слова-раковинки — строчить, 'преодолевая материал'. . . .»

17. см. H. Lampl, Innovationsbestrebungen im Gattungssystem der russischen Literatur des frühen 20. Jahrhunderts — am Beispiel A.M. Remizovs. "Wiener Slavistisches Jahrbuch" 1978, pp. 158-174.

18. Н. Кодрянская. *А. Ремизов*, с. 48.

19. там же, с. 133-134.

20. ср. А.М. Ремизов. *Иверень*, с. 157: «К принятым литературным формам — как пишутся стихи и драмы — не лежала душа. Мне хотелось выразить свое по-своему. Мои тюремные впечатления не подходили к «описанию» тюрьмы, мои сны никак не укладывались в чеховский рассказ. То же и со словами — по чутью я понял что такое «истертые» слова, а слова не тронутые не поддавались на язык, а только такими полнозвучными я мог бы выразить мои чувства».

21. Н. Кодрянская. *А. Ремизов*, с. 134.

22. там же, с. 312.

23. там же, с. 201.

24. там же, с. 243

25. А.М. Ремизов. *Подстриженными глазами*, Париж 1951, с. 153.

26. см. Б. Садовской, *Ледоход*, Пб. 1916, с. 141: книга Ремизова «это старинная книга с заставками-миниатюрами, правленными киноварью. Это хитрая рукопись полууставом, с золочеными буквами, с завитушками, усиками и росчерками, на слоновой бумаге».

27. А.М. Ремизов, *Подстриженными глазами*, с. 121-122.

28. см. А. Измайлов. *Пестрые знамена*. Москва 1913, с. 94: «Достаточно раз перелистовать его книги, чтобы увидеть . . . с каким увлечением уходит в старые пожелтевшие, пахнувшие ладаном Прологи, Шестодневы, Златоструи, Лимонари и Луги духовные . . .»

29. см. А.М. Ремизов. *Иверень*, с. 77: «. . . я не мало лет провел в Багдади, учился у арабов каллиграфии и наслушался их сказок . . .».

30. А.М. Ремизов. *Плящущий демон*. Париж 1949, с. 65.

31. В. Розанов. *Избранное*. Мюнхен 1970, с. 5; см. А.М. Ремизов. *Плящущий демон*, с. 73: «Я скажу по-толстовски: 'Книгопечатание — самый верный слуга невежества' и добавлю: 'лжи, глупости, клеветы'.»

32. А.М. Ремизов. *Подстриженными глазами*, с. 202.

33. Б. Филиппов. «Заметки об Алексее Ремизове». В кн. *Русский Альманах*. Париж 1981, с. 202.

34. А.М. Ремизов. *Подстриженными глазами*, с. 40.

35. там же, с. 60. См. также Н. Кодрянская, *А. Ремизов*, с. 77.

36. см. Г. Чулков. *Наши спутники*. Москва 1922, s. 9: «. . . подобно средневековому художнику-писцу Ремизов увлечен своей каллиграфической работой; его радуют акварельные краски на миниатюрах заглавного листа, золото и киноварь прописных букв и тонкость искусных росчерков. . .»

37. ср. А.М. Ремизов. *Подстриженными глазами*, с. 42.

38. см. Н. Кодрянская. *А. Ремизов*, с. 288: «Мои рукописные альбомы встречены были добрым словом у французов: Пикассо, André Breton, Элюар, Jean Paulhan».

39. Н.В. Резникова. *Огненная память*. Berkeley 1980, с. 73.

40. см. А.М. Ремизов. *Мышкина дудочка*. Париж 1953, с. 68: «Я люблю Восток, а Персию особенно: мое пристрастие к каллиграфии — «Тысяча и одна ночь» — Огонь — Заратустра — Мани». В Мерлоге Ремизов подчеркивает свою близость с китайской поэзией: «ученые доказывают мое литературное родство со знаменитым китайцем, поэтом XI века, Оу-Янг-Сиу, будто одними глазами смотрим мы на небо и землю» (с. 1).

41. F. Cheng, *L'écriture poetique chinoise*, Paris 1977, p. 15.

42. А.М. Ремизов. *Подстриженными глазами*, с. 40.

43. ср. Н. Кодрянская, *А. Ремизов*, с. 140: «Красные строчки — как и знаки препинания — передают *интонацию*. Рукопись приближается к партитуре». И *Иверень*, с. 12: «Моя рукопись, как партитура, но не линейные знаки, а знаменные».

44. О. Э. Мандельштам. Собрание сочинений в трех томах. Washington 1967, т. 2, с. 60-61.

45. Н. Кодрянская. *А. Ремизов*, с. 285.

46. см. В.А. Альфонсов. «Чтобы слово смело пошло за живописью» (В. Хлебников и живопись). В кн.: *Литература и живопись*. Ленинград 1982, с. 213-215.

47. А.М. Ремизов. *Подстриженными глазами*, с. 48. Ср. *Учитель музыки*, Париж 1983, с. 186: «Я не художник, но рисовать мне, что горе-рыбаку рыбу удить: рисование моя страсть».

48. О зрительной структуре прозы Ремизова см. Alex M. Shane. «An introduction to A. Remizov». В кн. *The Bitter Air of Exile: Russian Writers in the West 1922-1972*. University of California Press 1977, p. 15.

49. Н. Кодрянская. *А. Ремизов*. с. 255.

50. см. А. Мазурова. Разговоры с Ремизовым. «*Дело*» 1951, 4, с. 29: «часто сначала рисую, а потом пишу».

51. Такая же работа сделана писателем и при подготовке таких пересказов, как «Повесть о Петре и Февронии Муромских» и «Мелюзина».

52. Н. Резникова, *Огненная память*, с. 74-75.

53. Н. Кодрянская. *А. Ремизов*, с. 96-97 [курсив мой].

54. Г. Струве. *Русская литература в изгнании*. Нью-Йорк 1956. с. 260.

55. А.М. Ремизов. *Мартын Задека*. Сонник. Париж 1954, с. 8; см. A.M. Shane, «An introduction to A. Remizov». В кн. *The Bitter Air of Exile: Russian Writers in the West. 1922-1972*, p. 14.

56. А.М. Ремизов. *Учитель музыки*. Париж 1983, с. 193.

57. см. М. Бахтин. *Вопросы литературы и эстетики*. Москва 1975, с. 234-236.

58. А.М. Ремизов. *Мартын Задека*. Сонник, с. 10.

59. см. М. Бахтин. *Вопросы литературы и эстетики*, с. 307.

60. Имеются в виду написанные и нарисованные произведения. Ср. С.С. Гречишкин. Архив А.М. Ремизова, с. 35: «Записи снов, весьма разнообразных по сюжетам, представляют собой рисунки Ремизова»; и А.М. Ремизов. Подстриженными глазами, с. 241: «есть в снах такое, что, сказывая, никак не ухватишь, и только в рисунке выступает отчетливо».

61. см. Н. Кодрянская. *А. Ремизов*, с. 303: «Сказка и сон — брат и сестра. Сказка — литературная форма, а сон может быть литературной формой. Происхождение некоторых сказок и легенд — сон».

62. А.М. Ремизов. *Встречи*. Париж 1981, с. 15.

63. ср. Б. Сосинский. Об Алексее Ремизове. «Числа» 1931, 5, с. 259: «. . . именно в Ремизове властно выразилась многовековая тяга русской народной души к чудесному, к ирреальному — к многомерному (русская мифология, апокрифы, притчи)».

64. А.М. Ремизов. *Мышкина дудочка*, Париж 1953, с. 166.

65. см. А.М. Ремизов. Кукха. Розановы письма. Берлин 1923, с. 116: «. . . навострившись на снах, я заметил, что некоторые сказки есть просто-напросто сны, в которых только не говорится, что 'снилось'».

66. Н. Кодрянская. *Ремизов в своих письмах*. Париж 1977, с. 224.

67. А.М. Ремизов. *Плящущий демон*, с. 3. См. P. Carden, «Ornamentalism and Modernism». В кн. *Russian Modernism. Culture and the Avant-Garde, 1900-1930*. Cornell University Press 1976, p. 58: "Remizov shares in one of the most astonishing accomplishments of Modernism — the conquest of time, not in the mystical sense sought by the Symbolists, but in a cultural sense through the absorption and re-creation in new art forms of cultures which are distant in space or time".

68. А.М. Ремизов. *Огонь вещей*. Париж 1954, с. 22.

69. там же, с. 24.

70. А.М. Ремизов. *Встречи*, с. 15.

Приложение 1.

АЛЕКСЕЙ РЕМИЗОВ

МЕРЛОГ

1. Рисунки писателей
2. Выставка рисунков писателей (Письмо из Праги)   В. Куковников
3. Рисунки Алексея Ремизова в "Sturm'e"   Н.Б.
4. Рукописные издания А. Ремизова   без подписи
5. Рукописи и рисунки А. Ремизова   В. Куковников
6. Рисунки писателей
7. Courrier graphique
8. Щуп и цапля — дела литературно-семейные
   (под редакцией баснописца Василия Куковникова)
   Рак и раковая наследственность
   Бы-быть и же
   Английский язык
   Е и Ё
   О и ОБ
   Самоочевидности
   Соблазн
9. Библиография   без подписи
   (13 кратких критических отзывов опубликованных
   в журнале «Благонамеренный»)
10. Без заглавия   без подписи
    (13 афоризмов направленных к разным писателям)
11. Воровской самоучитель
12. Цвофирзон*
13. Пруд
14. Три серпа
15. Сонник
16. Книжникам — и — фарисеям
17. Три юбиляра (1866-1926)
18. Parfumerie
19. Для кого писать
20. А.М. Ремизов   без подписи
21. Космография
    Мучительное
    Удовольствие
    Лучшее
    Лысые поверхности
    Род
    Страшно
22. Столетие пана Халявского
23. Тайна Гоголя
24. «Заветы». Памяти Леонида Михайловича Добронравова (1887-1926)
25. Яков Петрович Гребенщиков (1887-1935)
26. Памяти Льва Шестова
27. Аввакум (1620-1682)
28. Чудесная Россия. Памяти Льва Толстого (1828-1910)
29. А.П. Чехов (1860-1904)
30. Философская натура. Владимир Соловьев — жених (1853-1900)

31. Этот камушек. Памяти Владимира Диксона
32. Владимир Диксон (1900-1929)

* К этому названию не полностью соответствует уже опубликованная статья под таким же заглавием.

Приложение 2.

А. Р Е М И З О В

МОИ ИЛЛЮСТРИРОВАННЫЕ АЛЬБОМЫ

От мелкого письма и рисунков / тоже
мелочь / сорвал глаз и, видно, пора кон-
чать «рукописание», а жалко!

А. Ремизов
16-1-1937

РУКОПИСНЫЕ АЛЬБОМЫ С КАРТИНКАМИ А. РЕМИЗОВА

1. Ведьма-Коща (Посолонь). 1 рис. 7 стр. 1932.
2. Зюзи-Морозы (Посолонь). 1 рис. 8 стр. 1932.
3. Купена-Лупена (Посолонь). 1 рис. 7 стр. 1932.
4. Листин-слепышка (Посолонь). 1 рис. 7 стр. 1932. (по рус. и по немецки).
5. Листотряс (Посолонь). 1 рис. 7 стр. 1932.
6. Доможил-домовой (Посолонь). 1 рис. 9 стр. 1932.
7. Куринас (Часы). 1 рис. 5 стр. 1932. (по английски)
8. Медвежья колыбельная (Посолонь). 1 рис., ноты, 8 стр. 1932. (по рус. и по анг.)
9. Фейерменхен (По карнизам). 1 рис. 6 стр. 1932 (по француз. и по немецки).
10. Факультатив (Учитель музыки). 4 рис. 13 стр. 1932.
11. Кучерище (Посолонь). 1 рис. 7 стр. 1932. (по рус. и по немецки).
12. Менгир (По карнизам). 1 рис. 7 стр. 1932. (по французски).
13. Упырь-басаркун (Подкарпатская сказка). 1 рис. 9 стр. 1932 (по рус. и по нем.)
14. Водыльник (Посолонь). 1 рис. 6 стр. 1932.
15. О трех купцах (Три серпа). 1 рис. 7 стр. 1932.

16. Волки бегут (Сон из «Учителя музыки»). 1 рис. 6 стр. 1933.
17. Солнце и месяц (Легенда). 1 рис. 5 стр. 1933.
18. Солнце и месяц (Легенда). 1 рис. 6 стр. 1933.
19. Под автомобилем (По карнизам). 8 рис. 14 стр. 1933. (по рус. и по француз.)
20. Нежить (Посолонь). 2 рис. 8 стр. 1933.
21. Die heilige Maus (По карнизам). 1 рис. 7 стр. 1933. (по франяузски).
22. Артамошка и Епифашка (Посолонь). 1 рис. 7 стр. 1933. (по французски)
23. Кучерище (Посолонь). 1 рис. 7 стр. 1933. (по французски)
24. Заяц медведева нянька (Ё). 1 рис. 9 стр. 1933. (по рус. и по английски).
25. Интерпенетрация (По карнизам). 1 рис. 9 стр. 1933. (по французски).
26. Огневица (Взвихренная Русь). 3 рис. 9 стр. 1933.
27. Огневица (Взвихренная Русь). 5 рис. 10 стр. 1933.
28. Монашек (Посолонь). 1 рис. 5 стр. 1933.
29. Ягиная черпалка (Четыре сна о Блоке). 2 рис. 8 стр. 1933.
30. Мышкина лодка и наша (Посолонь). 2 рис. 7 стр. 1933.
31. Птица Главина (Посолонь). 1 рис. 5 стр. 1933.
32. Калечина-Малечина (Посолонь). 1 рис. 5 стр. 1933.
33. Кострома (Посолонь). 1 рис. 6 стр. 1933.
34. Аленушка (Вереница). 3 рис. 10 стр. 1933.
35. Глазатая птица (Посолонь). 2 рис. 7 стр. 1933.
36. Лютые звери (Посолонь). 2 рис. 7 стр. 1933.
37. Волк-самоглот (Посолонь). 4 рис. 13 стр. 1933.
38. Ягиный гребень (Русские женщины). 2 рис. 10 стр. 1933.
39. Мужик-медведь (Посолонь). 1 рис. 7 стр. 1933. (по рус. и по французски).

40. Зайчик Иваныч (Посолонь). 2 рис. 11 стр. 1933.
41. Красный звон (Взвихренная Русь). 2 рис. 9 стр. 1933.
42. Судия (Три серпа). 3 рис. 9 стр. 1933.
43. Слово о русской земле (Взвихренная Русь). 2 рис. 17 стр. 1933.
44. Обманутый Иаков (Три серпа). 3 рис. 15 стр. 1933.
45. Наперекор (Голова львова). 2 рис. 10 стр. 1933.
46. Памяти Достоевского (Взвихренная Русь). 5 рис. 13 стр. 1933. (по английски).

47. Куафер (Учитель музыки). 6 рис. 13 стр. 1934.
48. Полет на луну (Учитель музыки). 5 рис. 15 стр. 1934.
49. Без предмета (Голова львова). 3 рис. 20 стр. 1934.
50. Монашек (Посолонь). 1 рис. 6 стр. 1934.
51. Ворогуша (Посолонь). 1 рис. 8 стр. 1934.
52. Калечина-Малечина (Посолонь). 1 рис. 6 стр. 1934.
53. Банная нежить (Посолонь). 2 рис. 6 стр. 1934.
54. Болибошка (Посолонь). 1 рис. 6 стр. 1934.
55. Птица Главина (Посолонь). 1 рис. 6 стр. 1934.
56. Аука (Посолонь). 1 рис. 5 стр. 1934.
57. Корочун (Посолонь). 1 рис. 5 стр. 1934.
58. Купальские огни (Посолонь). 2 рис. 10 стр. 1934.
59. Ладушки (Сказка). 1 рис. 5 стр. 1934.
60. Ночь темная (Посолонь). 2 рис. 8 стр. 1934.
61. Весенний гром (Посолонь). 1 рис. 5 стр. 1934.
62. Упырь (Посолонь). 2 рис. 10 стр. 1934.
63. Снежок (Снежок). 1 рис. 5 стр. 1934.
64. Морозные цветы (Ункрада). 2 рис. 7 стр. 1934.
65. Белун (Посолонь). 1 рис. 5 стр. 1934.
66. Копоул (Посолонь). 1 рис. 7 стр. 1934.
67. Банные анчутки (Русские женщины). 1 рис. 7 стр. 1934.
68. Коловертыш (Посолонь). 1 рис. 7 стр. 1934.
69. Колокольный мертвец (Посолонь). 3 рис. 10 стр. 1934.
70. Книгописец и штамба (Память). 1 рис. 30 стр. 1934.
71. Банные анчутки (Русские женщины). 1 рис. 7 стр. 1934.
72. Колокольный мертвец (Посолонь). 8 рис. 20 стр. 1934.
73. Зюзи-морозы (Посолонь). 1 рис. 7 стр. 1934.
74. Ладушки. 1 рис. 5 стр. 1934.
75. Ладушки. 1 рис. 5 стр. 1934.
76. Волк-самоглот (Посолонь). 8 рис. 18 стр. 1934.
77. Волк-самоглот (Посолонь). 6 рис. 18 стр. 1934.
78. Ункрада (Трагедия о Иуде). 2 рис. 8 стр. 1934.
79. Ремез (Посолонь). 2 рис. 8 стр. 1934.
80. Николино стрема (Три серпа). 1 рис. 9 стр. 1934.
81. Мышка-морщинка (Посолонь). 2 рис. 12 стр. 1934.
82. Артамошка и Епифашка (Посолонь). 1 рис. 8 стр. 1934.
83. Аленушка (Вереница). 1 рис. 10 стр. 1934.
84. Во сне (Учитель музыки). 2 рис. 8 стр. 1934.
85. Издали (Голова львова). 3 рис. 10 стр. 1934. (по французски и по русски).
86. Ведьма Коща (Посолонь). 1 рис. 8 стр. 1934.
87. Ладушки. 2 рис. 8 стр. 1934.
88. Театр. 20 рис. 28 стр. 1934.
    Анна Павлова, Шаляпин, Мейерхольд, Евреинов, М. Чехов, Хмара, Слонимский, Архангельский, Набоков, Бенуа, Левинсон, Маковский, Шлецер, Кошук, Коровин, Балиев, Базиль.

89. Дягилевские вечера. 1 рис. 11 стр. 1934.
90. Притча о блудном сыне. Музыка Прокофьева. 8 рис. 14 стр. 1934.
91. Парижский (астральный) 18 рис. 23 стр. 1934.
   Вяч. Иванов — Мережковский — Шестов, Вяч. Иванов, Мережковский, Бердяев, Гиппиус, Зайцев, Георгий Песков, Святополк-Мирский, Городецкая, Корсак, Варшавский, Поплавский, Сосинский, Андреев, Болдырев, Унковский, Бахрак, А.Р.
92. Die heilige Maus (По карнизам). 1 рис. 8 стр. 1934. (по французски).
93. Корочун (Посолонь). 4 рис. 9 стр. 1934.
94. Скриплик (Посолонь). 1 рис. 5 стр. 1934.
95. Современники и предки. 23 рис. 28 стр. 1934.
   Лев Толстой, Оу-Янг Сиу, Л. Шестов, В. Брюсов, Сологуб, Горький, Блок, Андрей Белый (2), Щеголев, Юшкевич, Игорь Северянин, Ходасевич, Теффи, Степун, Франк, Городецкий, Гумилев, Пуни, Соколов-Микитов, Ященко, Мочульский, (Кусиков)
96. В эмиграции. 23 рис. 28 стр. 1934.
   Послед. Нов., Соврем. Записки, П. Струве, П. Сувчнский, кн. Ю.А. Ширински-Шихматов, Г.П. Федотов, Кочевье, Зеленая лампа, Эвритмия, Антропософия, Вышеславцев, Святополк-Мирский, В. Ильин, Цвибак, Благов, Коварский.
97. Крокмитэн (Парижские документы «По карнизам») 3 рис. 13 стр. 1934.
98. Сны. 11 рис. 17 стр. 1934.
99. Нарвский карантин. 4 рис. 8 стр. 1934.
100. Андрей Белый, 4 рис. Андрея Белого, автограф и 1 р. приложение 1934.
101. Из Шахразады 300-305 ночь. 4 рис. 8 стр. 1934.
102. Цветной. 26 рис. 29 стр. 1934.
103. Бесноватая Соломония. 27 рис. 27 стр. 1934.
104. На воздушном океане (Учитель музыки). 30 рис. 40 стр. 1934. (по рус. и по фран.)
105. Тулумбас (Сказка Скоморох). 22 рис. 28 стр. 1934.
106. Ладушки. 2 рис. 9 стр. 1934.
107. Печати обезвелволпала. 30 рис. 34 стр. 1934.
108. Из Лескова. 16 рис. 22 стр. 1934.
109. Из Достоевского. 25 рис. 30 стр. 1934.
110. Из Писемского. 12 рис. 17 стр. 1934.
111. За спекуляцию (Берлинские документы 1923 г.) 4 рис. 9 стр. 1934.
112. Басаркуньи сказки. 34 рис. 48 стр. 1934.
113. Обезвелволпал. 3 рис. 10 стр. 1934.
114. Урс (Три серпа). 3 рис. 12 стр. 1934.
115. Упырь (Посолонь). 2 рис. 10 стр. 1934.
116. Сказка о козе. 6 рис. 11 стр. 1934.
117. Царь Соломон. Русские легенды. 8 рис. 36 стр. 1934.
118. Памяти Блока (Взвихренная Русь). 50 рис. 56 стр. 1934.
119. Книга мертвых (Взвихренная Русь). 33 рис. 39 стр. 1934.
120. Рисунки писателей. 14 рис. (2 моих) 18 стр. 1934.
   Сувчинский, Никитин, Толстой, Соколов-Микитов, Корсак, Болдырев, Осоргин

121. Tourguéniev poète du rêve. 47 рис. (33 цветных, 14 черных) 70 стр. 1935.
122. Esprit: c'est bien lui (По карнизам) 2 рис. 10 стр. 1935. (по фран. и по рус.)
123. Про мышку (Посолонь). 1 рис. 10 стр. 1935.
124. Живая книга (Взвихренная Русь). 30 рис. 32 стр. 1935.
125. В общем и целом (Взвихренная Русь) (Заборы). 20 рис. 27 стр. 1935.
126. Имена (Взвихренная Русь) (О судьбе огненной). 27 рис. 28 стр. 1935.
127. Чека (Взвихренная Русь). 22 рис. 31 стр. 1935.

128. Лозунги, имена и деяния (Взвихренная Русь) (Красный звон, Голодная песня) 38 рис. 43 стр. 1935.
129. Солнце и месяц (Легенды). 10 рис. 21 стр. 1935.
130. Бику (По карнизам). 32 рис. 45 стр. 1935. (по рус. и по фран.)
131. Из Лермонтова. 9 рис. (6 в красках) 1935
132. Solomonie. 7 рис. 18 стр. 1935. (по французски).
133. Соломония. 24 рис. 32 стр. 1935.
134. Огневица (Взвихренная Русь). 7 рис. 8 стр. 1935.
135. La fin (По карнизам). 10 рис. 14 стр. 1935. (по французски и по русски).
136. Люди и демоны. 90 рис. 1934-1935.
137. Бестиарий. 70 рис. 1934-1935.
138. К разным моим рассказам. 84 рис. 1934-1935
139. Боченочек (В поле блакитном, Оля 1). 21 рис. 25 стр. 1935. (по рус. и по фран.)
140. Упырь (Посолонь). 3 рис. 10 стр. 1935.
141. Ё (Тибетская сказка). 2 рис. 10 стр. 1935.
142. Закрыла окна (Голова львова. Оля 1V). 2 рис. 8 стр. 1935.
143. Несторыч (По карнизам). 2 рис. 10 стр. 1935. (по рус. и по французски).
144. Факультатив (Учитель музыки). 4 рис. 12 стр. 1935.
145. Издали (Голова львова. Оля 1V). 3 рис. 8 стр. 1935.
146. C'est un matin à Paris. 16 рис. 16 стр. 1935.
147. Вампир (Подкарпатские сказки). 3 рис. 8 стр. 1935. (по русски и по немецки)
148. Берлинская волна. 30 рис. 30 стр. 1935.
    Ященко, Соколов-Микитов, Богуславская, Бакунина, Венгерова, Доманская, Червинская, Чернов, Барладеан, Миртов, Каплун, Гессен, Лундберг, Л. Львов, Кочин, Вишняк, Оцуп, Сувчинский, Пуни, Шестов, Рязановский, Минский, Ал. Толстой, Пришвин, Соколов-Микитов, Андрей Белый, А. Ремизов, Ляцкий
149. Аленушка (Вереница). 18 рис. 24 стр. 1935. (по немецки и по русски).
150. Bicou (По карнизам). 6 рис. 18 стр. 1935.
151. Распря богов (Легенды). 8 рис. 18 стр. 1935.
152. Под автомобилем (По карнизам). 7 рис. 11 стр. 1935.
153. Зайка (Посолонь). 32 рис. 37 стр. 1935. (по французски)
154. Лев Шестов (История «философии» Шестова). 1 рис. 12 стр. 1935. (по рус., нем., франц., серб.)
155. О трех купцах (Три серпа). 2 рис. 12 стр. 1935.
156. О Василии (Три серпа). 2 рис. 23 стр. 1935.
157. Как улетали птицы (Голова львова. Оля 1V). 1 рис. 1935.
158. Люди и звери. 14 рис. 16 стр. 1935.
159. Гимназия (В поле блакитном, Оля 1). 7 рис. 1935.
160. Из Петушка. Богомолье. Змей. 3 рис. 8 стр. 1935. (по рус., и по франц.)
161. У лисы бал (Посолонь). 1 рис. 4 стр. 1935. (по нем. по франц. и по русски)
162. Сказка про мышь и сороку (Посолонь). 3 рис. 1935 (по русски и по нем.)
163. Пасха (В поле блакитном. Оля 1V). 2 рис. 1935.
164. И все так (Голова львова. Оля 1V). 2 рис. 1935.
165. Братница (Русские женщины). 2 рис. 11 стр. 1935.
166. Зайчик Иваныч (Посолонь). 4 рис. 1935.
167. Мышка-Морщинка (Посолонь). 11 рис. 1935 (по немецки).
168. Ночь темная (Посолонь). 6 рис. 1935.
169. Под стук (С огненной пасти. Оля 111). 3 рис. 1935.
170. Гоголь (Сердечная пустыня) 5 рис. 1935.
171. Побранки «Майской ночи». 7 рис. 1935.
172. Русалка (Майская ночь и Страшная месть). 4 рис. 1935.
173. Сорочинская ярмарка. 4 рис. 1935.

174. Вечер накануне Ивана Купала. 6 рис. 1935.
175. Пропавшая грамота. 6 рис. 1935.
176. Заколдованное место. 3 рис. 1935.
177. Ночь перед Рождеством. 6 рис. 1935.
178. Майская ночь. 4 рис. 1935.
179. Иван Федорович Шпонка. 4 рис. 1935.
180. Старосветские помещики. 3 рис. 1935.
181. Страшная месть. 6 рис. 1935.
182. Вий. 10 рис. 1935.
183. Ревизор. 4 рис. 1935.
184. Портрет. 5 рис. 1935.

185. Весений гром (Посолонь). 2 рис. 8 стр. 1936. (по рус. немецки и франц.)
186. Николино стремя (Три серпа). 2 рис. 8 стр. 1936.
187. Аленушка (Вереница). 1 рис. 1936. (по русски и по немецки).
188. Заяц-нянька (Ё). 2 рис. 1936.
189. Рисунок Розанов. 1 рис. 7 стр. 1936.
190. Колокольный (Посолонь). 4 рис. 10 стр. 1936.
191. Волшебная Россия (Посолонь). 102 рис. 1936.
192. Глаза (Три серпа). 2 рис. 10 стр. 1936. (по русски и по французски).
193. Редчайшие денги. 3 рис. 1936.
194. Китоврас. 4 рис. 1936 (по французски и по русски).
195. Короленко (Взвихренная Русь). 2 рис. 10 стр. 1936.
196. Скриплик (Посолонь). 2 рис. 8 стр. 1936. (по рус. по немецки и по франц.)
197. Монашек (Посолонь). 4 рис. 7 стр. 1936. (по рус. по немецки и по франц.)
198. О царе Додоне. 2 рис. (И 3 рис. Бакста) 26 стр. 1936.
199. Хождение по беженским мукам. 24 рис. 1936.
200. Взвихренная Русь в деньгах и монетах. 114 стр.; 102 денег; 142 марок; 40 карт. 1936.
201. Четыре главы на Гоголевские темы: Басаврюк, Ревизор, Случай из Вия (рукопись), Без начала. 5 рис. 26 стр. 1936.
202. Дягилевские вечера. 5 рис. 18 стр. 1936.
203. Обезьянья грамота (Лифарю). 1 рис. 1936.
204. Ex-libris. 13 рис. 1936.
205. Обезьянья грамота (Кассу). 1 рис. 1936.
206. Карты Сведенборга. 1 рис. 36 карт (рисун.) Переплет 4 рис. = 41 рис. 1936 (по французски).

207. Шесть снов Пушкина. 22 рис. 21 стр. 1937.
208. Лифарь в Витязе (Руслан и Людмила). 3 рис. 1937.
209. Афиша Пушкинской выставки. 1 рис. 1937.
210. 14 отдельных цветных изображений к Пушкину. 1937.
211. Грамота Лифарю и меч. 2 рис. 1937.
212. Что есть табак. 10 рис. 1937.
213. Обезьянья грамота Добужинскому. 1 рис. 1937.
214. Обезьянья грамота Булгакову. 1 рис. 1937.
215. Сказка о козе. 4 рис. 10 стр. 1937.
216. Interpénétration (Sur les corniches) 6 рис. 16 стр. 1937.
217. La fustigation (1 сон). 3 рис. 10 стр. 1937.
218. Le lion rôti (3 сна). 4 рис. 12 стр. 1937.
219. Les singes. 3 рис. 12 стр. 1937.
220. Chaîne d'or (Sur les corniches). 3 рис. 10 стр. 1937.
221. Обезьянья грамота Pierre Pascal. 1 рис. 1937.

222. Обезьянья грамота Boris Unbegaun. 1 рис. 1937.
223. Kitovras. 15 рис. 20 стр. 1937.
224. Les tenailles (Sur les corniches) 4 рис. 12 стр. 1937.
225. Mes fleurs (Rêves). 32 рис. 35 стр. 1937.
226. Коткулукса (Nos vacances) (rêve et rets). 22 рис. 26 стр. 1937.
227. Копорюга (rêve et houe). 2 рис. 12 стр. 1937.
228. Expo 1937. Les congrès. 1 рис. 1937.
229. Калюга и Копорюга. 3 рис. 1937.
230. Обезьянья грамота Рожанковскому (бурундук). 1 рис. 1937.
231. L'aventure de deux souris. 8 рис. 18 стр. 1937.
232. Обезьянья грамота Керенскому. 1 рис. 1937.
233. La part du rat. 5 рис. 14 стр. 1937.
234. Автопортрет. 1 рис. 1937.
235. Обезьянья грамота (Ельяшевой). 1 рис. 1937.
236. 2 диплома prix d'élégance. 4 рис. 1937.
237. Le Rameau d'or d'Enée. 13 рис. 1937.
238. Праздничные карточки. 225 рис. 1937.

239. Мотоил. 6 рис. 10 стр. 1938.
240. Remiz. 10 рис. 4 стр. 1938.
241. Blanche neige. 3 рис. 8 стр. 1938.
242. Le tonnerre du printemps. 3 рис. 6 стр. 1938.
243. Le petit moine. 3 рис. 6 стр. 1938.
244. Le violoneux, 3 рис. 6 стр. 1938.
245. Bêtes féroces. 3 рис. 6 стр. 1938.
246. Lélu. 3 рис. 6 стр. 1938.

247. Kikimora. 4 рис. 6 стр. 1939.
248. Kaletchina-Maletchina. 3 рис. 6 стр. 1939.
249. Le saule. 7 рис. 12 стр. 1939.
250. L'averse. 5 рис. 8 стр. 1939.
251. Berceuse de l'ours. 5 рис. 10 стр. 1939.
252. Il y a bal chez renard. 4 рис. 6 стр. 1939.
253. Le boli-bock (!) 6 рис. 8 стр. 1939.

254. Обезьянья грамота Кодрянской. 3 рис. 1940.
255. Ремез птица. 6 рис. 1940.
256. Шаляпин. 5 рис. 1940.
257. Черные сказки. 1940.
258. Сибирские сказки. 20 рис. 1940.
259. Мумиа. 6 рис. и 2 фотогр. 1940.
260. Протопоп Аввакум. Иллюстрации, портрет. 1940.

Из архива Н.В. Резниковой

A BEARER OF TRADITION: REMIZOV AND HIS MILIEU

Sarah P. Burke

In the first decades of this century two trends pervaded all of the arts in Russia. There was a movement away from European models to native Russian ones and a tendency to stress and to value the irrational, psychological conditions of the creative process. The former trend found its origins in the last decades of the nineteenth century among the artists and writers at Abramcevo and Talaškino where, under the leadership of Mamontov (at Abramcevo) and Teniševa (at Talaškino), attempts were made to revitalize the best traditions of native culture. At that time the crafts were dying out at an alarming rate due to industrialization which not only made the handcrafts outdated but also lured the craftsmen to the cities for factory work. Mamontov, in particular, through his considerable influence and patronage, helped "Russian" to come into vogue in the arts. The canvasses of V. Vasnecov and M. Vrubeľ (from his Abramcevo period) are good examples of the forms which this art took. It was "Russian" made beautiful and heroic through a confluence of native forms, particularly from wood carving and painting, and art nouveau designs from the West.[1] From that time, native Russian, which often came to be equated with "primitive," had a respectability in Russian arts. The height of this respectability occurred in the years 1908-1912, when in art Neo-Primitivism was the dominant movement. The artists of this movement were looking to the simpler, less monumental forms of the native crafts, for example, to the *lubok* and had added an element not emphasized among the Abramcevo and Talaškino circles—an appreciation of what they perceived to be the spontaneous and impressionistic nature of the folk arts. This belief in the irrational and intuitive nature of the primitive's creative process corresponded to the Symbolists' interests in the irrational, intuitive nature of creation in general. The most prominent proponent of this view of artistic creation was, of course, Vasilij Kandinskij with his theory of creation by "inner necessity"; but the interest in the irrational side of creation permeated Russian society at the beginning of this century.[2]

Remizov fit well into this primitivist-intuitivist atmosphere. In 1905 he returns to the capitals, to St. Petersburg, after years of exile in the provinces and in the south of Russia. He left at the height of the Abramcevo-

Russian vogue, lived in the provinces themselves, and reemerged into this symbolist-neo-primitivist milieu. He is a figure who is almost immediately appreciated and recognized as a kindred soul by the avant-garde groups in particular, for he would have emerged already in 1909 for them as an embodiment and bearer of the Russian tradition both in literature and in art. He would have been seen as such in part because among his first published writings were the collection of rewritten Apocryphal legends, *Leimonarian: The Meadow of the Spirit* (*Limonar'. Lug duxovnyj*), and a work which treated children's games and ancient folk rituals, *Sunwise* (*Posolon'*).[3] While such works were praised, they were also controversial and misunderstood and at one point were responsible for Remizov's being called a plagiarist. My primary purpose here is to indicate what it means to say that Remizov was a "bearer of tradition" in literature and art, and a secondary purpose is to suggest that this aspect of his work was rooted in particular to the years just after he returned to the capitals. My contention is that Remizov took on the role of a bearer of tradition early on and maintained that role throughout his life. His assumption of this role, furthermore, had implications not only for his "rewritten" works but also for other genres and his art.

It was in 1909 that Remizov was accused of plagiarism in the press when a critic discovered that a certain tale by him was not an original creation but was a rewriting of an already existing Russian tale.[4] The writer M. Prišvin jumped to his defense as did Remizov himself in a letter to the editor of *The Golden Fleece*.[5] It is in this letter that Remizov clearly stated his intentions regarding his tales. He said that as a writer he set himself two tasks: 1) to recreate the folk myth, fragments of which he found in ceremonies, games, superstitions and apocrypha and 2) to give an artistic retelling of works in folk literature. Regarding the latter task he wrote that when all of the extant variants of a tale had been collated and one text selected, he next developed details in the chosen text or supplemented the text in order to give the tale in its most ideal form. He continued that he considered it his duty to reveal his sources in footnotes, for to recreate the folk myth is a task which only the collective energies of a series of generations could hope to accomplish. He hoped, furthermore, that his footnotes would lessen the work of future writers engaged in this task.[6] In other words, in his tales— which would come to comprise half of his published writings—he intended to create an ideal tale, a tale which would adhere to his understanding of the folk tradition and which would then take its place in the Russian folk tradition and thus would aid in recreating the folk myth. The actual rewritten tale was usually a much expanded version of the original, although parts might be retained word for word. Additions to the original were mostly of two sorts: they made the tale, if necessary, closer to the folk tradition[7] and brought the tale closer to the author himself so that the rewriting might be, in Remizov's words "a recreation of the proto-original by an eye-witness."[8] In following this arduous process, Remizov was acting out in print the actual oral process of retelling. A. B. Lord has aptly described this process in his study of the oral nature of the epic tale where he notes that a singer may compile his version from a number of variants or may just use one variant for he is seeking expression, not originality in his work.[9] Remizov's contemporaries, collectors of tales such as Ončukov and Veselovskij, held similar views about this process, so that Remizov, who used these compilations for his sources, would have been aware of this view of oral creation. He, therefore, wanted to rewrite tales in the manner of a folk teller and made no claims that the material was completely original. That would have gone against his purpose, which was to help recreate the folk myth and take his place among past and future bearers of the Russian oral tradition. Remizov, however, did understand that a teller did not just "repeat"; that he added his own perceptions and personality to the tradition. "I come across a legend, I read it and suddenly remember: I participated in the legendary event. And I begin to tell it in my own way. My 'retelling' is never a reprint. It is the reproduction of the original by an eye-witness."[10] He understood that he was an individual writer plus tradition, at one and the same time an individual creator and a bearer of tradition.

In a similar way Remizov approached the Russian literary tradition, "borrowing" from writers both to express himself and to continue a particular tradition, in this case the "true Russian" line of Russian literature, the Gogol'-Dostoevskij line.[11] As in the case of the folktales, his "borrowings" were noted by a critic, this time with slight embarrassment rather than with hostility. In two of his early writings, *The Tale of Ivan Semenovič Stratilatov* (*Povest' o Stratilatove*) and *The Fifth Pestilence,* (*Pjataja jazva*) there are direct references to works by Gogol': in the former the references are in the main to "The Overcoat" ("Šinel'"), and in the latter to *The Inspector General* (*Revizor*).[12] The references were striking or perhaps shocking enough that the critic A. Rystenko, author of an early monograph on Remizov, felt that he had to apologize for them. After noting some parallels between Remizov and Gogol', Rystenko commented that "life itself could . . . have whispered to Remizov these Gogolian traits; and I, therefore, have decided not to defend here the thesis of intentional borrowing; rather I am inclined to the concept of the unfailing and blameless influence of Gogol' on everyone who has read his works."[13] Apparently, for Rystenko to accept the thesis of "intentional borrowing" as practiced by Remizov would have made the works in question less original at best and bordering on plagiarism at worst. I believe that one of the reasons the borrowings are so noticeable is that they are as though footnotes to Gogol' and serve to emphasize rather than hide the fact that the work as a whole is in the tradition of Gogol'. They appear to function like the footnotes to his tales, giving sources to establish the tradition. This contention—that Remizov footnoted himself into the Gogol'-Dostoevskij line—is supported by Remizov himself in a reference to his later project, *Resurrection of the Dead* (*Voskrešenie mertvyx*). Towards the end of his life he was working on filling out the biographies of some of the characters from *Dead Souls (Mertvye duši)* in response to Gogol's request in the second edition of the novel for his readers to send him comments and thoughts on what might befall his heroes later.[14] Remizov said about this project: "I am continuing *Resurrection of the Dead (Dead Souls)*. . . . My task as it turns out is to deepen Gogol', not repeating any of the textbooks."[15] If one compares this statement to those he made about tales, it is clear that Remizov intends to use but not repeat a source. He is Remizov plus a source, a writer continuing and bringing a tradition into the twentieth century.[16]

Had Remizov's art been more recognized it might have suffered some of the misunderstandings that befell his writings. Many of his drawings from the beginning were calligraphic in nature and continued to be so throughout his career. He had training in calligraphy at the Stroganov Institute in Moscow and took drawing courses for a time at the Moscow Institute of Painting, Sculpture and Architecture. His wife, whom he married in exile in Vologda, was a paleographer, and the two often worked over manuscripts together. As a result Remizov was fully versed in the art of calligraphy and in ancient Russian manuscripts. Remizov says that he always sketched but dates himself as an artist the year he returned to the capitals, 1905. Both his writings and drawings were recognized and appreciated by the avant-garde artists who asked him to contribute to the Writers as Artists section of the *Triangle* exhibition of April, 1910. The works he exhibited there were calligraphic ones and were based on the cursive script if the 16th-17th centuries as were the majority of his subsequent drawings. His first published drawing, again a calligraphic one, was in the avant-garde almanac *The Archer* for 1915. It is both interesting and understandable that these calligraphically based works were appreciated by his artist contemporaries, for they are for his art much like his folktales are for his writings and would have been appreciated as such; i. e. for their relationship to the pre-Petrine Russian tradition. In both forms, folktales and calligraphy, there is a similar attitude toward tradition and the act of creation. In both forms there is a freedom which does not exist in other art forms. A calligrapher is not recreating some image from nature. He is dealing with the interpretation of set forms, with nothing less than his own past and all past forms before him. In his interpretation there is a freeness and a strong element of chance, especially when he is working in the cursive script, in which, by the way, Remizov worked. Indeed Remizov was attracted to this art precisely for these qualities; for its freeness, formlessness and spontaneity, for its quality of "chance"[17] and for its ability to reflect tradition at the same time. The parallels to the tales should be apparent.[18] It should, furthermore, be apparent that Remizov looked to those forms which not only allowed for individual expression but also were vehicles for the expression of past traditions. He found these elements in the oral tradition and in calligraphy, and his interest in tradition and his relationship to it spilled over into other genres and other areas of his *œuvre*.

There remains to be mentioned the role of intuition in Remizov's writings and art in order to round out the discussion of him as a bearer of tradition and to establish his place firmly in the first decades of this century. When he spoke of the process of writing he spoke of it as an intuitive act, as a moment which came from within and revealed his "distant past" to him. To recall a passage already cited: "I come across a legend, I read it and suddenly remember: I participated in the legendary event. And I begin to tell it in my own way. My 'retelling' is never a reprint. It is a reproduction of the original by an eye-witness."[19] Remizov implies here that he chose his materials because he "remembered" that he had been there. His writings are full of such statements. "At the time of Ivan Fedorov, the first printer, I was a scribe, and under the threat of the printed word I burned the printing house in desperation. . . ."[20] "Van'ka played Kitovras, — and suddenly I remembered, — I played Solomon."[21] Remizov explained his ability to "remember," maintaining that reality was always different for him because of his bad eyes, "clipped" as he called them. "I was born with eyes and eyes were given to my soul. My clipped eyes opened the many-dimensioned world of moons, stars, and comets before me. . . . For ordinary eyes space is not filled. For clipped eyes there is no emptiness."[22] Remizov thus perceived himself to be a writer with special vision both literally and figuratively. This vision enabled him to see more rather than less of reality, and it was this expanded conception of reality which he brought into his writings and into his art. "Art creates reality, reality is measured by art; the more alert ones perception is, the broader and more varied reality is."[23] He would "remember" and then he would "see," and because he saw through the "eyes of his soul," he saw more than the ordinary person.

From the above discussion it should be clear why Remizov would be so appreciated by certain avant-garde groups and conversely why he would be condemned by others. His interest in the Russian tradition be it literary, graphic or oral, his attitude towards creation as an irrational, intuitive moment, and his expanded vision of reality—all were shared by the members of the Russian avant-garde in the first decades of this century. Compare Remizov's literary and artistic statements and practice to the following excerpt from the intuitivist critic Vladimir Markov's (pseudonym of Waldemars Matveus, 1877-1914) essay of 1912: "We cannot be responsible for our ideas taking forms that in their embodiment seem, as it were, absurd and coarse but that demand their realization in precisely these forms. Neither are we responsible for the fact that our soul demands 'plagiarism,' that we repeat old things. . . . The development of world art clearly shows that folk arts have been created only by way of plagiarism. . . . I would go so far as to say that there is no art without plagiarism, and even the freest art is based on plagiarism in the above sense because beloved forms of the past instilled in our soul unconsciously repeat themselves."[24] I do not know whether or not Remizov was familiar with Markov's writings, although, most likely, he was as a result of his many contacts with the artists of the avant-garde. Whatever the case, Markov's writings are typical of the years 1908-1912 in their strong symbolist connections and their appreciation of Eastern and folk arts. Before these years the symbolist element, the stress on the irrational nature of the creative process, would have been stronger and later the resultant formal qualities would have been stressed.

When Remizov left the Soviet Union for Germany and then France, these ideas still had some currency, but in immigration they had less. He, however, must have felt his role as a bearer of Russian traditions even more acutely because of his physical separation from these traditions and because of the state of his own works in his homeland. In fact, his writings in immigration attest to this fact. Cut off from Russia he turned more often to past traditions and wrote more about his access to them. As he did so he came to be more recognized and appreciated by Western critics for his understanding of the native Russian forms. By the time of his death in 1957, in his writings and statements about the creative process, Remizov somewhat anachronistically bears the additional tradition of the avant-garde milieu of the years 1908-1912, a role he may not have anticipated.

In conclusion, Remizov's references to and use of past traditions were both appreciated and condemned. His detractors saw these works as imitative and lacking in creativity. This attitude is understandable, for Remizov was indeed challenging the particularly twentieth century notion of creativity, which demanded and still demands new forms at all costs. His version of creativity was like a folkteller's or a medieval scribe's. While it required expression it also required an adherence to tradition.[25] For him the artist-writer should not seek only new forms, he should look into himself, into his culture's past for the forms carried therein. Fortunately there were those who appreciated this most Russian of Russian writer's attempts to bring past traditions into the twentieth century and applauded the innovative forms which resulted.

Trinity University, Texas

NOTES

1. Mamontov was influenced by the Englishman William Morris' writings and workshops.

2. It is outside the scope of this paper to discuss the correspondences between the Russian and European movements at this time. There were, of course, many.

3. *Limonar'. Lug Duxovnyj*, St. Petersburg, 1907; *Posolon'*, Moscow, 1907.

4. "Pisatel' ili spisivatel'?," *Birževye vedomosti* (evening edition), June 16, 1909, p. 6.

5. M. Prišvin, "Plagiator li A. Remizov?," *Slovo*, June 21, 1909, p. 5.

6. *Zolotoe Runo*, Nos. 7-9, 1909, pp, 145-149.

7. This process has been described by the Soviet critic R. P. Dmitrieva in "Povest' o Petre i Fevronij v pereskaze A. M. Remizova," *Trudy otdela drevnerusskoj literatury*, Vol. 26, Moscow, ANSSR, 1970, pp. 155-176.

8. N. K. Kodrjanskaja, *Remizov*, Paris, 1959, p. 132.

9. A. B. Lord, *A Singer of Tales*, Cambridge, 1960.

10. A. M. Remizov, *Krug sčast'ja*, Paris, 1957, p. 61.

11. Remizov's notions of what is "true Russian" are well documented in his diaries, letters and autobiographical works.

12. The dialogue between Remizov and Gogol' in these works is complex. Critics have attempted to interpret these references as parody or travesty. Such conventional literary interpretations do not hold up.

13. A. Rystenko, *Zametki o sočinenijax A. M. Remizova*, Odessa, 1913, p. 109.

14. V. Gippius, *Gogol'*, Leningrad, 1924, p. 169.

15. N. K. Kodrjanskaja, *Remizov v svoix pis'max,* Paris, 1977, p. 219.

16. It should not be surprising that Remizov's image of himself as a bearer of tradition should not be confined to his rewritten tales and dramas. His opinions about the decline of the Russian language are well known as are his attempts to "give it back to the Russians" by ridding it of foreign elements. That he saw himself in this role is clear from the following quote: "I . . . never said that I write and that everyone should write like they did in the XVI and XVII centuries. I repeated and I repeat that the Russian writer must follow in the direction of the Russian turns of speech, which are distinctly expressed in the bureaucratic language of the XVI and XVII centuries, and on that verbal foundation, create his own speech." (N, K. Kodrjanskaja, *Remizov*, Paris, 1959, p. 243.)

17. A. M. Remizov, *Podstrižennymi glazami,* Paris, 1951, pp. 40-48.

18. In the case of his art Remizov's practice was related to that of medieval scribes who, in fact, functioned much as folktellers did in their relation to and interpretation of texts.

19. A. M. Remizov, *Krug sčast'ja* , Paris, 1957, p. 61.

20. A. M. Remizov, *Podstrižennymi glazami*, Paris, 1951, p. 130.

21. A. M. Remizov, *Krug sčast'ja*, Paris, 1957, p. 61.

22. N. K. Kodrjanskaja, *Remizov,* Paris, 1959, pp. 96-97.

23. *Ibid.,* p. 307.

24. V. Markov, "The Principles of the New Art, 1912," in J. Bowlt, *Russian Art of the Avant-Garde. Theory and Criticism 1902-1934*, New York, 1976, pp. 34-35.

25. Critics normally miss or downplay the "expressive" element in this form of creativity or find "expressive" incompatible with "bearer of tradition." The writings of the current Latin American authors of Magical Realism have posed a similar problem for critics.

TOWARDS A TYPOLOGY OF RUSSIAN MODERNISM: IVANOV, REMIZOV, XLEBNIKOV

Henryk Baran

Introduction

The purpose of this paper is to place Aleksej Remizov in a broader literary context by drawing some comparisons between his literary practice and ideas about literature and those of Vjačeslav Ivanov and Velimir Xlebnikov—authors who were akin to him in certain ways, but who followed their own path in the main thrust of their creative achievement. I shall concentrate on two features of his craft which are particularly prominent in his early collections, *Posolon'* and *Limonar'*: the use of folklore and myth, and the presence of annotations (endnotes). Both of these features are discussed in a 1909 open letter by Remizov (see below): their presence in this document helps legitimize my attempt at typology. The result will be to underscore the differences that underlie what from a distance appears to be a rather similar landscape of modernist interest in Slavic folklore and myth and of concern with language, and to clarify the uniqueness of Remizov's literary achievement.

Biographical Background

The relationships between the three authors are indissoluble from the structure of St. Petersburg literary life, with its partisan yet fluid circles, journals, and publishing houses.

Both Remizov and Xlebnikov were guests in Ivanov's *bašnja*. A settled inhabitant of the capital, Remizov attended far more regularly and over a far longer period of time than did Xlebnikov. However, although it was Ivanov who made possible the book publication of *Limonar'*, Ol'ga Deschartes suggests that Remizov and Ivanov were not close. Thus, she comments on Ivanov's poem "Moskva," which appears in *Cor Ardens* with a dedication to Remizov: "No posvjaščenie èto nečajanno vydet ešče i drugoe: v protivopoložnosť obyčnym dlja V. I. posvjaščenijam v nem net ničego ličnogo. Oba—urožency Moskvy, oba ljubjat i ponimajut dušu ètogo goroda—i tol'ko. Otnošenija V. I. i Remizova byli xorošimi, no poverxnostnymi, prijatel'skimi." (Ivanov 1974: 723).[1]

Details of Xlebnikov's relationship with Ivanov are as sketchy as the rest of his biography.[2] He began to correspond with Ivanov in 1908, when he sent the Symbolist master a selection of his short neologistic poems. Fol-

lowing his arrival in St. Petersburg in May 1909, Xlebnikov began to frequent the "Tower"; for a few months (October–December) he was a
member of the "Akademija stixa" which met first at Ivanov's and then in
the editorial offices of the newly-formed *Apollon*. Early in 1910, however,
Xlebnikov began to drift away from the "Academy," most members of
which did not share his orientation towards peripheral folklore genres, and
joined the ranks of what was to become Russian Cubo-Futurism (Xlebnikov 1940: 418-420).

In spite of his entry into Hylaea, Xlebnikov continued his friendly relations with Ivanov. Thus, an unfinished article, "Fragmenty o familijax"
(1912), cited by N. Xardžiev, includes favorable comments on Ivanov's play
"Tantal."[3] Significantly, Ivanov's name does not appear among those of
writers Xlebnikov condemns in his polemical prose or in his joint pieces
with other Futurists.[4] And one of Xlebnikov's late notebooks contains jot-
tings concerning his encounters with Ivanov in 1921 and linking the two
poets through one of Xlebnikov's historical calculations.[5]

Remizov has left one commonly cited record of his contact with Xlebnikov. It is found in *Kukxa*, as part of Remizov's account of how he used
to be visited by beginning writers. A list which includes Gumilev (pre-
Abyssinia) and A. N. Tolstoj, also contains Vasilij Kamenskij and ends with
Xlebnikov, "s kotorym slova razbirali." (Remizov 1923 [1978]: 58). The two
shared a fascination with unusual items from the vast lexicon of Russian;
decades later, Remizov reiterated this common ground in a letter to Vladimir: "Nas soedinjalo slovo kak i s Andreem Belym" (Markov 1982: 431).
On Xlebnikov's side, there was also appreciation of Remizov's orientation
towards things Russian—an attitude which reflected Xlebnikov's own
Slavophile and even extreme Russian nationalist views in the years before
the war (Baran 1985: 70-71, 87).[6]

There is clear evidence that Xlebnikov's attitudes towards Remizov
underwent considerable changes. In a 10 January 1909 letter to Kamenskij,
he inquires "Čto govorit Remizov o moej 'Snežimočke'? Esli budete, Vasilij
Vasil'evič, to ne polenites', sprosite" (Xlebnikov 1940: 355). Why the concern with Remizov's opinion of this work? Presumably, because Remizov
was one of the few people in the Petersburg literary world from whom
Xlebnikov could expect sympathy. "Snežimočka" combines three elements
which are prominent in Remizov's own writings in *Posolon'* and *Limonar'*: a
reworking of a folk plot (i. e. "Sneguročka") and an infusion of other folk
motifs; heavy uses of both dialect borrowings and neologisms; and an
emphasis on Russianness.

Several months later, an 8 August letter to Kamenskij dwells at length on
the charge against Remizov that had appeared in the press in June of that

year: that he had plagiarized some folk texts.[7] Xlebnikov is indignant at the accusation: "Znaja, čto obvinjat' sozdatelja 'Posoloni' v vorovstve—značit soveršat' čto-to nerazumnoe, neubeditel'noe na zlostnoj podkladke, ja otnessja k ètomu s otvraščeniem i prezreniem" (Xlebnikov 1940: 358). He links his proposed activities on behalf of Remizov (". . .komu ja darju družbu" [Xlebnikov 1940: 359])—challenging the accusers to a duel—with a theme common to a number of his pre-war works, that of the Ukrainian "gajdamaki."[8]

The young poet becomes less charitable towards Remizov some years later. In the first of his dialogues, "Učitel' i učenik" (publ. 1912), where he outlines his ideas on time and language, Xlebnikov also takes up the question of the state of Russian literature. By then, he had become one of the Hylaeans, self-defined as the bearers of a new aesthetic and a new poetics. Xlebnikov uses tables—the classic tool of ideology claiming to be science—to underscore the chasm that, he claims, separates contemporary literature from the true spirit of the Russian people. Remizov, termed an "insect" [see fn. 9] in one table is grouped with Andreev, Arcybašev, Bal'mont, Brjusov, Bunin, Kuprin, Merežkovskij, Ostrovskij, Sologub (referred to as a "gravedigger"), Ščedrin, and Aleksej Tolstoj. The productions of this motley group of 19th century Realists, Symbolists, and those in between is counterposed to the "popular word" (narodnoe slovo) or "popular song" (narodnaja pesn'). The former find life to be horrible; condemn all groups in the population except writers; preach death; curse the past, the present and the future; condemn war and deeds of valor; and make the measure of things that is *not*-Russian or is found in the latest book. By comparison, creations of the people praise the beauty and virtues of life; condemn writers; glorify battle and war; and take Russia for their yardstick.

Why was Remizov included here? Perhaps because, like Ostrovskij, he did not restrict his art to celebrating and reworking the sphere of popular culture. By the time Xlebnikov's dialogue was written, Remizov had become a prose writer who continued in part the line of Realist fiction, and who focussed on the underside of society—a world which Xlebnikov himself was rather familiar with in his own life, but which he, gripped by wider visions, chose not to focus on until the years of war and revolution.

The Use of Notes

In his famous overview of modern poetry, "O sovremennom lirizme" (1909), Innokentij Annenskij takes his fellow classicist-poet Ivanov to task for the obscurity of the mythological material he uses in his poems. He follows up with this suggestion:

Отчего бы поэту, в самом деле, не давать к своим высокоценным пьесам
комментария, как делал в свое время, например, Леопарди? И разве они
уж так завидны, этот полусознательный восторг и робкие похвалы из
среды лиц, не успевших заглянуть в Брокгауз-Эфрона, и пожимания
плечами со стороны других, вовсе и не намеренных «ради каких-нибудь
стишков» туда заглядывать?

(Annenskij 1979: 332)

    Annenskij's criticism points to a salient feature of not only Ivanov's art
but of modern poetry in general: its tendency to draw on diverse mythological and anthropological materials to construct the myths that are so often
the poets' response to the world around them. His suggestion to Ivanov to
use footnotes to clarify myth—which, he feels, must not be esoteric ("Mif—
èto ditja solnca, èto pestryj mjačik detej, igrajuščix na lugu. I mne do goreči
obidno, pri čtenii p'esy, za nedostupnosť tak zamančivo pljašuščix predo
mnoju xoreev i za tajnopis' ix sledov na arene, vpitavšej stoľko blagorod-
nogo pota" [Annenskij 1979: 333])—is one often followed by modern
poets (e. g. Eliot), though in different, frequently subtle ways: at times to
elucidate the source, at times to lead the reader towards a particular interpretation of the work itself.

    Ivanov himself remained restrained in his use of annotations. His foot-
notes are few in number, and generally emphasize the interpretation that
may be placed on a particular passage in a poem; occasionally there will be
a reference to some work of classical philology. For the overwhelming
majority of readers, the notes are not adequate to the complexity of the text
to which they are attached—Ivanov deliberately forces the reader to solve
the many semantic puzzles found in his works, and to reach the deeper
levels of meaning hidden within them.

    A different situation prevails in the work of Remizov, particularly in the
period of the "Šipovnik" edition of his "Collected Works." If we look at the
different editions of the Posolon' and Limonar' collections, and compare
them with the separate publications of the anthologized texts, we see a
steady evolution towards increased use of annotations.[10]

    In the case of the component parts of Posolon', the vast majority of the
texts appeared without any notes at all upon first publication in various
periodicals. Occasionally, as in the case of "Gusi-Lebedi," "Zadušnicy," or
"Letavica" (orig. title "Noč' u Vija"), the initial publication included a few
annotations of difficult lexical items.

    The initial book publication of the Posolon' cycle was free of any end-
notes. It was only in the second, expanded edition of the collection that
Remizov equipped the stories with an elaborate scholarly apparatus. The

endnotes not only contained the lexical annotations found in initial publications of a few works, but expanded the coverage of unusual lexical items to many more tales, and, more broadly, provided information on the sources on which Remizov drew in creating his texts, and on the mythological theory that underlies Remizov's reworking of the source material.

In the case of *Limonar'*, the initial publications of the reworked apocrypha tend to supply needed notes, including some information on sources. The 1907 edition of *Limonar'*, which contains six texts, already possesses a set of endnotes of varying degree of detail, with the commentaries to "O bezumii Irodiadinom" being the most extensive by far. These make their way into a similar section in the 1912 "Collected Works" expanded edition, which contains new fictional material. The set of endnotes in the 1912 edition is also richer in interpretive and source commentary.

To take one example of how Remizov's annotations grow, the initial publication of the story "Car' Diokletian" contains two lexical glosses, on the expressions "zrjaščij pjatok" and "byt' sveršenu," the same items found in the second edition (Remizov 1912: 201). However, the commentary in the second edition also includes this information: "Ja pol'zovalsja dlja Diokletiana duxovnym stixom. P. A. Bezsonov, *Kaliki perexožie*. M. 1861. Vyp. 3. No. 136" (Remizov 1912: 201). The sentence is quite typical for the endnotes in the collection.

The increased annotation of texts appears to be directly related to the previously mentioned accusation of June 1909, where Remizov was accused of plagiarizing some folklore texts in his own fictions. Remizov parried the charge, repeated widely in the press, in a 6 September 1909 letter to the editor of *Russkie Vedomosti*. In this document, Remizov first outlines his views on his own task as a writer who works with folklore and myth, and then discusses the reasons why he includes extensive annotations in his collections:

> В целях же разъяснения вынужден сказать несколько слов и о том особом значении, которое придаю примечаниям, снабжая ими отдельные мои произведения и мои книги. Надо заметить, что в русской изящной литературе, при допущении самого широкого пользования текстами народного творчества, существует традиция, не обязывающая делать ссылки на источники и указывать материалы, послужившие основанием для произведения.
>
> (Remizov 1909)

Here Remizov cites examples ranging from Gogol' and his *Taras Bul'ba* to Leskov's apocrypha-based legends and tales, and to popular folk tales of Avenarius.[11] He emphasizes that such is the tradition prevailing in Russian

literature, and that only historians of literature point out to us the sources
used by particular writers. He then turns to his own goals in breaking with
that tradition:

> Ставя своей задачей воссоздание нашего народного мифа, выполнить
> которую в состоянии лишь коллективное преемственное творчество не
> одного, а ряда поколений, я, кладя мой, может-быть, один единственный
> камень для создания будущего большого произведения, которое даст
> целое царство народного мифа, считаю моим долгом, не держась тради-
> ции нашей литературы, вводить примечания и раскрывать в них ход
> моей работы. Может-быть, равный или те, кто сильнее и одареннее
> меня, пытая и пользуясь моими указаниями, уже с меньшей тратой сил
> принесут и не один, а десять камней и положат их выше моего и ближе к
> венцу. Только так, коллективным преемственным творчеством создаст-
> ся произведение, как создались мировые великие храмы, мировые вели-
> кие картины, как написались бессмертная «Божественная комедия» и
> «Фауст».
>
> Указанием на прием и материал работы, — что достижимо до неко-
> торой степени примечаниями в изящной литературе, а среди художни-
> ков — раскрытием дверей в мастерские и посвящением, — может
> открыться выход к плодотворной значительной работе из одичалого и
> мучительно-одинокого творчества, пробавляющегося без истории, как
> попало, своими средствами из себя, а попросту из ничего, и в результате
> — впустую.
>
> (Remizov 1909)

Remizov's emphasis on creating an art with a memory, with a past
accessible to others, fits in with what Ol'ga Hughes, in the introduction to a
reprint of *Rossija v pis'menax*, has called one of the themes of mature Remizov—memory, realizable in various ways (Remizov 1922 [1982]: 5). The
above passage shows clearly that this concern is present in Remizov's
thought about art at a rather early stage.[12]

Although it is potentially dangerous to take Remizov at his word, if we
do so we must conclude that he is consciously breaking with tradition for
ideological/aesthetic reasons. He is doing what Gogol' and Leskov *should*
have done but did not, and returning to the medieval practice of collective
creation.[13] In a sense, he is modifying the hierarchy of values in the fictional text. Where, in Shari Benstock's words, "authority in fictional texts
rests . . . on the implied presence of the author—as creator certainly and
sometimes as speaker" (Benstock 1983: 207), Remizov's annotated works
break down the division between fictional and critical writings, coming
close to the mode of functioning of the latter. "The supposition is always
that the present critical endeavor extends a pattern of thought that was
begun in the past, that was applied to the immediate context through cita-

tion, and that will be continued in the future, when presumably the present text will itself be a citation in someone else's critical anlysis" (Benstock 1983: 206). This characterization of a critical work is quite close to Remizov's own vision of the place of his own folklore- and myth-based writings in a larger pattern of Russian literary development.

There could not be a greater contrast between Remizov's insistence on transmission of memory and textual genealogy and Xlebnikov's—more broadly, the Futurists'—theory and practice. The purposeful anti-biographism of the Cubo-Futurists (Pomorska 1968: 83-86) was combined with a programmatic rejection of traditions of the past: writers who cultivated the accidental; who fulminated against the yoke of past culture; who proclaimed "pročitav—razorvi!", had little use for the carefully crafted note.

In Xlebnikov's works annotations are truly few and far between. The poem "Suè," which describes the martyrdom of the Aztec monarch Montezuma, is accompanied by two brief notes which give the meaning of the two principal neologisms utilized in the text: *Sua* (the sun) and *Suè* (sons of the sun—the Spaniards) (SP III : 9). Similarly, in the poem "Tcincucan," both the title and a proper name are glossed: "Tcincucan—mesto kolibri. Ali Èmètè—imja kn. Tarakanovoj" (SP V: 41). Ironically, the notes are not really needed because both words are defined within the poem itself. In the story "Ka" (1915), the initial word in the passage, "Xudožnik pisal pir trupov, pir mesti. Mertvecy veličavo i važno eli ovošči, ozarennye podobnym luču mesjaca bešenstvom skorbi" is footnoted "Filonov" (SP IV: 51) (his painting "Pir korolej" is described here).

Yet it certainly cannot be said that Xlebnikov's works don't require annotations. A proper edition of Xlebnikov, whether in Russian or in translation, calls for an extensive editorial commentary. Even if we limit what might be viewed as needless pedantry, a basic set of notes is required to allow the reader to penetrate into many of the texts. An example of what might be needed is provided by Stepanov for the 1921 poem "More," where he includes 19 dialectisms and items of sea terminology to help clarify the work's "difficult" semantics.[14]

There is but one example where Xlebnikov provides a more elaborate commentary to one of his works. It is found at the end of the *poèma* "I i È,"set in the Stone Age and largely consisting of dialogues between the hero and heroine. A "Postscript" offers a quasi-ethnographic explanation of the protagonists' strikingly monosyllabic names; a summary of the action within which the speeches in the body of the poem are situated; and a suggested interpretation. Even here, however, Xlebnikov does not provide a single source for his ideas or the story.

This example, close to some degree to Ivanov's and Remizov's type of annotations, is the exception which proves the rule.

Thinking About Myth and Folklore

As Charlotte Rosenthal has noted (1985), the *Russkie Vedomosti* letter contains the most explicit statement by Remizov himself on his use of folklore in literature, and it also contains his views on myth and the writer. The ideas he expressed suggest that Ivanov's views on the role of myth in literature struck a highly responsive chord within the younger writer.

In the letter, Remizov differentiates between two tasks which he has set himself. One is to reconstruct popular myth, the survivals of which are found in various areas of folklore (rituals, games, carols [*koljadki*], superstitions, omens, proverbs, riddles, charms and apocrypha). The other is to give an artistic rendering of a single folklore text.

In his quest for myth through folklore, i. e., in an attempt to penetrate into the past, Remizov claims to proceed in a systematic, scholarly way:

> В первом случае, — при возсоздании народного мифа, когда материалом может стать потерявшее всякий смысл, но все еще обращающееся в народе, просто-напросто, какое-нибудь одно имя — «Кострома», «Калечина-Малечина», «Спорыш», «Мара-Марена», «Летавица» или какой-нибудь обычай в роде «Девятой пятницы», «Троецыпленицы» — все сводится к разнообразному сопоставлению известных, связанных с данным именем или обычаем фактов и к сравнительному изучению сходных у других народов, чтобы в конце-концов проникнуть от безсмысленного и загадочного в имени или обычае к его душе и жизни, которую и требуется изобразить.
>
> (Remizov 1909).

Rosenthal suggests that Remizov's views ultimately derive from Sir Edward Tylor's "survival theory," which sees traces of ancient myths in the language and folklore spheres. But the British anthropologist's location of myth in man's primitive, animist stage; his view of myth as a kind of "primitive science"; and his teaching that myth is lost as man evolves, account for only a part of Remizov's ideas. More significant for Remizov than the views of the "anthropological school" (Tylor, Lang, etc.) was the comparative-historical tradition which goes back to the Romantics, which found its most influential Western proponent in Max Müller, and which numbered among its Russian adherents Afanas'ev, Buslaev, and Potebnja—on all of whom, as Remizov makes clear, he relied heavily in creating his folklore-based fictions.

Although Ivanov's role as Remizov's mentor in the science of mythology is unclear (Rosenthal 1979: 19), there is no doubt that Remizov found attractive Ivanov's coherent theory of the significance of myth for modern literature. It was this intellectual construct which distinguished the master of the "Tower" from most of his contemporaries: his essays on art and literature, a kind of commentary on his poetic collections, attracted a great deal of attention.

Ivanov's ideas are presented, among others, in his 1907 essay "O veselom remesle i umnom veselii." Here, Ivanov propounds the ideal of the artist-craftsman, as he was still in the Middle Ages. Such an artist is linked in spiritual harmony with his audience; he does not suffer from a disease that dates from the time of the Renaissance—individualism, isolation from the people who are to be receivers of his art, and loss of the spontaneous gaiety (*veselie*) that accompanies art of the "collective" epoch, from the "genial'-ničanie" of the individualistic period. (Ivanov 1979: 63). Applying this conception to Russia, Ivanov notes the split between Russian artists, who wrongly are forced to condemn and preach, and Russia's true national culture, defined as "spiritual joy" (*umnoe veselie narodnoe*) (Ivanov 1979: 69).

He goes on to note the significance of Western culture—in broadest terms, Hellenic (*èllinstvo*)—in Russia. Although this culture has had a profound impact ("xotja i naložila na varvarov vse svoi formy /slavjanstvu peredala daže formy slovesnye/, xotja i vyžgla vse svoi tavra na škure lesnyx kentavrov") (Ivanov 1979: 70), it has not ultimately overcome the elemental culture (creativity) within the Slavs: the "kingdom of form" has civilized the "kingdom of contents" (Apollo has partly softened Dionysus), but has not extinguished the latter's regenerative powers. Today, the attraction of Hellenic culture is greater than ever, but it takes Russia away from its societal and popular tasks (Ivanov 1979: 71): the Decadent movement is one of its manifestations. This movement can justly point to certain artistic accomplishments: in the areas of form, of language, and particularly in having detached poetry from "literature" (i.e. the tradition of Russian prose) and in having brought it back to the neighboring realms of other arts—that is, into a situation where a return to primitive syncretism in the arts is possible.

The Decadent movement, in its evolution into Symbolism, transcended its individualist limitations. Through the use of symbols, a path was opened into the national, popular soul, into myth:

> Как первые ростки весенних трав, из символов брызнули зачатки мифа, первины мифотворчества. Художник вдруг вспомнил, что был некогда «мифотворцем» (μιθοποιός), — и робко понес свою ожившую новыми прозрениями, исполненную голосами и трепетами неведомой раньше таинственной жизни, орошенную росами новых-старых верований и ясновидений, новую-старую душу навстречу душе народной.

(Ivanov 1979: 75-76)

Ivanov ends the essay with the section "Mečty o narode-xudožnike." The title is appropriate, for these are indeed his dreams for the future:

Искусство идет навстречу народной душе. Из символа рождается миф. Символ — древнее достояние народа. Старый миф естественно оказывается родичем нового мифа . . .
Какою хочет стать поэзия? Вселенскою, младенческою, мифотворчес-кою. Ее путь к всечеловечности вселенской — народность; к истине и простоте младенческой — мудрость змеиная; к таинственному служению творчества религиозного — великая свобода внутреннего человека, лю-бовь, дерзающая в жизни и в духе, чуткое ухо к биению мирового сердца . . .
Мы возлагаем надежды на стихийно-творческую силу народной вар-варской души и молим хранящие силы лишь об охранении отпечатков вечного на временном и человеческом, — на прошлом, пусть запятнан-ном кровью, но памяти милом и святом, как могилы темных предков.
(Ivanov 1979: 76-77)

The essay closes with the vision of rekindled contact between artist and people, and of a collective art (*sobornoe iskusstvo*) that will manifest a true mythopoesis. "Togda xudožnik okažetsja vervye tol'ko xudožnikom, re-meslennikom veselogo remesla,—ispolnitel' tvorčeskix zakazov obščiny,—rukoju i ustami znajuščej svoju krasotu tolpy, veščim mediumom naroda-xudožnika." (Ivanov 1979: 77).

The brief comments on myth in Remizov's letter are not obviously linked, or even necessarily similar to this summary. However, the previously dis-cussed part of the letter where Remizov presents his reasons for the use of annotations to his texts contains motifs quite close to Ivanov. The emphasis on collective creation, on overcoming the painful isolation in which artists find themselves, on creating in the future a major example of myth—all this echoes Ivanov's ideas on the new popular mythopoesis.

Xlebnikov's ideas on folklore and myth are not terribly systematic: unlike Ivanov or Remizov, he was not an adherent of any one approach to myth, and his writing does not reflect the direct impact of philological scholarship (Baran 1985a: 13-14).[15] However, like Remizov, Xlebnikov was influenced by Ivanov. His debt to the Symbolist theoretician is usually referred to in general terms in the critical literature, yet a comparison between Ivanov's ideas and essays and Xlebnikov's early programmatic works produces evi-dence of more tangible connections between the two in the realm of myth and mythological thought.

In a letter sent by the fledgling poet to Ivanov along with a selection of his works we find this passage: "Čitaja èti stixi, ja pomnil o 'vseslavjanskom jazyke,' pobegi kotorogo dolžny prorasti tolšči sovremennogo, russkogo.

Vot počemu imenno vaše mnenie o ètix stixax mne dorogo i važno . . ."
(Xlebnikov 1940: 354). Here, as N. Stepanov notes (1975: 13), Xlebnikov
alludes to Ivanov's "O veselom remesle i umnom veselii." The relevant passage is found in the section "Mečty o narode-xudožnike": "Čerez tolšču
sovremennoj reči, jazyk poèzii—naš jazyk—dolžen prorasti i uže prorastaet
iz podpočvennyx kornej narodnogo slova, čtoby zagudeť golosistym lesom
vseslavjanskogo slova" (Ivanov 1979: 76).

A closer look at Ivanov's article reveals further possible points of contact.
in particular, there is the discussion of the enormous attraction of Hellenic
culture—the unified Mediterrean culture—for the barbarians, including the
Slavs. Twice in the article Ivanov refers to the story of the Scythian Ana-
charsis—the king whose attraction for things Hellene outweighed his loyalty
to his native traditions, and who, as Herodotus tells us, was killed by his
own people for blaspheming against the gods. This plot is one with which
Xlebnikov was unquestionably familiar, and he reworked a closely related
one, that of the Scythian Scyles (Dovatur et al. 1978: 317-318), in the brief
Lesedrama "Asparux" (Baran 1978). As the title suggests, a Bulgarian motif
(the name Asparux belongs to the legendary Bulgarian king) is used to
disguise the classical source, but the ideological element—the opposition
between native Slav vs. allure of the West—is quite clear. The reference to
the Herodotus source in the Ivanov essay reinforces a reading of the Xlebnikov play as a cultural allegory with contemporary implications.

Ivanov's writings also shed light on Xlebnikov's important 1908 article,
"Kurgan Svjatogora." This document is probably the most elaborate presentation by Xlebnikov of his views on a mythologized Great Time—a
vision of a sacred zone of the past, of a spiritual order which has suffered
progressive decay since then, as may be seen by the condition of present-day
Russian society and culture. Borrowing the *bylina* motif of Svjatogor's death
and of the transfer of some of his strength to Iľja Muromec, Xlebnikov
suggests that the Russians, shaped in the likeness of the vanished hero, are
obliged to assume his role but have been prevented from so doing by the
West. Writers have not expressed the people's spirit: even Puškin succumbed
to foreign influence.

The plot vehicle used by Xlebnikov may be different, but the notion of a
split between the artistic elite and the people is already familiar. The connection with Ivanov is further reinforced by the suggestion that language
can effect an amelioration of this condititon of divergence from the ideals
of the past. However, Xlebnikov's vision of this process is far more active
than Ivanov's, who envisaged the language of poetry making its way from
subterranean roots to a full-voiced Common Slavic verbal forest. Formerly,

Xlebnikov claims, language did not dare to step beyond certain bounds, but now poets crave "poznanija ot 'dreva mnimyx čisel'" (Xlebnikov 1940: 321). Experiments with derivation (*slovotvorčestvo*), the verbal equivalent of a mathematician's work with imaginary numbers or non-Euclidean geometries, are legitimized by the inherent properties of Russian. Should writers submit to their native language, should they reorient Russian literature towards its true roots, a mystical union might occur between the people and the land they inhabit—and a glimpse of Russia's national archetype might be achieved.

The center of Xlebnikov's attention is the sphere of language rather than the psyche, yet the analysis of the problem of contemporary culture—its divergence from its roots—is quite similar to Ivanov's. The cure proposed is not *mifotvorčestvo* but rather *slovotvorčestvo*. Was Xlebnikov's use of the latter term influenced by the model of the key term in Ivanov's theoretical writings? That this might be the case, and that Xlebnikov took seriously possible links between verbal experimentation and myth is shown in a number of his experimental poems, including those he sent Ivanov. These texts have few obvious links to extratextual mythological traditions, but they *feel* like myth:

> И я свирел в свою свирель.
> И мир хотел в свою хотель.
> Мне послушные свивались звезды в плавный кружеток.
> Я свирел в свою свирель, выполняя мира рок.
>   (Xlebnikov 1940: 95)

Working with Myth: Remizov and Xlebnikov

In assessing the causes of the differences in Remizov's and Xlebnikov's handling of annotations to their works, I pointed to the overall aesthetic of Futurism as a movement. There is also a more fundamental reason: Remizov's and Xlebnikov's divergent views of their roles as verbal artists. This difference in how they see themselves also affects how the two work with myth and folklore.

Remizov sometimes simply arranges what he borrows from ethnographic sources; sometimes he amplifies what is already present in them;[16] at other times, he intricately interweaves various strands of folklore, apparently faithful to the sources from which they are borrowed. An example of this last type of technique is "O bezumii Irodiadinom," where by fixing the execution of John the Baptist to the *zimnie svjatki*, by furthering the common confusion of two popular St. John's feasts, he is able to achieve an overlaying of pagan and Christian motifs into a characteristic example of "dvoeverie." As has been shown already, he looks to outside sources to legitimize his approach—i.e., since they reflect the true spiritual life of the Russian people, in the social reality itself.

Xlebnikov's ideas about the relationship of artist and audience may derive from the same source as Remizov's (i.e. Ivanov), but, over the years, he takes an increasingly independent stance with respect to the world he describes. At various times, particularly during the pre-war heyday of Hylaea, he sees himself as one of a band of heroic activists, the *budetljane*. Later, he more and more depicts himself as isolated and alone: literally, a prophet scorned by the crowd, a teacher of higher truths (about time, space, numbers, etc.).

Two somewhat contradictory factors are at work in Xlebnikov's poetic system. One is his tendency towards precision of sight. Although his life style is diametrically opposed to that of the scholar, and although he eschews giving the reader guidance as to sources, a great deal of the time Xlebnikov is uncannily precise about what he describes. When one tries to trace one of his images or motifs, the operative assumption may be that it is whole, that it will match exactly some source or other. Like a primitive myth-maker, he is precise in his naming, forcing the modern reader who would understand him to share in his knowledge of taxonomies of the animal or plant kingdoms.[17]

At the same time, Xlebnikov repeatedly goes beyond his sources, beyond tradition. Whether projecting himself as a war-like *budetljanin* in the cross-temporal and cross-cultural "Deti Vydry," or, late in life, as Zangezi—a Zarathustra-like figure whose analogues are to be found in Hindu traditions—Xlebnikov imposes his own myth upon the world. He is not content to take the world as he finds it: not when, for example, it is one where the *priobretateli* oppress the *izobretateli*, where the old send the young to die in war, and where D'Anthès murders Puškin. The myths he creates in response to a world he often finds unacceptable, myths of historical recurrence and retribution, of the salvific power of language, need no genealogy at the margins of the text.

The difference in how Remizov and Xlebnikov handle myth and folklore may be shown by comparing their treatment of the same image. There are a number of cases in the writings of the two modernist verbal masters where we find coincidences of themes and/or borrowings;[18] the ground for the present comparison is provided by the image of a *kamennaja baba*, one of the ancient monuments that dot the steppes of Russia.

One of the stories in "K morju-okeanu" bears the title "Kamennaja baba." In the story, the two protagonists, Alalej and Lejla, look at the stone figure and hear an etiological legend:

Я баба не простая, я Каменная Баба, — провещалась Баба, — много веков стою я в вольной степи. А прежде у Бога не было солнца на небе, одна была тьма, и все мы в потемках жили. От камня свет добывали, жгли лучинку. Бог и выпустил из-за пазухи солнце. Дались тут все диву, смотрят, ума не приложат. А пуще мы, бабы! Повыносили мы решета, давай набирать свет в решета, внести в ямы. Ямы-то наши земляные без окон стояли. Подымем решето к солнцу, наберем полным-полно света, через край льется, а только что в яму — и нет ничего. А Божье солнце все выше и выше, уже припекать стало. Притомились мы, бабы, сильно, хоть света и не добыли. А солнце так и жжет, хоть полезай в воду. Тут и вышло такое — начали мы плевать на солнце. И превратились вдруг в камни.

(Remizov 1911: 215-16)

Remizov's note to the tale, found for the first time in the book publication, points to Afanas'ev as his source. Indeed, the section on giants in *Poètičeskie vozzrenija slavjan na prirodu* contains a brief note that links the statues of the south of Russia with legends of giants turned to stone: ". . . devica nesla vedra s vodoju i okamenela—namek na te kružki, iz kotoryx oblačnye devy l'jut na zemlju doždi. Podobnye predstavlenija svjazyvajutsja na juge Rossii s kamennymi babami" (Afanas'ev 1868: 677).

In Remizov's tale, the "stone woman" is a witness to the deepest past; the product of divine punishment for sin, she warns the two travellers against misconduct. The imaginative product of myth, she fully participates in the world of the marvelous brought into being by the author.

The motif of the *kamennaja baba* is a fairly frequent one in Xlebnikov. It is used in different ways. Here, we shall consider two cases. In the first, in the Civil War narrative poem "Noč' v okope," a trio of stone statues are witnesses to the battles between the Reds and the Whites, and to the broader suffering of the fratricidal conflict:

Чтоб путник знал об старожиле,
Три девы степи сторожили,
Как жрицы радостной пустыни
Но руки каменной богини,
Держали ног суровый камень,
Они зернистыми руками
К ногам суровым опускались
И плоско мертвыми глазами,
Былых таинственных свиданий,
Смотрели каменные бабы.
Смотрело
Каменное тело
На человеческое дело.

(SP I: 182)

In this passage, the statues function as symbols of the flow of history, and are not linked to any overt folkloric or mythological associations.

In another poem of the Civil War period, "Kamennaja baba," Xlebnikov takes a different tack. In the poem, the lyrical "I" initially wonders at the statues in the steppe: "Oni surovy i žestoki,/ Ix busy—grubaja rez'ba/ I skazok kamnja o vostoke/ Ne ponimajut jastreba." (SP III: 32). He expresses a kind of mock sympathy for one of them: "Zdes' stojat' osuždena/ Kak pristanišče kozjavok,/ Bez grebnja i bez bulavok" (SP III: 34). But he ends with a bold, transforming image, in which a butterfly transfers reason and life to the stone statue—an act that is rather transparently allegorical and is explicitly linked with the Revolution. The poem ends with a magnificent cosmic dance that obliterates the common characteristics of matter:

> Камень кумирный, вставай и играй
> Игор игрою и грома,—
> Раньше слепец, сторож овец,
> Смело смотри большим мотыльком,
> Видящий Млечным Путем.
> Ведь пели пули в глыб лоб, без злобы, чтобы
> Сбросил оковы гроб мотыльковый, падал в гробы гроб.
> Гоп! Гоп! в небо прыгай гроб!
> Камень шагай, звезды кружи гопаком.
> В небо смотри мотыльком.
> Помни пока эти веселые звезды, пламя блистающих звезд,
> На голубом сапоге гопака
> Шляпкою блещущий гвоздь.
> Более радуг в цвета!
> Бурного лёта лета!
> Дева степей уж не та!
>
> (SP III: 34-35).

There is myth at work here, but it is one that is wholly a product of the poet's imagination. Both textual authority and the reality of the extratextual object are set aside in the bold mythologem of the dancing, liberated statue.

Conclusion

Despite specific links between the poetic systems of Ivanov, Remizov, and Xlebnikov, their handling of similar tasks reveals substantial typological differences. In broad terms, the opposition shapes around Ivanov and Remizov on one side (with divergences between them) and Xlebnikov on the other; in other words, between a Symbolism defined sufficiently broadly to embrace Remizov, and Futurism, linked to Symbolism at the outset but soon enough its vocal opponent. The discussion suggests that the notion of poetic schools in fin-de-siècle Russian literary history has considerable

validity, and should not be replaced by the attractive, yet by far too equal-
izing concept of modernism.

State University of New York at Albany

NOTES

1. Deschartes' assessment of Ivanov's emotional attitude towards Remizov needs to be
viewed cautiously. Charlotte Rosenthal has kindly noted to me that, in a letter of 8 August
1906 to Georgij Čulkov, Remizov mentions that he is at Ivanov's almost daily (Otdel Rukopisej GBL, fond 371, karton No. 4, ed. xr. 46) (private communication).
2. Deschartes initially promised to discuss this in the third volume of the Ivanov *Sobranie
Sočinenij* (Ivanov 1974: 737). Her comments now appear to be scheduled for one of the later
volumes.
3. «Вихрь силы вещи Иванова повествует о темном бессильном порыве, гордо отказы-
вающе<мся> от неправого счастья ради правого несчастья. Так как право есть корень
счастья в будущем, то эта вещь повествует о русском несчастии, отказывающемся от
счастья Европы или завешенн<ого> занав<есом> настоящего счастья внуков. Подчеркивает, что эти вещи суть верхушки творчества именованных твор<цов> безличную
народную единицу» (Xlebnikov 1940: 425).
4. By comparison Sologub, whose works Xlebnikov apparently knew quite well, and whose
Navi čary he intended at one point to take as a model for a major text of his own (Xlebnikov
1940: 354-355), becomes transformed into the uncomplimentary "F. Gubosal" in a draft of
Kručenyx and Xlebnikov manifesto for *Rykajuščij Parnas* (SP V: 249).
5. Central'nyj Gosudarstvennyj Arxiv Literatury i Iskusstva, fond 527 (Xlebnikov), op. 1,
ed. 92, 1. 14, 28ob, 48ob.
6. This aspect of Xlebnikov's ideological makeup is noted in another Xlebnikov letter to
Markov: "'Planetčik,' xotel orussit' ves' zemnoj šar" (Markov 1982: 438). On Xlebnikov's political views before World War I, see Baran (1985b: 70-71, 87).
7. The accusations against Remizov appeared for the first time in the article "Pisatel' ili
spisyvatel'?", *Birževye vedomosti*, No. 11160, 16 June 1909.
8. This is not merely quixotic or appropriately bizarre: there is the potential of a more
serious undercurrent, linked with Xlebnikov's nationalism and possible contact with the Black
Hundred movement. Cf. in the letter: «Мы должны выступить защитниками чести русского писателя, этого храма, взятого на откуп — как гайдамаки, — с оружием в руках и
кровию . . . Пусть Ал<ексей> Мих<айлович> помнит, что каждый из друзей гордо
встанет у барьера защищать его честь и честь вообще русского писателя, как гайдамак
вставал за право родины» (Xlebnikov 1940: 359). Similar sentiments, explicitly associated
with the Black Hundreds, appear in the story "Velik-den'" and in "Snežimočka."
9. Alex Shane suggests that this allusion is likely biographically based (private communication). Insects also play a visible role in a number of Remizov's works.
10. The comparison of the texts in *Posolon'* and *Limonar'* with their initial publications was
made possible by Alex Shane, who generously made available to me his rich Remizov
materials.
11. A similar reference to the Russian literary tradition of not indicating the sources of
folkloric borrowings is found in Prišvin's defense of Remizov against the plagiarism charge:
"Po literaturnoj tradicii, načinaja ot Puškina, narodnaja poezija ispol'zuetsja u nas bez ssylok
na istočniki" (Prišvin 1909).

12. What is also striking here is the similarity in method. Both the *Posolon'* and *Limonar'* collections and *Rossija v pis'menax* underscore the importance of genealogy. Whether it is a myth reconstructed by the poet, or a medieval text rescued from obscurity and placed before a modern reader, Remizov is concerned with some kind of verisimilitude, with authority for the "message." In the later collection, where the author is present as an intermediary, one who confesses to his "pristrastie k staroj bumage i bukvam, neponjatnym dlja nynešnego glaza" (Remizov 1922 [1982]: 11), this is done directly in the text. In the earlier works, that function is assigned to the mechanism of the notes.

Two examples from *Rossija v pis'menax*, where, in Remizov's words, "zatejal po obryvyš-kam, po nikomu nenužnym zapisjam i polustertym nadpisjam, iz meločej, iz ničego predstavit' našu Rossiju" (Remizov 1922 [1982]: 14):

(a) In "Policija. Bezalabernoe": «В белой обложке лежит на моем столе толстое дело Ветлужского Полицейского Управления.

'Дело о записках, прибитых в ночь с 8 на 9 августа к квартирам в городе Ветлуге'». (Remizov 1922 [1982]: 36);

(b) In "Sunduk. Elisavetinskoe":

«В новоладожском Загвоздье в прохожей комнате старого Философского дома долгие годы стоял расписной сундук.

Про сундук знали одно, что хранится в нем дедовское добро, покойного еще Никиты Егоровича Философова, двоюродного пра-прадеда нашего Димитрия Владимировича Философова, — какая-то ветошь, которая никому не нужна.

Сам Никита Егорович помер в 1779 году, сын его Иларион Никитич в конце 30-х, а внук — Алексей Иларионович в 1874-м.» (Remizov 1922 [1982]: 51).

Remizov's emphasis on annotations in the early collections may also derive from the kind of material he is using: it is essentially oral, kept in the memory of the people, rather than set down on paper, however fugitive, as in the *written* tradition.

13. Prišvin also points to the analogy between Remizov's annotations and the medieval textual tradition: "Pišet on èti ssylki, pol'zujas' zavetom srednevekovyx xudožnikov: ne znat' v sebe masterstva, oblegčat' drugim trudnyj put'" (Prišvin 1909).

14. The explanatory function of annotations is sometimes handled by Xlebnikov within the text itself, either through metalinguistic formulations, as in the poem "Vidite, persy, vot ja idu . . ." or by including a kind of lexicon within the work. Thus, in *Zangezi*, the poetic oration in Level VIII delivered by Xlebnikov's poetic-prophetic alter ego, which makes heavy use of the so-called *zvezdnyj jazyk*, one of Xlebnikov's poetic idioms, is followed by the crowd's reading of a leaflet that contains the meanings of the units of the "language of the stars" (SP III: 332-33).

15. My comments are largely restricted to questions of myth. For a detailed discussion of the problem of folklore in Xlebnikov's works, see Baran (1985c).

16. Cf. Prišvin's remarks (1909): "Možno dvumja sposobami sdelat' xudož. pereskaz proizve-denij narodnoj poèzii: 1) razvitiem podrobnostej (amplifikacija), 2) pribavleniem k tekstu." Remizov (1909) also uses the term "amplifikacija."

17. Remizov shares this precision of sight: "Izbegat' obščix opredelenij: esli govoritsja o derev'-jax, nado oboznačit': bereza, sosna. Ne nado obščix opredelenij, kak 'toska,' 'zavist',' a nado pokazat'. Nikakix 'devušek' i 'molodyx ljudej'." (Kodrjanskaja 1959: 129).

18. Some examples of these coincidences in the ethnographic materials (drawn from Alex Shane's Remizov collection):

a) One of Remizov's later stories, "Mavka. Neizdannaja karpatskaja skazka" (*Novosel'e*, No. 6, Oct.-Nov. 1943, 3-5), deals with a horrifying supernatural figure, part woman–part monster, of Ukrainian folklore. The figure of the *mava* is frequent in Xlebnikov; in the period of World War and Civil War it assumes apocalyptic dimensions.

b) Both writers make use of a ritual common in Russia, the *poxorony mux*, that takes place on 1 September (O.S.). The ritual, as Remizov indicates in his annotation to the brief story

"Pogrebenie muxi, bloxi i komara," was used to rid peasant houses of insects: "složilos' povere, budto v domax, gde ix voditsja mnogo, stoit toľko zakopať po 1 sentjabrja po odnomu 'zverju' i vse oni vyvedutsja." (Remizov 1910: 253). In Remizov's story, the narrator, without explaining the underlying motivation (this task is carried out by the annotation), carefully describes how he performs the ritual. The minor episode is filled with details of how each insect is caught; once placed in their vegetable coffin, they are carried by the narrator and thrown into the river. The text which creates the atmosphere of a solemn ritualistic burial, suitable for the burial of a human: "I brosil ja korobku v reku,—poplyla korobka: muxa, bloxa i komar, i plyla po reke v more—okean. Ono primet ix, ono ne možet ne prinjať zasnuv-šix zverej, i soxranit tam na svoej grudi, čtoby vesnoj vernuť" (Remizov 1910: 200). Xlebnikov uses the ritual as a minor detail in his calendar-based poem "Rus', zelenaja v mesjace Aj!". Discussing village life in September, he notes: "A večerom žužžit vereteno/ Devy s voplem pritvornym,/ Xoronjat boga mux,/ Zapekši s malinoj v pirog" (SP III: 114). On Xlebnikov's poem, see Baran (1985c).

c) Finally, in Remizov's "Na krasnom pole," a lamentation on the state of Revolution-torn Russia, we find interpolated twice, within a solemn text, the lines "Io, ia, colk! Io, ia, io, colk! Io, ia, io, colk!/ Pac, pac, pac, pac, pac, pac, pac, pac" (Remizov 1917: 73, 78). This is the famous song of the *rusalki* that Xlebnikov uses in his earlier folkloric pastiche "Noč v Galicii," which he borrowed from I. Saxarov's *Skazanija russkogo naroda o semejnoj žizni svoix pred-kov*. In Remizov, the "transsense" song serves as a counterpoint to the lamentation, an intrusion of the primitive, pagan, wild element into the tragic modernity.

REFERENCES

Afanas'ev, A., 1868. *Poètičeskie vozzrenija slavjan na prirodu*, II. M.: Izd. K. Soldatenkova.

Annenskij, Innokentij, 1979. *Knigi otraženij*. Ed. N. T. Ašimbaeva, I. I. Podoľskaja, A. V. Fedorov. M.: Nauka.

Baran, Henryk, 1978. "Xlebnikov and the *History* of Herodotus." *Slavic and East European Journal*, Vol. 22, No. 1, 30-34.

———, 1985a. "Xlebnikov's Poetic Logic and Poetic Illogic." In: *Velimir Xlebnikov: A Stockholm Symposium*. Ed. by N. A. Nilsson. Stockholm: Almqvist & Wiksell, 7-25.

———, 1985b. "Temporal Myths in Xlebnikov: From 'Deti Vydry' to 'Zangezi'." In: *Myth in Literature*. Ed. by A. Kodjak, K. Pomorska, S. Rudy. Columbus: Slavica, 63-88.

———, 1985c. "Xlebnikov Poetics and Its Folkloric and Ethnographic Sources." In: Papers from Symposium "Velimir Xlebnikov (1885-1922): Myth and Reality," Amsterdam, September 4-6, 1985 [in press].

Benstock, Shari, 1983. "At the Margin of Discourse: Footnotes in the Fictional Text." *PMLA*. Vol. 98, No. 2, 204-227.

Dovatur, A. I., Kallistov, D. P., Šišova, I. A., 1982. *Narody našej strany v "Istorii" Gerodota: teksty, perevod, kommentarij*. M.: Nauka.

Ivanov, V. I., 1974. *Sobranie Sočinenij*, II. Ed. by D. V. Ivanov and O. Dešart. Bruxelles: Foyer Oriental Chrétien.

———, 1979. *Sobranie Sočinenij*. III. Ed. by D. V. Ivanov and O. Dešart. Bruxelles: Foyer Oriental Chrétien.

Kodrjanskaja, Nataľja, 1959. *Aleksej Remizov*. Paris.

Markov, V. F., 1982. "Pis'ma A. M. Remizova k V. F. Markovu." *Wiener Slawistischer Alman-ach*. Band 10, 429-449.

Pomorska, Krystyna, 1968. *Russian Formalist Theory and Its Poetic Ambiance*. The Hague-Paris: Mouton.

Prišvin, M., 1909. "Plagiator-li A. Remizov? Pis'mo v redakciju." *Slovo*, No. 833 (21 June), 5.

Remizov, Aleksej, 1907a. *Posolon'*. M.: Izd. žurnala "Zolotoe Runo."

———, 1907b. *Limonar'*. SPb: Ory.

———, 1909. "Pis'mo v redakciju." *Russkie vedomosti*, No. 205, Sunday, 6 September, 5.

———, 1910. *Rasskazy*. SPb: Progress.

———, 1911. *Skazki*. (=*Sočinenija*, VI). SPb: Šipovnik.

———, 1912. *Otrečennye povesti*. (= *Sočinenija*, VII). SPb: Šipovnik.

———, 1917. "Na Krasnom pole," *Argus*, No. 7, 27-80.

———, 1922 (rpt. 1982). *Rossija v pis'menax. Tom I*. Intro. Ol'ga Raevsky-Hughes. New York: Russica.

———, 1923 (rpt. 1978). *Kukxa. Rozanovy pis'ma*. New York: Serebrjanyj vek.

Rosenthal, Charlotte, 1979. *Aleksej Remizov and the Literary Uses of Folklore*. (Ph. D. dissertation, Stanford University).

———, 1985 "Remizov's *Sunwise* and *Leimonarium*: Folklore in Modernist Prose," *Russian Literature Triquarterly*, No. 19 (Remizov II, forthcoming).

Stepanov, N. 1975. *Velimir Xlebnikov. Žizn' i tvorčestvo*. M.: Sovetskij pisatel'.

Xlebnikov, Velimir, 1928-33. *Sobranie proizvedenij Velimira Xlebnikova*, I-V. Ed. by N. Stepanov, L.: Izdatel'stvo pisatelej [cited in the text as SP].

———, 1940. *Neizdannye proizvedenija*. Ed. by N. Xardžiev and T. Gric M.: Xud. lit.

PRIMITIVISM IN REMIZOV'S
EARLY SHORT WORKS
(1900–1903)

Charlotte Rosenthal

The purpose of this paper is to define "primitivism" as a literary concept and to sketch its presence in some of Remizov's earliest work. Remizov expressed views about art that indicate his affinity to certain qualities in literature that can be called "primitivist." He incorporated primitivist elements into his earliest work in both poetic and prose genres. Remizov's two books of 1907, *Posolon'* and *Limonar'*, have been cited as examples of literary primitivism.[1] But his interest in primitivism began even earlier, in the years of exile between 1900 and 1903. In fact, some of the works later incorporated into *Posolon'* were written in this period. His initial involvement in primitivism was primarily expressed through the borrowing of motifs that suited the thematic and poetic problems preoccupying him in these years.[2]

The most recent book-length treatment of primitivism in literature is Michael Bell's *Primitivism*. Bell distinguishes the "animistic and mythopoeic primitivism"[3] of modern literature of the nineteenth and twentieth centuries from earlier versions. Modern primitivism is marked by the writer's attempt to recreate the sensibility of primitive man or to use primitive motifs as ideas or metaphors. By "primitive" Bell means "pre-civilized" and "mythic."[4] The most important feature of this "primitive sensibility" is a particular response to life, a manner of feeling and thought, that is, "the absence, from a modern scientific standpoint at least, of a firm and rational distinction between the inner world of feeling and the external order of existence." Primitive man "projects the needs and desires of his own nature as objective qualities of the external world."[5] The primitive's "radical subjectivism" is characterized by the phenomenon of animism, by which all objects as well as abstract concepts are endowed with similar properties. Since the primitive experiences existence as a continuum between the individual and his natural environment, he is unquestioning and submissive to "the moral propriety of the cosmic order," an attitude that Bell calls natural or cosmic piety. Natural piety is not a moral concept. It implies a worldview in which life remains mysterious, ungovernable, and "essentially unchanging."[6]

Bell's discussion, however, does not include primitivism in a biological or psychological sense. Some modern writers have used children and even animals as others have used primitive folk. The anthropologist George Boas refers to both the child and the rural folk as the "cultural *Urmensch.*" According to Boas' "law of recapitulation," there is a parallel between the child and primitive man so that "many of the characteristics of children's arts and beliefs about the world were held to be like those of savages."[7] Vera Kalina, in an article on Elena Guro, has isolated some of these characteristics: the child's subjectivism, tendency to animate inanimate objects and to project its feelings "into the surrounding world," and to substitute concrete signs for abstractions, such as the marking of the passage of time by holiday signposts.[8]

Aside from the tendency to animate nature, Bell does not suggest any formal markers of primitivism. In fact, he has chosen a wide range of examples from nineteenth- and twentieth-century American and English novelists and poets who are hardly linked by any particular style. Primitivism penetrated into Russian literature, and into Remizov's work in particular, first as a new thematic and a new attitude, and only subsequently as formal innovation.[9] Primitivism led Remizov first to incorporate new materials and language into the written literary tradition. Subsequently, he developed various literary genres through the juxtaposition of these new elements with traditional ones. Remizov constructed his works from previously disparate materials on the basis of some form of association.

The story "Medvedjuška" (1900) reveals a tendency toward primitivism in Remizov's earliest work. Although the story is within the realist tradition and is conveyed by a third-person narrator, this narrator sees the world from the child's point of view even when the child is not specifically present. Russian writers before Remizov had made ample use of a "naive hero's" point of view for the purpose of *ostranenie*; Remizov here does too. For example, the young in the story, whether animal or human, are opposed to the adult world, the world of "monsters," as human hunters are referred to by the animals in an ironic reversal.

But Remizov makes use of the child's point of view mainly for another purpose: to concentrate on the enchantment of a child's subjective perception of the world. By doing so he illustrates Boas' "law of recapitulation," establishing an equivalence between the "primitive" folk through their lore and children. In telling the story, the narrator links the child's world with the world of nature and of folklore. One link is the use of diminutives in naming: *Galečka/Alenuška* (1911 version)—*zvezdjuška—medvedjuška.*[10] Another link is the presence of imagery and language borrowed from folklore, especially in descriptions of nature. The child is identified with the animal world, not only through her own projections, but also through the narrator's choice of words: the same words—*piščat', strašno-strax, dušno/duš-nyj*—are used for the little girl and for young animals. The child and the cub are also linked by their similar size. The little girl is linked to the world of the folk tale through her perception of transformations: for her, objects metamorphose into living creatures, and one creature into another: a fallen star into a bear cub, a bear cub into a cat. It is the child's conceit—that the "fallen" star and the bear cub are the same creature—that ties the opening of the story to the remainder.

Through the domination of the child's point of view and analogical manner of thought, the natural world—flora, fauna, celestial phenomena, and the weather—are personified: the night is like a "nanny" to the stars, a mother bird speaks, instructing her young on the danger of bears, and so on. Some of the imagery may have its source in I. P. Saxarov's book *Ska-zanija russkogo naroda* (2nd edition, 1885).

> In Remizov's story, for example, the sun lives in a crystal tower and wears a fur coat and a brocade cap. . . . Such dress is in keeping with a folk belief recorded in Saxarov's book, according to which the sun in winter dresses up in fine clothes to go away for a while.[11]

The story can be viewed in part as a dream of harmony. Many years later in an article on Prišvin, Remizov expressed the idea that man and beast once lived in harmony. He wrote in 1945 that Prišvin's voice

> from Russia resounds, reminding man that with all his grief and ferocity, there is still God's world with flowers and stars and that the wild beasts, who once lived in close relations with man, had a good reason to be frightened away and fearful of man, but the world still has simplicity, childlikeness, and trustfulness—"man" is alive.[12]

Of the formal aspects of primitivism noted by Nilsson, the primary one represented in the story is the use of elliptical phrases: several sentences lack subject pronouns, verbs of motion, and conjunctions. Remizov also uses occasional substandard truncated verbal forms: *xvat', cap.* The child's speech contains a grammatical error, but the narrator's text contains none.

We can see in this early story some of the possibilities that primitivism offered Remizov. It is a partial assault on a logical, rational perception of the world and causal relationships, while remaining within the realistic canon. Yet the story's realism is somewhat altered by the incorporation within it of folktale elements. The latter are not consistently motivated by the child as the agent of perception. Thus the sensibility of the folk tale intrudes on the realistic basis of the short story. The boundary line between written and oral genres is broken down.[13]

In another very early work, "Plač devuški pered zamužestvom" (1901), a "primitivist" poem in free verse, Remizov experimented with a different combination of oral and written genres. This lament is one of several poems in free verse based on Zyrian or Komi culture.[14] Remizov had lived in the Zyrian area of Ust'-Sysol'sk (Syktyvkar) in 1900 among these "simple people" as he called them.[15] This encounter with an exotic culture proved fruitful for Remizov. When he composed the lament, though, Remizov structured it not on what he had heard, but on a model from a book.[16] Both the model and Remizov's poem exhibit that lack of distinction "between the inner world of feeling" and the external world that we cited as a feature of primitivism. In the lament, life is presented as a continuum between the speaker and nature and this relationship is formally ritualized. The speaker tries to influence her fate by appealing to animistic powers.

Because of various additions that Remizov made to the model, his version is longer. Remizov "paganizes" the model by changing the Christian addressees to celestial phenomena. At the same time he makes the content of the poem more exotic and more mysterious by the inclusion of a reference to the Zyrian divinity En and by references to charms, mysteries of the world, hidden fate, and the dreams of men and beasts. He also amplifies the lament by adding poetic content similar to that in the original poetry he was writing in these northern exile years. Such amplifications include the addressees that are celestial phenomena, elaborate metaphorical language, and numerous epithets. Remizov's version, with its more elaborate imagery, dilutes the incantatory quality of the model. He alters the collective nature of the tradition-bound form by the insertion of original, personal references.[17] In this earliest example of Remizov's reworking of a model based on oral lore, we see his tendency to make the folk lament more literary and thus more accessible to a modern reader. We also see how he adapted the model to suit his own thematic concerns.

"Plač devuški pered zamužestvom" was only the first of several works in a cycle that Remizov wrote between 1901 and 1903 that rendered the primitive myth and ritual of the Zyrians in poetic forms. Entitling the cycle "Polunoščnoe solnce," he published it together for the first time in *Severnye Cvety* in 1905. Initially, in each poem, Remizov incorporated primitive motifs with modernistic free verse, though the poetic form became attenuated in "Kikimora." No notes accompanied the cycle. When he published it next in *Čortov log i polunoščnoe solnce* in 1908, Remizov included notes in which he discussed the central image of each poem.[18] In the *Čortov log* discussion, Remizov ties all six poems to the initial one, "Omel' i En," which retells a Zyrian creation myth. To do so he indulges in some fanciful connections that, at least in the case of the purely Russian figure of "Kiki-mora," are inaccurate. Remizov's handling of this mythic and ritual material ranges from the reworking of a given text to an original development of a given image. Actually what ties the poems together is their modernist form and the primitivist apprehension of the world. The themes as well as much of the nature imagery are similar to those in other works by Remizov of this period. The cycle moves from the serious to the comic. There are some other notable traits about the cycle: Remizov provides no frame of reference for his readers, subsequently provided by the notes; except for the lament, the focus of the pieces is on the psychological state of the imagined supernatural figures, not on the human perception of that world; except for the gods of creation, Omeľ i En, the figures in this cycle are all female.

The cycle begins with the dualistic creation myth "Omeľ i En." The two are presented almost as two psychological types. En, in overcoming his despair, creates the heavens and light. Omeľ, unable or unwilling to give up his despair, creates repulsive flora and fauna. These natural symbols take on similar positive and negative semantic values in Remizov's other work of the period. Despite the dualistic view, it is the despairing god Omeľ who dominates the cycle: in "Poleznica" and "Iketa" the female spirits are depicted as desperate; the female figures of "Kuťja-vojsa" destroy people in snowstorms; the female speaker in the lament "Plač devuški" has little chance that her appeal will be heeded by the god En, according to Remizov's notes in *Čortov log*; finally "Kikimora" is described as the result of Omeľ's attempt to extricate himself from despair through humor.[19]

The themes of despair, vain hopes and dreams, divine indifference, and imprisonment, on the one hand, and escape from despair through prankish humor, on the other, correspond to themes found in Remizov's other writings of the period. Even some of the imagery finds its correspondences in other works: the negative cluster of natural images of Omeľ's world are repeated in the poem "Severnye cvety"; the positive images of sunlight and stars of En's creation are repeated in several early works. The "Polunošč-noe solnce" cycle well illustrates the working of primitive sensibility. Human fears are transformed into the acts of nature spirits. The gods and their respective creations in the natural world are endowed with qualities recognizably human. It is a world in which man, for all his efforts to enlist the aid of supernatural force, has little chance of influencing fate.

"Kikimora," written in 1903, was always published in a cycle. It would be natural for a reader to look for a common thread between "Kikimora" and other works within the same cycle. For this reason, the poem must have appeared rather puzzling when readers encountered it along with "Plač devuški" and the other Zyrian-inspired works. Remizov must have sensed this puzzlement, for the next time he published it in *Čortov log i polunošč-noe solnce* (1908), with other pieces based on Zyrian and Slavic mythology, he added a note in which he called Kikimora an "offspring" of the Zyrian god Omeľ. In the subsequently published notes to the piece, Remizov gave as his sources for this portrayal F. I. Buslaev's *Istoričeskie očerki russkoj narodnoj slovesnosti i iskusstva* (1861) and I. P. Saxarov's *Skazanija rus-skogo naroda* (1895 edition). They give credence to Remizov's basic image of a spirit who loved to play tricks. Remizov's characterization does not go much beyond this central image. The depiction of Kikimora illustrates well the primitive projection onto a supernatural creature of the need to explain ill luck.

Remizov frames his poem with the sounds of laughter and references to laughter: "Ga! xa!"; "xi-xi! xi-xi!"; "Ga! xa-xa-xa-xa!" "Ot xoxota;" "Ga! xa-xa-xa . . . xa!;" "I do umoru xoxotať." Instead of incorporating possible etymological interpretations of the name, Remizov plays with its sound: "Kiki" is echoed in the expletive "xi-xi"; "mora" is repeated in the expression "do umoru."[20] Most of the piece is relayed in Kikimora's own voice. It has a dynamic, dramatic quality. This is so in part because of the use of a great many colloquial phrases and interjections, and in part because of the presence of action verbs in almost every line. "Kikimora" is unique among Remizov's early short pieces in its orientation toward colloquial speech and the use of speech to characterize the central figure almost entirely. The language also betrays those formal characteristics that Nilsson considers primitive: expletives, noneuphonic words (*čeburaxnulsja, spotknuvšisja*), and elliptical phrases ("v les" without a verb). In the piece, Remizov shows his interest in the process by which everyday occurrences were explained by the folk as the interference of supernatural beings. Such explanations flew in the face of scientific cause and effect.

In these early years, alongside the pieces already discussed, Remizov also composed short prose works that he tended to publish together in cycles under various titles such as "V sekretnoj," "Belaja bašnja," and "Po vesne severnoj." Some of these works reveal a primitivist tendency in that nature is portrayed animistically. In those works that deal with imprisonment in the North, nature appears to the narrator at times as a compensatory value.[21] Nature serves as the object of the narrator's poetic observation and as metaphor for his own emotional state. The narrator apostrophizes nature directly, as in the poem "Plač devuški pered zamužestvom." An example is "Oška-Moška," written and published in 1903.[22] It is a loosely bound prose poem on the theme of spring. Remizov juxtaposes children, animistic spirits, and a personified natural world. The introduction of spring, personified, is juxtaposed with that of children. This lighthearted piece conveys a primitivist sense of joy at the coming of spring, foreshadowing a number of later *Posolon'* pieces in its mood and its juxtaposition of children, mythological creatures, and nature. A major difference is in the central presence of the narrator in this earlier work: he will disappear in the *Posolon'* cycle.[23]

Remizov puts the primitivist elements in the short story "Požar" (1903)[24] to somewhat different use, though thematically, in its despair and disconsolateness, it is close to some of the Zyrian-inspired poetry. It is the story of the destruction of a provincial town, a town that has begun to industrialize.[25] In "Požar" Remizov presents most consistently the primitivist sensibility of Russian folk. The latter combine pagan and Christian beliefs into the system known as *dvoeverie*. They project their anxieties onto nature, in their interpretations of various natural signs. Abstractions such as time are measured in terms of specific church holidays, which, in turn, are keyed to the seasonal agricultural cycle. Their attempts at explanation make no sense in objective, scientific terms. The primitivist outlook is combined in the story with an abstract symbolism, but both aspects contribute to similar thematics. The ethnographic detail is not there to create a picture of provincial life, but to contribute to a verbal orchestration of a mood and collective emotional state. The fashionable theme of the Apocalypse is combined with some of Remizov's own personal concerns: the inexplicable in life and the havoc it plays with man's attempts to control his fate; the concept of evil; the meaning of human suffering.

Variations are voiced on the theme of the Apocalypse: there is the Old Believer's version in which Ivan the Terrible is the devil incarnate; there is Solov'ëv's version in his vision of Pan-Mongolism; there is the revolutionary version. And, of course, there is Remizov's version. The color scheme is taken from the Book of Revelation: black, white, red, and gold. Relentless fate, whether personified by the folk image of *beda*, or by the abstract figure of the monk, does not let up until the town is totally destroyed. In the 1903 text, the narrator makes this idea explicit: "Ona podxodit," he says, referring to the feminine *beda*. He compares her to a storm cloud that cuts down people with lightning. The nature imagery is in keeping with similar images elsewhere in the text that are interpreted by the townspeople as foreboding. The sense of the narrator's lyrical passage is the inevitability of the destruction. The fire that brings about much of the final destruction is itself a symbol of fate. Remizov had used this image in the second part of "Belaja bašnja": the speaker addresses fate as "Neumolimyj Rok, ogon' vsevlastnyj . . ." and refers to fate's hand, an image also repeated in "Požar."

The fire image is also especially appropriate here because of the association of the holiday of Ivan-Kupalo, when the conflagration begins, with ritual fires.

The townspeople try to explain their misfortune as "caused" by the devil in the person of the witch Fëkla and so she is murdered. They try to control fate by fortune-telling, taking ritual ice baths on Epiphany, chalking crosses on various parts of their houses, bringing forth icons, and praying to the monk. Finally they resort to more murder and disfigurement, to no avail. God has abandoned this world. Again, this idea is made explicit in the 1903 text. One of the several unidentified voices, responding to the ascription of evil to the devil, says:

—Erunda na postnom masle i vsja tut. Ni Boga net, ni čorta, ničego net, žizn'.

Another voice responds: "Kakaja žizn'?"

All the representatives of the Christian hierarchy—the bishop, the mother superior, and the monk—commit profane acts; evil is pictured as issuing forth from church belltowers, Ivan IV and the local cathedrals. Official Orthodoxy is opposed to *dvoeverie*, collective to individual, victimizer to victim, light to dark. But what is important is not the differences between the members of these oppositions, but their similarity. For example, many of the victimizers of the first part become the victims of the second part. Neither form of religion is shown to offer solace.

To tell the story, Remizov makes use of a complex narrative system made up of three voices: a third-person *skaz* narrator's, a first-person lyrical voice, and a third-person omniscient narrator's. The *skaz* narrator's voice dominates the beginning of the story, it is replaced by a lyrical voice, and finally the lyrical narrator gives way to an omniscient narrator. The narrators' voices are joined by several other voices, many of them unidentified, others only briefly identified, which join in the general chorus of views and opinions. These voices are also combined with quotations from a police directive,[26] a mangled citation from Marx, a revolutionary song, a folk song, and "graffiti" on fences. All of these voices—and the concomitant lack of individualized detail—render the work a choral or collective one, a composition on the theme of the Apocalypse. Much of the story is structured on an alternation between incident and choral response. It is built up as much by affinitive details as by a series of incidents in a temporal sequence.

Remizov structured the work on the number three, a structurally significant number in the Russian folktale. Initially the story fell into three parts by virtue of its narrative system: collective picture of the town and omens about the future; a first-person's lyrical expression of a sense of doom; the narrative of the town's destruction. There are three individual deaths before the fire (White Fëkla, a young girl, Fëkla's son) which are all "unnatural"; there are three "rainbow" suns; the fire lasts three days, a fact the narrator emphasizes; the fire strikes from the cathedral belfry three times. The phrase "monax v temnoj odežde" is repeated three times. Remizov even increased the number symbolism in the 1910 text: the opinion "Propaščaja naša žizn', vot čto," is expressed three times; the townspeople address the monk with three appeals that begin "Ty naš spasiteľ . . ."; and the story was divided into three chapters. These additions strengthen the formulaic nature of the story, implying an inevitability rather than stating it explicitly.[27]

The primitive mentality is well represented in "Požar": there are no clear-cut boundaries between man, nature, thing, and idea. Evil and misfortune are highly personalized. This primitive element functions on the thematic level to show the powerlessness of man in the face of misfortune. On the formal level it is one source of the poetic symbolism and formulaic repetition that Remizov had been practicing, especially in his prose poems. From this latter source comes the use of abstract and indefinite words and the very densely metaphoric descriptive language.

Primitivism in Remizov's early work plays a central part in much of his poetry and short prose pieces. He saw in a primitivist worldview and culture an affinity with his own attitude and practices. As with other writers of the Silver Age, Remizov's primitivism was one of the manifestations of twentieth-century anti-rationalism. By exploring the child's and primitive's sensibility, Remizov was able to challenge rational cause-and-effect relations and to present a view of the world as illogical, inexplicable, and ungovernable. He was also attracted to primitivism because he valued its poetic and imaginative qualities. On occasion he employed the child's primitivism to suggest the possibility of harmony between man and nature that had purportedly once existed, a harmony expressed at times in folklore itself. Remizov employed primitive materials to construct synthetic literary works out of disparate components in which he perceived thematic similarities. In the process he made the primitive materials an integral part of the modernist literary canon and rendered them accessible to the modern reader.

University of Northern Iowa, Cedar Falls

NOTES

1. Nils Åke Nilsson, "Futurism, Primitivism and the Russian Avant-Garde," *Russian Literature*, Vol. VIII, No. 5 (Sept. 1980), p. 470 and "Pervobytnosť—'Primitivizm'," *Russian Litera-*

---

ture, Vol. XVII, No. 1 (Jan. 1985), p. 40. See also my article on the two books, "Remizov's *Sunwise* and *Leimonarium:* Folklore in Modernist Prose," *Russian Literature Triquarterly*, No. 19 (forthcoming).

2. Remizov at times made statements that compared a writer to a primitive sorcerer or magician. He spoke about the incantatory quality of words. He often used the word "magic" to refer to his art, such as in this autobiographical statement:

My eye turned to the mysterious in the life of nature, opened up for me the mysterious and magical in human life—thus the book of stories *Zga* appeared. And penetrating even deeper, this eye of mine led me beyond the waking hours of the day into the world of dreams. . . .

Autobiography in the archive of E. F. Nikitina, CGALI, F. 341, Op. 7, Ed. xr. 285. The collection *Zga* contains the story "Požar" which we will be discussing. See his similar comments on the writer in "Dar skazyvat'," *Novoe russkoe slovo*, No. 14121 (24 Dec. 1950), p. 8; "O čeloveke—o zvezdax—i o svin'e," *Dom iskusstv* (Petersburg: Dom iskusstv, 1921); reprinted in *Krašennye ryla: teatr i kniga* (Berlin: Grani, 1922), p. 17.

3. Phrase from J. A. Cuddon, *A Dictionary of Literary Terms* (Harmondsworth, Eng.: Penguin, 1976), p. 521.

4. Michael Bell, *Primitivism* (London: Methuen, 1972), pp. 1, 6-7.

5. Ibid., pp. 7, 8. On p. 8 Bell quotes from Ernst Cassirer's *The Philosophy of Symbolic Forms* in which Cassirer defines the same quality in the following terms: For the primitive sensibility there is "no 'dissociation' of the separate factors of objective perception and subjective feeling." Bell comments on the same notion: "Primitive man apparently felt in all aspects of the natural world, such as weather, animals and vegetation, the manifestation of a will and a mentality somehow comparable to his own." (p. 9).

6. Bell, p. 11.

7. George Boas, *The Cult of Childhood*, Studies of the Warburg Institute, Vol. XXIX (London: The Warburg Institute, 1966), p. 61. Nilsson notes a similar association between the art of primitive peoples and of children. See "Pervobytnost'—'Primitivizm'," p. 39.

8. Vera Kalina-Levine, "Through the Eyes of the Child: The Artistic Vision of Elena Guro," *Slavic and East European Jounal*, Vol. XXV, No. 2 (Summer 1981), pp. 30-31, 34.

9. Nilsson, "Pervobytnost'—'Primitivizm'," pp. 40, 42.

10. The second version of the story of 1911 shows several formal improvements over the one of 1900. One area of improvement is in the nomenclature. In the 1911 version, the heroine's name becomes *Alenuška* rather than *Galja/Galečka*, thus linking her through sound to the bear cub and the star. Remizov also became more careful in distinguishing the narrator's use of the neutral word *medvežonok* and the diminutive variant *medvedjuška* used by the child or the adults when speaking to the child.

11. Susan Schilling, "On Stylization and the Use of Folktale Material in A. M. Remizov's *Posolon'*," Ph. D. dissertation, Brown University, 1982, pp. 103-4. She also points out (p. 101) that "Remizov reversed the mythological pattern in which animals and people are taken from earth and placed in the sky (Ursa major and minor, for example)."

12. "M. M. Prišvin," an article enclosed in a letter to S. Ju. Pregel', dated Nov. 25, 1945, Remizov Archive, Manuscript Division, Lenin Library, Moscow, F. 218, K. V15, Ed. xr. 18. This article was published in *Novosel'e*, Nos. 24-25 (Feb.-March 1946).

13. Remizov depicted a world of harmonious relations between man and nature in another early work, the lullaby "Zasni, moja detočka milaja" (1902). Unlike the story "Medvedjuška," though, the lullaby's two-part structure clearly distinguishes between the fantasy world of harmony related to the child by the adult speaker, and the real world.

14. This was Remizov's first published literary work. It appeared in the Moscow newspaper *Kur'er* on Sept. 8, 1902 and was published several more times: *Severnyj kraj*, No. 238 (10 Sept. 1902); *Severnye cvety assirijskie*, Vol. IV (1905); *Čortov log i Polunoščnoe solnce*, 1908; entitled "Plača," a dialect variant for the word "plač," it appeared in *Sočinenija*, Vol. VI (1911), and *Posolon'* (1930).

15. In a note to the poem "Omeľ i En" in *Čortov log i polunoščnoe solnce* (St. Petersburg: EOS, 1908), p. 313.

16. Remizov found the lament in G. S. Lytkin's book, *Zyrjanskij kraj pri episkopax permskix i zyrjanskij jazyk* (St. Petersburg: n. p., 1889), p. 175.

17. Remizov must have sensed these contradictions because he changed the lament for his 1911 *Sočinenija*. It has been Russified and simplified. The language is more colloquial and there are more traditional epithets and noun doublets such as are found in Russian folklore. The personal references at the end of the poem have been eliminated as have the references to charms, mysteries, and hidden fate. With these eliminations, and a simplified syntax, this later version of the lament has more of an incantatory quality.

18. Only in 1911, after he was accused of plagiarism, did Remizov cite sources in books for some of these works ("Plač devuški" and "Kikimora") in his notes to Vol. VI of his *Sočinenija*.

19. *Čortov log i polunoščnoe solnce*, p. 315. This latter statement sounds quite autobiographical. For example, Remizov says something quite similar in a letter to A. Madelung written around the same period of his life (1908): "Žizn' idět sobačja. Znaete, Aggej Andreevič, daže skučno stanovitsja, a nadeždy na popravlenie net . . . I vsě že smejus' po-prežnemu." See P. Alberg Jensen and P. U. Møller, eds., *Pis'ma A. M. Remizova i V. Ja. Brjusova k A. Madelungu* (Copenhagen: Rosenkilde and Bagger, 1976), p. 45.

20. Peter Scotto first pointed out this sound play to me.

21. See the discussion on this topic by Sona Aronian, "The Dream as a Literary Device in the Novels and Short Stories of Aleksej Remizov," Ph.D. dissertation, Yale University, 1971, pp. 154-58.

22. Along with three other pieces in a cycle entitled "Po vesne severnoj (Stixotvorenija v proze)," *Severnyj Kraj*, No. 244 (17 Sept. 1903), pp. 2-3. Retitled "Raduga," it was published separately in 1906 and as a part of the cycle "V carstve polunoščnogo solnca" in Vol. II of Remizov's *Sočinenija* in 1910.

23. The later *Posolon'* pieces also have a tighter structure, a more knowledgeable use of Slavic myth and ritual and a more innovative use of non-standard Russian.

24. First published in *Zolotoe runo*, No. 4 (1906), pp. 54-60.

25. There are several references to the railroad and a brief reference to a factory.

26. Greatly truncated in the 1903 version, presumably because of censorship.

27. Remizov's 1910 version of "Požar" shifted the story away from the poetic and closer to a more impersonal narrative prose. The two biggest changes that he made—aside from the increased use of the number three—are the removal of the entire section of the first-person narrator with its theme of implacable fate and the addition of an explicit ascription of the fire to the monk for vengeful motives. Several utterances, which in the earlier version of the story were attributed to various names, are now presented anonymously. With these omissions and changes, the story becomes a more impersonal one. The explicit moral judgment is removed from the end of the text. By removing explicit messages and adding psychological motivation for the monk's behavior, Remizov rendered the meaning of the work more problematic. The issue of causality became more complicated. It indicates that in addition to a mysterious and uncontrollable fate at work, man is also culpable by making matters worse rather than ameliorating them, or even that man himself is the source of the greatest evil.

THE LIVING VESSEL OF MEMORY

Patricia Carden

Aleksej Remizov once wrote to his friend Natalja Kodrjanskaja, reminiscing about his childhood,

> In the class in handwriting I was attracted at first sight to the sticks of chalk, which were laid out at the board: they looked at me somehow strangely—as if at an acquaintance whose name they had forgotten—I traced their blue veins from the interior outward to the azure smoky tendrils. At first I only looked at how they moved, how they breathed, reminding me of something: then I gently touched them, and then—tasted them. And I liked it. After that I didn't need any lunch in my satchel. At lunchtime instead of a Crane brand sausage from our grocery store and a roll as hard as a rock, I had pure natural chalk.
>
> Chalk has no smell. Even snow, white like chalk, is so frosty.
>
> But this freshness of a snowy breath is especially nice: I always ate snow, gathering it with my hand from the lower ledges on the way to school.[1]

There are things here that cannot but recall Tolstoj: the precision of sense observation; the quick apprehension of the child's experience. But, you may say, Remizov and Tolstoj? Isn't that an unlikely combination? Didn't Remizov describe his literary forebears by saying, "I derive my line from Gogol', Dostoevskij and Leskov," and didn't he say that Dostoevskij had more to say about the human predicament than Tolstoj?[2] Didn't Remizov write indefatigably about Gogol', Dostoevskij and Leskov, while having little to say about Tolstoj? All this is true; yet there is a Tolstoj who is close to Remizov and to whom he explicitly pays honor. He listed Anna Karenina's dream among the works that had had the greatest effect on him.[3] Reznikova reports that Tolstoj's "Tri Starca" was among the works Remizov loved to read from the stage.[4] He once divided the world of the senses thus: "Dostoevskij was of the ears; Tolstoj of the eyes."[5] Remizov's temperament no doubt drew him to that Tolstoj of whom Ivan Karamazov's devil said that there were dreams of such vividness that even Lev Tolstoj couldn't have invented them.

At the very least Remizov and Tolstoj are drawn together by their fascination with the magical and privileged world of childhood. Both began their literary careers with explorations of the child's consciousness, Tolstoj in his *Detstvo*, Remizov in *Posolon'*. Both were interested in the child's inner life and his moral formation. And the experiences which shape the child are often surprisingly in resonance. Tolstoj's Nikolenka sees the *jurodivyj*, Griša; Olja in *V pole blakitnom* has as her first memories the *stranniki* who frequent Vatagino. The worlds of Olja and Nikolenka are created by memory. Tolstoj plundered the memories of his siblings, his childhood friends, himself, to construct the composite childhood of Nikolenka; Remizov "transcribed" his own wife's childhood, as she recounted it to him. It is as a repository of memory that the child has particular significance for both writers. The child is a kind of vessel in which the present is being stored up for future use.

This storage is of two kinds: one is of significance for the individual person, for self-development; the other for the race, for the life of the swarm. When the theme of memory as servant of the individual conscience appears in Remizov's work, we might call it "the Tolstoyan Remizov," since this is the essential element of the tradition Tolstoj bequeathed to his literary descendants. But the second sort of memory, which finds its materials in dream, fantasy and play, is particularly associated with Remizov. Surprisingly, we find Tolstoj also interested in this aspect of memory, and so we may equally speak of "the Remizovian Tolstoj." This Tolstoj has not been much studied, so Remizov can serve as an optic to bring into relief features of the great realist writer that might otherwise be overlooked.

Let us begin with Remizov's little story "Kostroma" from the cycle *Posolon'*. There are several levels here, the first a child's chasing game. The "it," Kostroma, takes her place in the center of the ring, while the leader of the *xorovod* asks a series of formulaic questions: "Doma Kostroma?" "Doma." "Čto ona delaet?" "Spit." And so on. The series is repeated over and over with Kostroma naming a different daily activity each time, until suddenly in answer to the question, "Čto ona delaet?" comes the startling answer, "Pomerla." The *xorovod* breaks up and carries Kostroma to be buried, but on the way she suddenly comes to life and a merry chasing game ensues.

Remizov's own footnote tells us that the story refers not only to a children's game, but also to a ritual of the spring cycle:

> The burial of Kostroma was once performed as a ritual of adults. . . . A scarecrow was made of straw and funeral rites were held with lamenting. [The figure] was drowned in the river or burned on a bonfire. Sometimes a young girl portrayed Kostroma. She was undressed and bathed in the water. . . .The myth of mother-Kostroma came from the personification of the grain of wheat: the seed, buried in the ground, revives in the ear of grain.[6]

The assumptions about the relationship of myth to culture, of ritual to myth, and of play to ritual upon which *Posolon'* is based are those of the ritual school of ethnography, whose most famous work is Frazer's *The Golden Bough*. The contributions of the ritual school, which dominated the budding science of cultural anthropology in the early years of this century, were rich and many, but the most significant for our purposes is its firm insistence on the primary role of ritual in primitive culture. The students of folklore and myth who preceded the ritual school had belonged to the so-called "mythological" school which interpreted myth as a poetic apprehension of nature. The ritual school rejected this interpretation of primitive culture, calling attention to the importance of the *actions* which are performed in conjunction with the myths, that is, the rituals. According to the ritual school, these actions or rites were an important part of the life cycle of primitive peoples. Far from being mere imaginative daydreaming, the actions taken by primitive peoples to insure the fertility of the earth and the proper maturation of the crops, to placate the vengeful spirits of the dead and so on, were part of the business of life. From this new emphasis on actions (rituals) rather than stories (myths) came the idea of the "calendar" in the anthropological sense, that is, of the arrangement of rituals in the order in which they are observed in the natural cycle of the seasons. *Posolon'* (which we might translate as *Sun-Cycle*) is just such an anthropological calendar.

The ritual school's emphasis on action is reflected in the stories of *Posolon'*. Professor Marcadé rightly remarks that Remizov conceives language as a form of action. In *Posolon'* many of the narratives are not so much stories as accounts of an action with a subtext in ritual observances. For example, Kostroma emerges from the underworld (the groundhog coming out of his burrow), becomes the center of ritual observances of a propitiary sort (the dancing of the *xorovod* and the ritual questioning), as the ritual persona feigns death and resurrection, and finally undergoes the rite of baptism. The general pattern of these ritual actions had been well-detailed in Frazer's *Golden Bough* and in other works of the ritual school. The specific details of the Slavic observance of spring rituals to make the grain grow had been laid out in Aničkov's work, cited by Remizov. He summarizes it thus: "the myth . . . came from the personification of the grain of wheat: the seed, buried in the ground, revives in the ear of grain."[7] This is the central idea of Frazer's *Golden Bough*; this key idea became central not only to cultural anthropology of the early decades of the twentieth century, but to literary culture, where it influenced, among other works, T. S. Eliot's *The Wasteland*.

Of course, at first reading, the stories present themselves to us not as religious observances (Remizov, like Eliot, resorted to footnotes to call his readers' attention to the underlying seriousness of his purpose), but as children's games. One of the main contributions of the ritual theory was that it invested children's play with a new cultural value. In one elaboration of the theory, Edward Tylor had proposed that relics of past cultures survive into the present by being adopted in marginal forms of culture. I am aware, of course, that Remizov knew, and was undoubtedly influenced by other ethnographic theories, for example, those of the comparative historical school. However, there are particular aspects of the ritual school's theory that suit Remizov's poetics better than any other. The emphasis on ritual action is one of these; the theory of survivals, another.[8]

Tylor had emphasized that relics of past cultures survive into the present by being adopted in marginal forms of culture. We can find these past practices, or even objects that had significance in past forms of society, in hidden forms in contemporary life. When a tool, action or ritual loses its significance in high culture, it moves to the periphery and takes on new forms. The bow and arrow, once a serious implement of the hunt, necessary to the tribe's survival, has now become a child's toy. It was his sense of the decay of meaning in once potent rituals that Eliot took for his theme in *The Wasteland.*

We may read *Posolon'* as a demonstration of the validity of the survivals. It shows how rituals and lore which were once used in a serious adult way in the religious observances of the old Slavic culture have been preserved in the seemingly marginal and nonserious culture of children's games, toys and observances. But here Remizov parts company with the ritual school. Frazer once said that he considered the corn rituals "ridiculous" and Tylor's theory of the survivals implies a decadence, a loss of significance. But Remizov clearly believes that the child's culture is the "real," significant one. The preservation of the rituals in the children's games does not point to a loss of the rituals' power, but attests to the rich vitality of the child's culture, which remains close to the fundamental facts of existence—birth, growth, death.

The form of the *Posolon'* stories grows out of the author's holding together in suspension the equation "play-ritual." The child's game is foregrounded in the reader's attention. The child's repetitious language yields lines like "Idut i idut, nesut mertvuju, nesut Kostromušku." But the game is transparent to other meanings: we see through it to the underlying ritual. Either level of symbolization, game or ritual, can draw into the text material from its own sphere. The rite of bathing is incorporated into the game.

A spring happens to be conveniently near. And since we are dealing with a calendar ritual, Remizov takes advantage of the opportunity to insert another bit of lore associated with the arrival of spring, the emergence of beasts from their burrows. This in turn is submitted to metaphorization: the beast coming out of his burrow is like the plant emerging from the earth and both are thus related to the Persephone myth of spring's emergence from winter, the emergence from death and the underworld, resurrection. The *ež* becomes Kostroma, the Russian Persephone.

The child's game draws in material from the child's culture. Kostroma as the mother-goddess becomes the child's vision of mother with her loose soft body and her "overflowing belly" (the breasts). She "knows who is put in the cradle, who nurses and who sips milk, calls every child by name and can tell them all apart." Her identity is slippery and at any moment she can slip from *ež* to mother to goddess and back again. So the dead Kostroma (the goddess) is carried to the spring for ritual bathing, but the revived Kostroma (the *ež*) leaps to her feet and starts lapping the water.

Perhaps the most interesting aspect of "Kostroma" is its fabric of language into which are woven strands from all the levels of reality upon which Remizov touches. The motif of the "calendar" allows him to include lyrical passages evocative of the season. The world of childhood brings in infantile language. The ritual brings in colloquial turns of speech, and also justifies certain archaic terms like "Božii zveri" or the evocation of St. George ("Egorij knutom udarjaet"). We are reminded that the survivals occur not only in material culture (the bow and arrow) and in ritual actions (play) but also in language itself, which is both a repository for past forms of consciousness and a means of preserving and unifying all aspects of culture.

Remizov's concern with what we might call tribal culture is not in the least alien to Tolstoj, though he more often centers his attention on the other kind of writing, the depiction of the child's inner world of discovery and growth. But I would point in particular to the Otradnoe interlude in *War and Peace* as a place in Tolstoj where the cultural survivals play a large role and are primarily interpreted through the child's consciousness. Of course, *War and Peace* antedates the ritual school and Tylor's theory of the survivals. But the general attitudes towards folk culture, towards the child's consciousness, and towards literature as a proper place for exploration of these, had been adumbrated in romanticism. Remizov's favorite E. T. A. Hoffman comes close to sharing his vision in this respect, and without the benefit of anthropology. Though Tolstoj's main path was to be a different one, he was attracted to the world of folklore and the common culture. We need only recall his great interest in the peasant singer, and his use of proverbs for Karataev's speech in *War and Peace*. But it is in the Otradnoe chapters that these interests find fullest play, and in a vein to which Remizov could not but have been sympathetic.

The Otradnoe episode is firmly situated in the novelistic fabric of *War and Peace*. The Rostovs have retired to their country estate because of a decline in their finances and because Nataša has become engaged to Prince Andrej Bolkonskij, who has asked them not to announce the engagement for the present. Madam Rostova, distraught over the Count's mismanagement of their finances, summons Nikolaj on leave from the service to take care of the situation. Nikolaj manages to do very little to improve the situation, but the author has now gathered the Rostov family for one last time at their beloved estate, locus of joys, in the Russian heartland. He now proceeds to recreate for us the primordial happiness of the old way of life, or rather the myth of it, based on simple pleasures and unity of master and peasants.

I should say in what sense I regard this as the "child's world." Nataša is engaged to be married and Nikolaj has been serving for five years in the hussars, so they cannot be regarded as "children" in the usual sense. But it was one of the peculiarities of the Tolstoj brothers and sister, Lev's siblings, to make a cult of childhood; when they were together they recreated that golden time among themselves. It is this atmosphere of the recreated childhood that Tolstoj establishes at Otradnoe during the fall of 1810. There is one among the company, the younger brother Petja, who still has some right to be regarded as a child, but Tolstoj also points out at the beginning of the episode that Nikolaj's service in the army is a kind of long, deferred adolescence in which the troubles of adulthood are put off for a while. Nikolaj is supposed to have come home to enter into adulthood and take on the responsibilities of family, but he has dismissed that and continues his childish pleasures. Moreover, as the chapter develops we move back into the small child's world of pre-rational existence.

The first event of the reunited family is the wolf-hunt. Tolstoj makes his point clear by having Nikolaj try to fob off Nataša and Petja, who are dying to be allowed to go on the hunt. In response to Nataša's query "Are you going to hunt?": "Yes, we are going," replied Nikolaj reluctantly, for today, as he intended to hunt *seriously*, he did not want to take Nataša and Petja. "We are going, but only wolf hunting: it would be dull for you." So Nikolaj tries to put the wolf-hunt into the sphere of the serious pursuits of men, where women and children are extraneous. But the folllowing colloquy puts it squarely back into the context of childhood:

"You know it is my greatest pleasure," said Nataša. "It's not fair; you are going by yourself, are having the horses saddled and said nothing to us about it."

"No barrier bars a Russian's path—we'll go!" shouted Petja.

"But you can't. Mamma said you mustn't," said Nikolaj to Nataša.

"Yes, I'll go. I shall certainly go," said Nataša decisively. "Daniel, tell them to saddle for us . . ."[9]

When Nikolaj resorts to saying, "Mamma says you mustn't go," he has lost the argument, for he has returned the discourse to the world of childhood and given up his separate position in the "serious" masculine world. We might speak here, half-playfully, of "psychic survivals," patterns of childhood behavior embedded in adult consciousness to which we from time to time return.

For lack of time, I will not concentrate on the hunt here; I will just remark that it is one of the most significant episodes in the novel for creating a sense of community that transcends class and moving us back to the "life of the swarm." Rather, I would like to turn to another part of the Otradnoe episode, the one that deals with the Rostov children's conversation in the music room. I have said that perhaps the most fundamental idea that unites Remizov and Tolstoj is the notion of the child as the vessel of memory. This episode shows explicitly that Tolstoj interprets the child's consciousness in this way.

The episode is preceded by a short chapter describing Nataša's capricious depressed state during the Christmas holidays at Otradnoe, when she longs for Prince Andrej to return for her marriage to take place. She wanders about the house "like an outcast" and performs various capricious acts. She sends the footman Nikita for a fowl, a cock and some oats to tell fortunes, but when they are brought she has lost interest in them. She repeats aloud the syllables, "Ma-da-gas-car" to no purpose. She makes Petja carry her upstairs on his back. She runs into her mother's sitting room and cries out, "Mamma . . . give him to me, give him, Mamma, quickly, quickly!" In short, she behaves like a willful and spoilt child. She is in fact in the labile state of openness, vulnerability and expectancy in which intuitions of deeper reality are possible.

The following short chapter develops that idea. Nikolaj, Nataša and Sonja gather in the sitting room, "their favorite corner where their most intimate talks began." Nataša begins the colloquy by asking: "Does it ever happen to you to feel as if there were nothing more to come—nothing; that everything good is past? And to feel not exactly dull, but sad?" And Nikolaj agrees: "I should think so!" he replied. "I have felt like that when everything was all right and everyone was cheerful. The thought has come into my mind that I was already tired of it all, and that we must all die. Once in the regiment I had not gone to some merrymaking where there was music . . . and suddenly I felt so depressed. . ."

So both Nikolaj and Nataša believe in the loss of spontaneity, gaiety, and the child's direct relationship to the world. Nikolaj explicitly links that state with thoughts of death. They go on to memories of their shared childhood recalling how various strange things occurred: a Negro appeared in the study; they rolled hard-boiled eggs in the drawing room while two peasant women whirled around; Papa fired off a gun on the porch inexplicably. These memories, like Nataša's capricious actions of the preceding chapter, are ways out of the daily round and back into the magical world of childhood, heightened sensitivity, and approach to eternal realities. And indeed, Nataša now begins to speak of memory: "Do you know . . . that when one goes on and on recalling memories, one at last begins to remember what happened before one was in the world . . ." The child's memories bring us into contact thus with the eternal memory of the race. I have written elsewhere about the neo-Platonist origins of this idea in Tolstoj's work and about its affinities with German romanticism.[10] But what is of interest to us here is the persistence of the idea of the child's memory as the source of deep culture, which, as we have seen, is one of the unifying ideas of Remizov's work, as well as of Tolstoj's. And one consequence of this reevaluation of the child is to bring *play* again into the foreground of culture.

When Wordsworth spoke in "Ode on Intimations of Immortality" of the child who comes, trailing clouds of glory, he speaks of the adult state as one of loss or exile. In both Remizov and Tolstoj a deep sense of loss, of exile (for Remizov, even before the fact) seems to be a given of the literary sensibility. Tolstoj longed for the reestablishment of a patriarchal world which he regarded as his birthright, which in fact he had never seen and which likely never existed. In this he comes close to his beloved Rousseau, who longed after a "state of nature" which he admitted had likely never been in any historical reality. Remizov's whole eccentric life-style, so often remarked upon by those who have written about him, demonstrates a desire to never leave childhood, or if forced by necessity to do so, to return to childhood and live in it to the degree possible, to live forever in the condition of divine play. Writing becomes for him an extension of this childhood potentiality and another vessel in which the memory of the race can be preserved.

Cornell University

THE LIVING VESSEL OF MEMORY 215

NOTES

1. Natal'ja Kodrjanskaja, ed. *Remizov v svoix pis'max* (Paris, 1977), p. 18.
2. Natal'ja Kodrjanskaja, *Aleksej Remizov* (Paris, 1959), p. 137.
3. *Ibid.*, p. 111.
4. N. V. Reznikova, *Ognennaja pamjat'. Vospominanija o Aleksee Remizove* (Berkeley: Berkeley Slavic Specialties, 1980), p.80.
5. Kodrjanskaja (1959), p. 139.
6. Aleksej Remizov, *Sočinenija,* vol, VI (St. Petersburg: "Šipovnik," 1910), p. 245.
7. *Ibid.*
8. For a discussion of the ritual school's impact on modernism in literature, see Stanley Edgar Hyman, *The Armed Vision* (New York: Vintage Books, 1955).
9. In the now-standard Russian edition of *Vojna i mir* (*Sobranie sočinenij v dvadcati tomax,* vols. 4-7, Moscow, 1962) the Otradnoe episode appears in vol. 5, pp. 264-325. The passage quoted appears on p. 273.
10. "The Recuperative Powers of Memory: Tolstoj's *War and Peace,*" in *The Russian Novel from Pushkin to Pasternak,* ed. John Garrard (New Haven: Yale University Press, 1983), pp. 81-102.

RHYTHM WITHOUT RHYME:
THE POETRY OF ALEKSEJ REMIZOV

Alex M. Shane

Remizov's reputation as a leading Russian writer of considerable influence in the first quarter of the twentieth century and as one of the great Russian émigré writers seems to be secure despite Soviet attempts to ignore or denigrate his work. Dmitry Mirsky's contention in 1925 that "the recent development of Russian prose does not proceed from Gorky or Andreev or Bunin, but from two writers of the Symbolist party—Bely and Remizov,"[1] has withstood the test of time for fifty years. It was affirmed in 1976 by Patricia Carden, who aptly demonstrated the leading role of Bely, Remizov, and Xlebnikov in shaping the Modernist movement in pre-Revolutionary Russia.[2] Gleb Struve's prophetic contention of thirty years ago that "should Bunin be assigned the primary role in the chapter on the émigré period in some future history of Russian literature, then, in all probability, Remizov, who resembles him not in the least, would be placed next to him"[3] has been realized in the past decade: first by a double issue of the Evanston *TriQuarterly* devoted to Russian émigré literature in 1973 which began with a tribute to Remizov and several translations of his work,[4] and more recently by the appearance of two issues of the *Russian Literature Triquarterly* devoted solely to Remizov.[5]

However, in all the critical commentary scattered over three quarters of a century in Russian, Russian émigré, and Western literature, nothing has been said about Remizov's poetry. Perhaps this was due to the small number of poems that he penned, perhaps to the exclusion of most of them from his eight-volume collected works, or perhaps simply to the difficulty in locating his verse. Whatever the reason, it is rather surprising that the poetry of a writer renown for his experimentation with rhythmic prose, of a writer for whom "all the techniques of poetry . . . [were] justified in prose writing,"[6] has escaped critical attention. Let us attempt a remedy by examining the nature of Remizov's poetry and by speculating on its function in his development as a modernist writer.

Remizov's attempts at writing poetry would appear to have been confined to two periods: 1902-1903, and the years of Revolution, 1917-1919. Works of the first period comprise at least six rhythmic personal mood pieces, "Osennjaja pesnja" ("Autumn Song"), "Mgla" ("Darkness"), "Sever-

nye cvety" ("Northern Flowers"), "Verenica dnej" ("The Skein of Days"),
"Posle znoja želanij" ("After the Heat of Desire"), and "Preljudii" ("Pre-
ludes"); two incantations, both entitled "Zaklinanie vetra" ("Conjuring the
Wind"); a half-dozen rhythmic prose poems on Zyrian themes of which
only four can be considered verse poems, "Omeľ i En," "Poleznica,"
"Kuťja-Vojsy," and "Iketa"; a short modernist lyric, "Ètoj noču strannoj
. . ." ("This strange night . . ."); a poem dedicated to his daughter, "Nataše"
("To Natasha"); a translation of a Latvian lullaby, "Medvežja kolybeľnaja
pesnja" ("The Bears' Lullaby"); and a longer narrative poem, "Iuda predateľ" ("Judas the Betrayer"). The poetry of the second period consists of
three lyric responses to the Revolutions of 1917, "Krasnoe znamja" ("The
Red Banner"), "O suďbe ognennoj" ("On Fiery Fate"), and "Zenitnye
zovy" ("Zenithal Summons").

Remizov had begun experimenting with rhythmicized prose by autumn
1902, shortly before meeting Valerij Brjusov, the doyen of Russian modernist poetry who described Remizov as "my admirer" and a "rather confused
maniac."[7] His first published work, "Plač devuški pered zamužestvom" ("A
Maiden's Lament Before Marriage"), a rhythmicized prose lament adapted
from the Zyrian "Bördan Kylias,"[8] was soon followed by his first attempts
at free verse. In "Osennjaja pesnja" Remizov personifies autumn in a cry
for love, at the moment of colorful beauty and farewell before the onset of
winter. Despite a variable, unstructured line length, the piece was consistently cast in binary meter, primarily iambic which shifts in five instances to
trochaic:

Осенняя песня[9]

Любите же меня, любите!
Любуйтесь на красу прощальных
    взоров!
Вся кровь моя при первой встрече,
    при легком дуновенье смертель-
    ной стужи щитом багряным по-
    крыла грудь мою.
Я золотом и тусклым серебром
    устлала все дороги.
В моих глазах последний жаркий
    трепет заблистал.
Я ухожу от вас . . .
Любите же меня, любите!
На небе зори яркие уж зиму воз-
    вещают, и слезы, неиссякая, льют-
    ся из мутной тучи.
Настало время уйти от вас . . .

Но пусть же мой прощальный взор,
и жажды и забвенья полный, без-
умьем пышет;
Пусть красота идет аккордов груст-
ных земле холодной, цветам
увядшим!
Любите же меня, любите!

A companion piece, "Mgla," displays an obvious tendency toward ternary meter, which Remizov later was to prefer. The basic metrical pattern was forcefully established by the initial sentence/line in dactylic tetrameter, and was subsequently retained as a base in the five sentences which followed, varying in length from four to fourteen metric feet. Of the total fifty feet, ten broke with the basic dactylic pattern, usually by the absence of an unstressed syllable. The melancholy mood of the poet in isolation, tortured by debilitating thoughts and memories fostered by his perception of natural phenomena, serve as precursor to a whole series of mood pieces which he was to write in the final year of his Northern exile.

Мгла[10]

Тихо спускается мглистая ночь.
Измокшие ели зябнут и дремлют в тумане.
Скучные, долгие песни заводит где-то в трубе
ветер сердитый и хмурый.
. . . Кто-то лениво бродит по крыше . . .
Мысли и сны, как мотивы разбитой шарманки
хрипло, старческим стоном всё
повторяют о вечности лжи
и о пошлости масок.
Хочется вспомнить хоть тень чарующей
сказки.
А дождик царапает стекла, и часы крикливо
поют о смерти ненужного дня.

Attempts at traditional syllabo-accentual versification represented an anomaly in Remizov's work, for most of his early efforts were directed at developing lyric rhythmic prose mood pieces and occasionally free verse, all of which he grouped together in three sections under the general title "Polunoščnoe solnce. Poèmy" ("The Midnight Sun. Poems.") in 1908.[11] The first section, entitled "Belaja bašnja" ("The White Tower"), consisted of a series of lyric prose fragments depicting the poet's imprisonment and exile. Despite numerous features normally associated with verse such as alliteration, repetition of key words and whole phrases, syntactic parallelism, and the frequent use of a one-line sentence; the lack of rhyme and of a discernible underlying metrical pattern, coupled with the tendency to equate the paragraph with a single sentence usually one, two or three lines in length, would indicate that the piece be viewed as rhythmic prose rather than poetry. Apparently Remizov himself considered this to be the case, for three years later he included an expanded and revised version of the work in the story (*rasskaz*) entitled "V plenu" ("In Captivity").[12]

The second section of "Polunoščnoe solnce" comprised eighteen varied short pieces: some were written in the rhythmic prose style of "Belaja bašnja" and were subsequently included in "V plenu" or other prose works,[13] two were clearly poems in the trochaic meter, while others were penned in a rhythmic free verse which retained the integrity of the verse line and exhibited an underlying syllabo-accentual meter. Of the two trochaic poems entitled "Zaklinanie vetra," the one cast in four stanzas of trochaic tetrameter best embodies the Zyrian belief which inspired the two incantations: namely, that the wind is stupid and can be easily quieted by being told that his grandmother is alive. The second poem displays a personal lyric element by introducing the poet's sleeping daughter Nataša as the motivation for his conjuring the wind, which is emphasized metrically by replacing the basic trochaic meter with one iamb and two amphibrachs (lines nine and ten). Although Remizov handles the basic meter well, the two poems are relatively poor in rhyme, which is largely verbal or absent altogether.

Заклинание ветра[14]

[1]

Что ты, глупый, гудишь, ветер,
что ты, буйный, мечешь листья,
пляшешь, стонешь, воешь, колешь . . .
    Ветер, бабушка жива!

Волны в речке ты взбурляешь,
ивы долу пригнетаешь,
едкой пылью воздух точишь . . .
    Ветер, бабушка жива!

Темный ветер, ты не слышишь:
не рыданье, не стенанье,
писки, визги, стрекотня . . .
    Ветер, бабушка жива!

Успокойся, ветер горький,
утиши свой трепет звонкий,
ветер, страшно! . . . заклинаю . . .
    Ветер, бабушка жива!

[2]

Ты скрипишь,
Ты гудишь,
Ты в окошко стучишь—
    Мы окно закрыли.
Ты в трубе,
Ты ворчишь—
    Печку затопили.
Не стучи, ты,
Не кличь—
    Разбудишь Наташу!
Крепко пальчики сложила,
Губки алые раскрыла,
    Тихо, тихо дышит.
Но придет твоя пора,
Позову тогда тебя.
Ты возьмешь ее на плечи,
Унесешься с ней далече.
Ветер, ты ей все скажи,
Все песчинки покажи.
А потом, когда вернешься,
Свечи мы засветим—
    Ветер!
Ветер, ты уймешься!

Of greater interest and significance, however, were his experiments in free verse such as "Severnye cvety" ("Northern flowers"), a lyric mood piece in which the description of northern flowers by animating metaphors culminates in a decadent death wish. When the poem was first published in 1903, the capitalization of the first letter in each of its twenty lines underscored the primacy of the poetic line. In the 1908 version, however, six words were dropped and prose rules of capitalization were applied.[15] Although the poem does not at first glance yield to scansion, if the first stressed syllable of each line is placed in a vertical line,[16] then a definite tendency toward a ternary meter with variable line length (seven to seventeen syllables or two to six ternary feet) emerges. Postulating a dactylic base and indicating missing syllables with an "o" and extra syllables with an "x," a rather consistent metrical pattern emerges:

Северные цветы

Цепкий плаун колючими хищными лапами	´⎵⎵´o⎵´⎵⎵´⎵⎵´⎵⎵
Ложится на темнозеленую, пышную грудь лишаев.	⎵´⎵⎵´⎵⎵´⎵⎵´⎵⎵´
Вереск суровый, бесстрастный, как старик *посидевший*,	´⎵⎵´⎵⎵´⎵x´⎵⎵´⎵
Стоит в изголовье.	⎵´⎵⎵´⎵
Сохнет олений мох, *пеной застывшей*, грустно вздыхая,	´⎵⎵´⎵⎵o´o⎵oo´⎵⎵´o´⎵⎵´
Когда вся в изумрудах ползет зеленица.	⎵´⎵⎵´⎵⎵´⎵⎵´⎵
В медных шлемах, алея телами,	´⎵o´⎵⎵´⎵⎵´⎵
Стройно идут тучи войска кукушкина льна.	´⎵⎵⎵oo´⎵⎵´o⎵´⎵⎵´
А кругом пухом северных птиц	⎵⎵oo´⎵o´⎵⎵´
Бледно-зеленые мхи, *лишаи* к елям бегут:	´⎵⎵⎵´⎵⎵´⎵⎵´oo´⎵⎵´
Из трясины змеей выползает линнея	⎵⎵´⎵⎵´⎵⎵´⎵⎵´⎵
И, ласкаясь, гигантов лесных обнимает,	⎵⎵´⎵⎵´⎵⎵´⎵⎵´⎵
Выше, выше по старым стволам пробираясь,	´⎵o´⎵⎵´⎵⎵´⎵⎵´⎵
Отравляя побеги, *в корни вонзаясь*.	⎵⎵´⎵⎵´⎵o´⎵⎵´
Роскошным ковром, бледно-пурпурный,	⎵´⎵⎵´oo´⎵⎵´⎵
Будто забрызганный кровью, по болотам раскинулся	´⎵⎵´⎵⎵´⎵x´⎵⎵´⎵
Мертвый мох, желанья будя подойти и уснуть,	´⎵o´o⎵´⎵⎵´⎵⎵´⎵⎵´
Уснуть навсегда . . .	⎵´⎵⎵´⎵
Запах прели и гнили, как вуаль дорогая,	´⎵o´⎵⎵´⎵x´⎵⎵´⎵
Покрывает черты ядовитые, полные смерти.	⎵⎵´⎵⎵´⎵⎵´⎵⎵´⎵

In a poem theoretically consisting of ninety-three ternary feet, there are three instances of extra unstressed syllables, ten instances of monosyllabic deletions (i.e. substitution of dactyls with trochees), and five instances of disyllabic deletions. Four of the latter and five of the monosyllabic deletions are accompanied by a strong caesura, while the remaining monosyllabic deletions emphasize important word combinations (*olenij mox, v mednyx šlemax, mertvyj mox, zapax preli*). The fact that all of the deviations in the basic metrical pattern have rhythmic function and that the number

of deviant feet comprise less than 19% of the total number of feet enables
us to characterize the basic nature of this work to be a poem, albeit considerably more free formally than is usually encountered in Russian verse.

Four more of the eighteen pieces also lend themselves to an analysis
essentially similar to that of "Severnye cvety": "Poleznica," "Kut'ja-Vojsy,"
and "Iketa" scanning in dactylic and "Omeľ i En" in iambic.[17] All were
inspired during Remizov's exile in Usť-Sysoľsk where he avidly listened to
the stories and legends of the indigenous Zyrian populace. Omeľ and En
are two basic and infinite deities of the Zyrian mythological world who
together created the Universe (Remizov likens the Zyrian dualistic myth of
creation to the Bogomil-Christian myth among the Slavs of the joint creation of God and the Devil Satanail).[18] The Zyrian dualistic myth (and
Remizov's version of it) has unique motifs in that both Omeľ and En, bur-
dened by their might and unaware of their creative power, each decide on
committing suicide, but in falling meet each other and realize their immortality. In this moment of rapture, En creates the visible world and retires to
the heights of the Brusiany Hills (the Urals), but Omeľ creates a strange
world of swamps, of poisonous plants and serpents, of dreams and disillusionment. All beings of En's world live and die happily governed by the
natural seasons, but Omeľ's children are lonely captives in En's sunny
world and all their dreams and efforts to free themselves are futile. Poleznica lives in hiding in the fields, waiting for unwary children to wander
near so that she can eat their entrails and be transformed into a woman of
En's world. Similarly, female wood demons, despairing of their own transformation, live in the hope that union with a man will produce a human
child that would lead them out from captivity into En's world, but are
cruelly disillusioned by their non-human offspring with twisted heels, Iketa.
Kut'ja-Vojsy are demons of the whirlwind who are empowered by lenten
kut'ja to rule the world for twelve days, from Christmas Eve to Epiphany.
Other pieces in the "Polunoščnoe solnce" collection also deal with creations
of Omeľ such as Kikimora (similar to its Russian counterpart), who seeks
respite from despair through pranks and humor, and Bubylja, the house
demon embodying the eternal despair of Omeľ. None of these pieces, however, preserves the integrity of the poetic line nor lends itself to scansion.

Remizov's rhythmic poems on Zyrian themes were paralleled by a series
of lyric mood pieces dating from January 1903, which have never been
published.[19] Although similar to the Zyrian poems in scansion and rhythm,
they differ dramatically in mood, reflecting the poet's personal despair at
spiritual exile and spent passions. In "Verenicy dnej" Remizov combines
bold anthropomorphic imagery ("noč zorkim uxom . . . priľnula," "stajami

ptic razgovory duši poneslis'") and original alliteration ("Ja sledil za tem tëmnym, temnee, čem t'ma") with what were soon to become modernist clichés of lyric terror (*žutko*), abstraction (*kto-to, on, o čem-to, čto-to*):

Вереницы дней[20]

Задумчиво-тихо.
  Темная ночь зорким ухом к окошку прильнула.
  Мысли льются слезами, красные, бледные мысли.
Жутко.
  Кто — это, кто?
  Слова шелестят, застонали лобзанья.
  Окно ужаснулось: безгромная молния пасть
      голубую открыла.
Трепетно-тихо.
  В тоске цепенею, затаился, прислушиваюсь
      жадно.
  О повтори, повтори!
Красные, бледные мысли льются слезами.

Долго не мог я заснуть в эту ночь.
Мне виделся кто-то невидимый в изголовье моем.
В стекла тонкими пальцами дождь колотил.
Прохожий о чем-то кричал . . .
Затихало, затихло.
Забытые капли повторяли одно только слово и умирали.
Открывая глаза, я следил в темноте,
Я следил за тем темным, темнее, чем тьма, — он
      стоял у окна.
Тишина затаилась.
Стаями птиц разговоры души понеслись,
И неясные мысли в людей превращаясь, шли вереницей:
      безобразно-кричащие карлики, уроды гнусавые,
      сладострастные, великаны седые, туманные.
Я же хотел, так хотел рассказать о чем-то
      томящем вон тому . . .
Он безмолвно стоял у окна.
И я уж вставал, подходил . . .
Так всю ночь.
Только поздно, под утро что-то тяжкое, колкое
      придавило глаза, и веки сомкнулись.
Тысяча уст, перебивая друг друга, болтали,
Болтая, сливались.
А пасмурный день уж задергивал окна пыльной,
      кисейною шторой.

In the companion piece "Posle znoja želanij," also cast in a rhythmicized ternary meter, modernistic abstraction ("I čto-to zasmejalos', zaplakalo i zasmejalos'"), beasts of passion (*jarostnyj zver'*), anthropomorphism, fragrant flowers and summer skies are combined with what will become major Remizovian themes—the wisdom of apes (*mudrost' obez'jan'ja*) and the transitory nature of life, symbolized by the image of a large blind fly buzzing aimlessly:

После зноя желаний[21]

Катится легкими, звонкими струями дождь с летнего неба.
Летнее небо — сад черных душистых цветов.
И мелькают, скользят, вырываются жгутя груды голубею-
        щих, млеющих молний.
И стальными когтями бьет об утесы огненных звезд
        отдаленных страшный, испачканный
        кровью, яростный зверь,
Бьет и ревет.
Окна раскрыты.
Я один. . .
Я стараюсь проникнуть в тайну взбешенных туч и
        музыки громов.
А предо мною идут изваянья всех прожитых моих дней:
Людей вспоминаю тех, что встречал, обнимал, убивал;
Сказки и песни и чары вновь оживают,
        вновь оживают улыбки, гримасы.
И скотский гам гогочет и мудрость обезьянья глубоко-
        мысленно мечтает.

И что-то засмеялось, заплакало и засмеялось.

Цветы, что сохраняю, как память дорогую, я вспомнил.
Их я срезал, когда встречал . . .
Узорный, старый ключ запел, и серебро на крышке,
        тускло тая, заиграло.
Я отворил старинную шкатулку — ларец заветный.
Одни сухие листья и черные бутоны, как уголья за-
        бытых очагов, на дне лежат . . .
Одни сухие листья!

И что-то засмеялось, заплакало и засмеялось.

Всею душой уношусь в душу иссохших и пыль-
        ных цветов,
Всею душой припадаю к сердцам.
Они мне сулили, они обещали . . .
И снова протягивают руки,
Слова, те слова, повторяют . . .

Вдруг муха зажужжала слепая, большая муха,
    она ест человечье мясо-падаль.
К свечи, на желтое больное пламя, то подлетит, то
    скроется, то снова вьется.
Невольное в душе, прикованное к бренности,
    дрожит, смеясь.
И где-то в глубине бездонное, немое плачет.
Настала тишина, сон охмелевших туч.
Земля насыщенная, черная покойно, ровно дышет.
А муха все жужжит, жужжит . . .

A third mood piece, "Preljudii," which was probably written during Holy
Week, reflects the author's despair at life's transitory nature, unfulfilled
desires and his own ugliness. Although Christ's Resurrection would appear
to offer hope for a new life, the poet remains bound to the past as he
gropes for the future and views life as a series of cruel, mocking and humil-
iating tribulations. The seasonal shifts from summer to spring to autumn
(the latter described in a cryptic three-lines which stress its transitory joys
and sorrows) provide the poem with a cyclical nature, which locks the poet
into an unending and inescapable human condition characterized by regret,
hope, desire, and tribulation.

Прелюдии[22]

Дни поцелуев и ласк на вечерней заре увядают.
Летняя, знойная ночь поджигает сонные села.
В кровавых лучах дымного солнца крепчает мороз.
Пожары желаний вспыхнули в тюрьмах.
Я прохожу по вешней дороге . . .
Липкие листья смеются,
Хруст же и немощь осенних навевает волненье
                    о бренности жизни.

Завтра Светлая Ночь.
Ходят туманные тучи, мягкие стелют постели
                    для белого света.
Снега, увядая, ткут стебельки из синих снежинок.
Зной наступает, небо тоскует о грозах, ненастье.
Завтра новая жизнь, завтра солнце умрет!
О вчерашнем тоскую . . .
Сны призываю, где идут и сходятся тесно Вчераш-
                    нее с Завтра.

В печально-усталых аккордах,
В блеклости меркнущих красок
Внятен мне отзвук.
С болью таюсь я с забитым желаньем
В рубище смрадном уродства.
Взоры страды безысходной неотступно следят и
                                                волнуют.
Медный оркестр адских желаний,
Беззастенчиво-вольные струны,
Бессовестно-пьяные позы
Бурями хлещутся в знойно-темнеющих думах.
Беззаботно-катящийся хохот наступает потопом.
Изуверские казни за казнями идут.

Облитая яростно-ярким закатом к утру седеет
                                и жмется земная кора.
В пышных уборах цветистый лишай загнивает
                                ненастьем тягуче-слезливым.

Переменная осень . . .
Трон вакханалий.
Рыдание скрипок.

In graphic contrast to Remizov's amorphous free verse are the short, tightly knit lines of "Ètoj nočju strannoj . . ." ("This strange night . . ."), an undated poem which may have been written as early as 1903 but was published only in 1906.[23] It contains decadent, demonic overtones including a black mass, a tormented soul, and an appeal for a golden angel to dispel the grave-like cold of the poet's life. Yet other details and the mention of the soul as "flaming" and "blood-singed" also point to the possibility of reading the poem as a copulation metaphor. Remizov displays considerable formal freedom including the absence of rhyme in some stanzas and occasional deviation from the basic trochaic trimeter scheme (substitution of anapest dimeter in the first and second lines of verses four and eight, replacement of the first foot by an iamb in the second line of verses one, five, and six).

Этой ночью странной
одетой луной,
черную обедню
я свершал с тобой.

В тесном круге замкнутый
цепью теплых рук,
гулкими ступенями
я спускался вглубь.

Сетью мук бесчисленных
путала земля,
путала, душила . . .
плакала душа.

Прилетай, прилетай,
ангел золотой,
овевай, овевай,
холод гробовой!

С робкой молитвой
последних ступеней
заиграло сердце
пламенем ночей.

Этой ночью странной,
одетой луной,
черную обедню
я свершал с тобой.

Кровью опаленная,
слезы хороня,
ты горишь, ты гаснешь,
пленница-душа.

Прилетай, прилетай,
ангел золотой,
овевай, овевай,
холод гробовой.

Remizov's attitude toward his poetry must have changed appreciably in the three years between the appearance of *Čortov log i polunoščnoe solnce* (*The Devil's Lair and the Midnight Sun*) in December 1907 and of the first volume of his *Sočinenija* (*Works*) in November 1910.[24] In preparing the eight-volume collection of his writing, Remizov carefully reviewed all of his work up through 1910, frequently making numerous and extensive revisions in style and substance.[25] It is therefore significant that the *poèmy* section of *Čortov log* . . . was totally dismantled. All of the published poems discussed above were systematically excluded from *Sočinenija* with the exception of "Severnye cvety," which was depoeticized and included as a prose fragment in the final section of "V plenu."[26] Only three poems were included as poems in Remizov's *Sočinenija*: a twenty-nine line dedicatory preface to his daughter Nataša ("Nataše") and a ten-line translation of a Latvian lullaby, "Medvežja kolybel'naja pesnja," in *Posolon'* (*Follow the Sun*), a collection of retold folktales and children's games;[27] and a 375-line lyric narrative poem, "Iuda predatel'," which was appended in the commentary to Remizov's tragedy about Judas Iscariot.[28] Apparently Remizov had renounced all his attempts at verse, whether relatively standard in rhyme and meter or rather free in unrhymed, deformed meter, and now turned full attention to the development of a rhythmic prose characterized by poetic features such as syntactical parallelism, repetition of words and phrases, alliteration, and palpable rhythm.

"Iuda predatel'" stands unique among Remizov's early poetic efforts by virtue of its length and subject matter—the treatment of a biblical theme, the betrayal of Christ by his disciple Judas. Despite the poem's narrative function, the lyric elements tend to predominate, with the emotions of both the poet and of Judas playing equally important roles. An authorial prologue (the first of six numbered sections and consisting of thirty-four lines) delineates the theme of bitter woe ("O gore gor'koe derznuvšim . . .") that will befall him who betrays. Undoubtedly inspired by Luke 22:22 ("gore čeloveku tomu, imže predaetsja"), the prophetic threefold repetition of "O gore gor'koe" (lines 1 and 9) and "O gore, gore" (line 31) also carries overtones of Christ's sevenfold denunciation of the scribes and Pharisees.[29] The second section (consisting of fifty-three lines) combines lyric landscape descriptions with allusions to several of Christ's miracles, but focusses on presenting Judas as a lonely, melancholy soul with an ill-defined longing, closest to Christ of all the disciples, and, strangely, quotes Christ's words: "I iže ašče mene radi/ pogubit svoju dušu,/ obrjaščet ju."[30] Perhaps Remizov is suggesting, as did Leonid Andreev in his story "Iuda Iskariot" which was also published in 1907, that Judas was the most faithful of the disciples in that he knowingly facilitated the immortality of Christ's teachings through betrayal which led to His crucifixion and resurrection. The inevitability of Christ's death is underscored in section three (consisting of fifty-three lines), while Judas' decision and betrayal are described in section four (consisting of forty-six lines), indicating that Judas had only feigned the role of the betrayer because he believed in Christ, the Son of God, and in His godly powers. The lyric first-person realization of betrayal (the seventeen-line section five) conveys the author's emotions as well as those of Judas and represents the climax of the work:

5.[lines 187-203]

О, Господи,
я предавал Тебя . . .
Пытал терпенье
в исканьях тщетных.
Хотел стать на судьбу пятою,
расшатать,
поправить что-то . . .
И столько раз,
любя и веря,
тяжелым словом
оскорбленье бросал за оскорбленьем
и наносил любви желанной
за раной рану.

И вдруг очнувшись,
топтал поруганное сердце.
О, Господи,
Я предавал Тебя . . .

The final section (consisting of 172 lines) depicts the Last Supper according to a composite of the four gospels (relying most heavily on the Gospel of St. John), then shifts to a lyric description of Judas' horror and despair at the realization that in his zeal to glorify Christ, the Son of God, he has betrayed Christ, his fellow man. Morally destroyed, Judas repents and dies. The entire poem is effectively rendered in free verse with varying line length, in an elevated lyric style with an underlying iambic meter. There is no indication that Remizov again returned to verse composition prior to the Russian Revolution.

The Revolutions of 1917 must have had a tremendous effect on Remizov, for they prompted an unusually strong lyric response in a genre that could only be described as an indefinable composite of free verse and rhythmic prose. "Krasnoe znamja," Remizov's reaction to the February Revolution in Petrograd,[31] may well represent the first poetic response to the Revolution by a major writer and may have influenced Blok's "Dvenadcat'" ("The Twelve"), which was written six months after Remizov's work had been published. The sixteen-stanza piece, which was accompanied by nine striking drawings by S. Lebedeva, begins with the author-narrator rising from his grave, then describes in the third person, a hunched, faceless pilgrim wandering through Russia (second stanza), only to return to the authorial first person (sixth stanza) for the remainder of the work, thereby identifying the author-narrator with the pilgrim and creating a Christ-figure. Interrupting this lyric prologue are three short stanzas (third, fourth, and fifth) which are repeated verbatim once again as stanzas ten through twelve:

III.
Заря-заряница,
Красная девица,
Мать Пресвятая Богородица.
IV.
Ио, иа, цолк! Ио, иа, ио, цолк! Ио, иа, ио, цолк!
Пац, пац, пац, пац, пац, пац, пац, пац.
V.
Со святыми упокой, Христе,
души раб Своих . . .

(p. 73, 77-78)

The unusual juxtaposition of folk, onomatopoeic, and ecclesiastical rhythms immediately brings to mind and anticipates the unique texture of "Dvenadcat'," with its colloquialisms, folk songs, and machine-gun fire. However, whereas Blok's Christ appears unexpectedly only at the conclusion of the poem, in Remizov's text Christian symbolism and Russian Orthodox refrains are employed consistently throughout and logically lead to the final stanza which refers both to Christ and to Mother Russia, and also echoes the author-narrator's lyric resurrection in the initial stanza:

XVI.
Смертию смерть поправ,
и сущим во гробех живот даровав.

(p. 80)

The two longest and logically central stanzas (seven and nine) were couched in rhythmic prose at first publication, but subsequently were reworked, together with stanzas thirteen and fourteen, into an eighty-line poem which was included under a new title, "Krasnyj zvon" ("The Red Pealing"), in a book of memoirs.[32] Beginning with a eulogy to St. Petersburg highly reminiscent of the prologue in Puškin's "Mednyj vsadnik" ("The Bronze Horseman"), Remizov bemoans the desanctification of the city as the reason for destruction ("obezdolili, otreklis' ot apostola, imja svjatoe tvoe promenjali na čelovečeskoe . . . Vot počemu otstupili sily nebesnye," p. 75), and arrives at the dualistic conclusion that the city of Peter the Great (and the Christian faith of Peter the Apostle) are engulfed in the flame of Revolution:

Разбит камень Петров.
Камень огнем пыхнул.
И стоишь ты в огне — холодная Нева течет.[33]

An apocalyptic vision of a silver belt in the sky studded with five new white suns, of a red rainbow containing two reddish-purple and two white suns, and of a crown (eighth stanza), precedes the poet's lyric appeal to crucified but unshakeable Mother Russia for comfort and salvation from the current turmoil. Then, after the repetition of the three refrains, the poet describes his soul-pain at the defilation of Russia (stanzas thirteen and fourteen), looks forward to her regeneration (symbolized by an icon-lamp), and appeals to his wise, counselling [soviet?] brothers ("brat'ja mudrye i sovetnye," p. 80) to decide his country's fate. Perhaps Remizov came to believe that the exceedingly rich and manifold Christian symbolism (the resurrected narrator, church refrains, wandering pilgrim, the star folk-symbol of Virgin Mary, the apocalyptic vision) tended to detract from the impact of suffering Mother Russia, for in the later blank verse version he deleted the first six stanzas and the repeated refrains (stanzas ten through twelve, which would have been perceived as pale imitations nine years after "Dvenadcat'"), and began instead with the eulogy to St. Petersburg racked with revolution (originally stanza seven), followed by the declaration of his soul-pain (originally stanzas thirteen and fourteen), a description of Mother Russia gripped by woe and likened to crucified Christ (originally stanza nine), and finally ending with the poet's lyric appeal to his unshakeable homeland for comfort and salvation (originally part of stanza nine and given below in the 1927 version):

> Родина моя просторная, терпеливая и безмолвная!
> Прими верных, прими и отчаявшихся,
> стойких и шатких,
> бодрых и немощных,
> прими кровных твоих
> и пришлых к тебе,
> всех — от мала до велика —
> ты одна неколебимая!
> из гари и смуты выведи
> на вольный белый свет.[34]

In March 1918 Remizov penned a second lyric response to the events of the preceding year, entitled "O sud'be ognennoj"[35] and inspired by Heraclitus' belief that change, guided by an intelligent law which he called *logos,* comprised the basic reality. For Remizov, however, the guiding force took the form of a deterministic fate (*sud'ba*) not at all resembling the chance fate so typical of his pre-Revolutionary prose works.[36] Through fate, power (*sila*) becomes law (*pravo*), and everything and everyone is subject to the judgment (*sud*) of the two cleansing brothers, fire (*ogon'*) and war (*vojna*). Power conquers chaos, creating law which rules the universe, only to be destroyed by fire and war so that a new life may arise. The abstract apotheosis of cleansing fire and inexorable fate, which comprises the first half of this work, abruptly gives way to a lyric second half where the author-narrator, with scorched heart, scales a fiery, rocky peak in search of God's help in finding a source of light. Directed to the waters of Mnemosyne, his sorrowful soul gains wisdom and departs from the body into eternal light and joy. Although the piece was couched in a rhythmic prose that utilized lines and stanzas arranged symmetrically around a vertical axis, the constant shifts in stress and syllable distribution precluded determination of an underlying metrical scheme.

Remizov's final poem, "Zenitnye zovy," totally lacked the sanguine faith in the cleansing fire of Revolution so graphically expressed in "O sud'be ognennoj." Instead it presents the poet's poignant appeal for salvation from

an indifferent fate and age. The poet languishes in darkness and desperately
cries out for help:

> Если что-то не подойдет,
> не прикоснется рукой
> к моему сердцу —
>   я пропал.
> И в тяжелой вянущей тьме
> как-будто беру я что-то —
> хочу материнскую руку
> прижать к сердцу.
> И вижу, мохнатый паук там в высоте.[37]

But the appeal evokes no response from a hostile fate and age, threaten-
ingly symbolized by a shaggy spider, iron raven, and iron stag, until the
closing lines where the sought-for light of dawn assumes the form of a
cross:

> Я взываю из мрака:
>
> «Железный олень,
> могучими рогами к заре подыми,
> брось,
> расколоти тюленьи кости мои на куски.
> Я духом моим опущусь
> в водоворот глубины,
> и по тонкой игле
> взовьюсь к высоте.»
>
> Молча олень подымает рога,
> и зарею сверкает крест.
> Ух! как ветер свистит в ушах.
> Санки мчатся по ровной дороге —
> волки — кони мои — вольно несут
> к заре.
>
>   (lines 65-79)

Devastated by the forces of war and revolution, Remizov sought salvation
in the Russian Orthodox faith, emigrating from Soviet Russia two years
later. Reworked extensively before inclusion in Remizov's massive memoir
on revolutionary Russia, "Zenitnye zovy" was divested of its underlying
ternary (occasionally binary) meter and became a page-long prose fragment.[38]

    In retrospect we see that Remizov was never comfortable in working
with poetic forms. His three published poems in a modernist vein were
never reprinted, his experimentation with unrhymed, deformed meters on

Zyrian mythological themes were subsequently either discarded or reworked and incorporated into prose pieces, and three lyric mood poems remained unpublished. The significance of subject matter and lyric intensity of "Iuda predateľ" prompted him to retain and reprint the piece in subsequent years as an appendix to his dramatic tragedy on the same theme. The cataclysmic Revolutions of 1917 and Civil War prompted him to return to verse as the highest form of elevated lyric intensity, but even then he vascillated between utilizing a rhythmic prose fragment and a poetic line with underlying meter, moving from prose to poetry in "Krasnoe znamja"/ "Krasnyj zvon," but from poetry to prose in "Zenitnye zovy." His major poetic work of the Revolutionary period, "O sudʹbe ognennoj," represented a compromise—written essentially in a nonmetrical prose, it sought to create the illusion of poetry through use of line, short stanza, and symmetric graphic distribution. Nevertheless, Remizov's experimentation with poetic forms and techniques reflected his lifelong preoccupation with the formal and auditory aspects of his prose, which utilized many secondary features usually associated with poetry (alliteration, repetition, parallelism, inversion) in making palpable the verbal texture of the printed word.

State University of New York at Albany

NOTES

1. D. S. Mirsky, *Contemporary Russian Literature, 1881-1925* (New York: Alfred A. Knopf, 1926), p. 281.

2. Patricia Carden, "Ornamentalism and Modernism," in *Russian Modernism: Culture and the Avant Garde, 1900-1930*, edited by George Gibian and H. W. Tjalsma (Ithaca: Cornell University Press, 1976), pp. 49-64.

3. Gleb Struve, *Russkaja literatura v izgnanii* (Nju-Jork: Izdateľstvo imeni Čexova, 1956), p. 259.

4. *TriQuarterly*, Nos. 27-28 (Spring-Fall 1973), pp. 10-51; reprinted as *The Bitter Air of Exile: Russian Writers in the West, 1922-1972*, edited by Simon Karlinsky and Alfred Appel, Jr. (Berkeley: University of California Press, 1977).

5. *Russian Literature Triquarterly*, No. 18 (Remizov, I. 1985) and No. 19 (Remizov, II. Forthcoming).

6. Marc Slonim, *Modern Russian Literature: From Chekhov to the Present* (New York: Oxford University Press, 1953), p. 231.

7. Valerij Brjusov, *Dnevniki, 1891-1910* (Moskva: Izdanie M. S. Šabašnikovyx, 1927) (Rarity Reprints No. 28; Letchworth-Hertz-England: Bradda Books, 1972), pp. 122-123. Translated into English by Joan D. Grossman, *The Diary of Valery Bryusov (1893-1905)* (Berkeley: University of California Press, 1980) pp. 129-131.

8. Published in the Moscow daily *Kur'er*, No. 248 (September 8, 1902), p. 3, with the subtitles "(Bördan Kylias). S zyrjanskogo" under the pseudonym N. Moldavanov. This was the earliest published work listed in Remizov's chronology of works included in his *Sočinenija*, Vol. 8 (SPB: Izdateľstvo Sirin, 1910-1912), p. 301; but the list did not cite works excluded from

the collection. Andreev mentions the use of the pseudonym, but erroneously refers to the piece as a *rasskaz, Voprosy literatury*, No. 5 (1977), p. 218. A poem in dactylic tetrameter, "Grezy," had appeared more than a year earlier in *Žurnal dlja vsex*, No. 6 (June 1901), pp. 669-670, under the signature Aleksej R., but there is no evidence to date to indicate that the piece belonged to Remizov.

9. *Kur'er*, No. 262 (September 22, 1902), p. 3, under the pseudonym N. Moldavanov. The poem, apparently, was never reprinted.

10. *Ibid.* The poem, apparently, was not reprinted, although its text was set to music by Aleksej Arxangel'skij and was published as a musical score: A. Remizov, *Mgla* (Moskva: Tip. K. N. Milevskogo, 1909), 8 p. Although the latter was recorded in *Knižnaja letopis'*, No. 37 (September 19, 1909), item 18407; the author has not been able to locate a fully extant copy. Pages 5-8 can be seen in GPB, f. 634, No. 18, listy 22-23, together with a manuscript copy of the same text in Remizov's own hand bearing the dedication "Trem sestram/ Nine, Vale i Sane Mordvinovym./ Muz. Alekseja Arxangel'skogo./ Op. 4, No. 2. Melodeklamacija s orkestrom./ Pereloženie dlja piano" with the comment "Èti stixi moi drevnie napisany v Vologde v 1902 g. v period družby s Iv. Pl. Kal'evym—on pisal stixi po nastojaščemu i mnogo poètičeskix večerov proveli my v kel'e moej . . ." (list 21). Enjambments of each sentence correspond to the later manuscript version, because the format of the published version was probably determined by the space of a newspaper column and not Remizov himself.

A second Remizov poem set to music by Arxangel'skij was entitled "Romans dlja kontral'to ili baritona" and bore the inscription "stixi ust'sysol'skie napis. v 1901 g." GPB, f. 634, No. 18, listy 17-18:

Беспокойные тучи, куда вы?
Меня унесите, хочу жить, а здесь умираю.
С каждым часом погост вырастает, —
    там думы мои засыпают.
Длинные тучи по лунному небу плывут.
Стойте же тучи!
Укажите мне землю, где тяжесть спадает,
    разрешите...
Уплыли молча, чуть слышно.
Светятся тихо слезные звезды.
Тени голых ветвей, как решетка.

The author is deeply grateful to the Saltykov-Ščedrin State Public Library in Leningrad for providing access to materials in the Remizov collection.

11. *Čortov log i polunoščnoe solnce. Rasskazy i poèmy* (S.-Petersburg: EOS, 1908), pp. 193-310.

12. *Sočinenija*, Vol. 2, pp. 149-202.

13. The pieces "Kladbišče," "Raduga," "Belaja noč," and "Ivan-Kupal" became segments number 7, 8, 10 and 11, respectively, of part 3 of "V plenu"; while "Kikimora" and "Plač devuški pered zamužestvom" were included in "Posolon'," a collection of adapted folk materials, *Sočinenija*, Vol. 6, pp. 56, 68-69.

14. *Čortov log . . .*, pp. 264-265. The two incantations, apparently, were never reprinted.

15. The text provided in the article is that of first publication in the miscellany *Severnye cvety*; Tretij al'manax kn-va Skorpion (Moskva 1903), p. 116. The six italicized words were deleted in *Čortov log . . .*, p. 251, as was the capitalization at the beginning of lines 2, 4, 6, 8, 10, 12, 13, 14, 16, 17, 18 and 20.

16. The scansion provided adjacent to the text accounts for syllable differences in the first foot by anacrusis, which is not considered to be a deviation from the basic metrical pattern.

17. The four named pieces appeared together with "Plač devuški pered zamužestvom" and "Kikimora" under the general title "Polunoščnoe solnce" in *Severnye cvety assirijskie*, al'manax 4 (Moskva: Skorpion, 1905), pp. 70-76. All six were included in part 2 of "Polunoščnoe solnce" in *Čortov log . . .*, pp. 252-261, 263, 268-269.

18. See Remizov's commentary in *Čortov log* . . ., pp. 313-315.

19. The author is deeply grateful to the Manuscript Division of the Lenin State Library in Moscow for providing access to Remizov's letters of February 8 and April 6, 1903, to Valerij Brjusov and the appended manuscripts of "Verenicy dnej," "Posle znoja želanij," "Severnye cvety," and "Preljudii." Fond 386, karton No. 100, ed. xr. 13, listy 8-16.

20. A manuscript of "Verenicy dnej" was mailed by Remizov from Vologda to Brjusov in Moscow with a cover letter dated February 8, 1903. *Ibid.*, listy 8, 11-12. A thirteen-line fragment of the poem in the Saltykov-Ščedrin State Public Library would indicate that the piece was set to music by Arxangel'skij and may have been written two years earlier: "stixi ust'sysol'skie nap. v 1901 g.," GPB, f. 634, No. 18, listy 14-16. In this version the first line "Zadumčivo tixo" is instruction to the singer, not the text, and *otkryla* is replaced by *raskryla* in line 8.

21. A manuscript of "Posle znoja želanij" was mailed together with that of "Verenicy dnej." GBL Otdel rukopisej, f. 386, k. 100, ed. xr. 13, listy 8-10.

22. A manuscript of "Preljudii" was mailed by Remizov to Brjusov with a cover letter dated April 6, 1903. *Ibid.*, listy 14-16.

23. *Zolotoe runo*, No. 4 (1906), pp. 42-43, with a parallel French text. The poem was captioned "S. R.," perhaps in dedication to his wife Serafima Remizova?

24. *Čortov log* . . . was listed in *Knižnaja letopis'*, No. 1 (January 5, 1908), item 276, under books registered between December 21, 1907, and January 1, 1908; *Sočinenija*, vol. 1, in No. 45 (November 20, 1910), item 25687 under books registered between November 11 and 18.

25. Consider, for example, the extensive alterations to his novel *Prud*, described by A. Shane in "Remizov's *Prud*: From Symbolism to Neorealism," *California Slavic Studies*, vol. 6 (1971), pp. 71-82.

26. In changing "Severnye cvety" from a twenty-line poem into an eight-sentence, eight-paragraph fragment, Remizov made a dozen textual changes and deletions, each of which contributed to disrupting the original dactylic beat.

27. As a goodnight poem to his daughter, "Nataše" sets the mood and provides a loose functional frame for the folktales and games that follow. The free verse dactylic metrical pattern is similar in principle and execution to that employed in "Severnye cvety." Written in 1902 and first published in the Jaroslavl' newspaper *Severnyj kraj*, No. 118 (May 6,1903), p. 12; the poem was reprinted in *Voprosy žizni*, No. 7 (1905), pp. 50-51; appeared in the first and second editions of *Posolon'* (Moskva: Zolotoe Runo, 1907 p. v, and *Sočinenija*, vol. 6 pp. 13-14); but was deleted from the sole émigré edition, *Posolon': Volšebnaja Rossija* (Pariž: Izdatel'stvo Tair, 1930). "Medvežja kolybel'naja pesnja" was first published in *Posolon'* (1907), p. 78; was reprinted in *Sočinenija*, vol. 6, p. 135; and again, with musical notes, in *Posolon'* (1930), p. 106.

28. Dated 1903 and first published in the miscellany *Vozdetye ruki* (Moskva: Oriflamma, 1908), pp. 6-21; "Iuda predatel'" was included in *Čortov log* . . . as the third and final part of "Polunoščnoe solnce" (pp. 293-310) and reprinted twice thereafter as part of the commentary to Remizov's tragedy about Judas, Prince of Iscariot, in *Sočinenija*, vol. 8, pp. 273-283, and in *Tragedija o Iude prince iskariotskom* (Peterburg: Izdanie Teatral'nogo otdela Narodnogo kommissariata po prosveščeniju, 1919), pp. 61-72.

29. Matthew 23: 13-33.

30. Lines 60-62. Essentially the same phrase is cited in Matthew 10: 39 and 16: 25, but Remizov's version introduces slight changes in word order, probably in order to achieve an iambic meter.

31. "Krasnoe znamja," *Argus*, No. 7 (July 1917), pp. 72-80. The illustration preceding the text on p. 72 displays a banner "Na krasnom pole," which also could be considered the piece's title.

32. A. Remizov, *Vzvixrennaja Rus'* (Pariž: Izd. Tair, 1927), pp. 51-54.

33. The last line was split in two, *xolodnaja* was replaced by *surovaja*, and the six lines about the desanctification of St. Petersburg were deleted in the 1927 version, "Krasnyj zvon."

34. *Vzvixrennaja Rus'*, p. 54.

35. The first part was published alone as a separate book in 1918 as *O sud̕be ognennoj* (Petrograd: Artel' xudožnikov Segodnja, n. d. [1918]) with the subtitle "predanie ot Geraklita Efesskogo"; then appeared twice, together with the second half, under the titles *Èlektron* (Peterburg: Alkonost, 1919) and "O sud̕be ognennoj; ot slov Geraklita" in *Ognennaja Rossija* (Revel': Izdatel'stvo Bibliofil, 1921), pp. 59-68; and finally was included without the second half in *Vzvixrennaja Rus'*, pp. 263-265.

36. A. Shane, "A Prisoner of Fate: Remizov's Short Fiction," *Russian Literature Triquarterly*, No. 4 (Fall 1972), pp. 308-309, 311, 315-316.

37. "Zenitnye zovy," *Zapiski mečtatelej*. No. 1 (1919), pp. 94-96, lines 1-9.

38. *Vzvixrennaja Rus'*, pp. 302-303.

СТРУКТУРНАЯ КОМПОЗИЦИЯ
ВЗВИХРЕННОЙ РУСИ

Hélène Sinany-MacLeod

Поскольку на искусство существует в наше время два основных взгляда (искусство, как отображение реального и искусство, как конструкция), то законен вопрос: куда отнести Ремизова? На эту тему у нас намечался спор: Ремизов — реалист, или Ремизов — авангардист? Мне кажется, что для Ремизова вопрос стоит немного иначе — главное для него экспрессивность[1], и ради нее он сочетает эти два подхода в своем творчестве, впрочем не только литературном, но и графическом. Отображение реального сочетается с орнаментом, с самобытной конструкцией. Это сочетание происходит, разумеется, в первую очередь на уровне композиции, что можно хорошо проследить на примере *Взвихренной Руси*.

Первая композиционная черта — хронологичность книги. На этой первой, как бы горизонтальной оси, чисто линейное повествование соблюдает строгую, почти иконическую хронологическую последовательность. Эта строгость может не сразу быть осознана читателем, так как Ремизов выявляет ее косвенно: очень редки упоминания года, да и число или месяц обозначены не часто[2]. В большинстве случаев дата либо обозначена церковным праздником[3], либо вытекает для читателя из упоминания события, легко датируемого[4]. Причем даты играют определенную роль: их накопление создает напряженность, тревожное ожидание событий[5]. Но время, если идет однолинейно, течет не равномерно: оно то насыщено событиями и идет стремительно, то течет плавнее, и тогда очень мало дат, или они вовсе отсутствуют[6], как напр. в главе «В деревне», где создается впечатление распределенности, бездумного порядка жизни, или в главе «Окнища»[7], где повествование ведется в безвременье. Ясно, что накопление или отсутствие дат способствует созданию ритма повествования на временной оси. Этому же способствует в «медленных» главах употребление настоящего времени повторного наклонения. «Я встаю в 9 часов: курю, записываю сны и прибираюсь/ ... / Так все дни» (стр. 102-103). Или (о посещениях назойливого соседа): «Он приходит ко мне всякий вечер / ... / И вот, как вечер, ему не сидится и он, не выходя на улицу, ходит по знакомым. И я его жду всякий вечер с ожесточением» (353-354). Таких комментариев в «стремительных» главах нет. Там настоящее время (грамматическое) не имеет повторного смысла, это «повестовательное настоящее», способствующее вовлечению читателя в рассказ, и соответствующее повествованию по горячим следам событий, когда все очень живо и свежо.

Вовлечению читателя в самый водоворот событий способствует и манера повествования: вместо единой четкой точки зрения — зыбкость, передается то душевный подъем («взвив» по-ремизовски), то негодование (часто в гротескном ключе)[8]; рассказ пестрит оговорками, в него, как в мозаику, вкраплены обрывки слышанных разговоров[9], случаи из газет[10], необработанные документы.[11] Очень характерны также для этой манеры срывы в тоне и уровне.[12] Это манера, напоминающая Достоевского, с нарочитыми срывами, оговорками, подчас сбивчивым рассказом, где многое остается недосказанным, где на долю читателя выпадает до-понять рассказанное, то-есть ему предлагается нечто вроде загадки, что его тоже вовлекает в повествование. Ведь Ремизов пишет не очерк о революционном периоде, никак не собирается давать синтез, а наоборот передает бахтинское «разноречие»[13] — поэтому-то в частности мало упоминаний исторических событий, да и когда они есть, то служат больше поддерживанию хронологической оси. Ремизов прямо говорит о первенстве быта, а не исторических событий: «Эта новость /о покупке железнодорожных билетов/, куда важнее, чем Государственное совещание и выступление Корнилова /.../».[14] И так, во всем, что относится к хронологической оси, создается облик рассказчика, для которого декреты только «бедовые», рассказчика, поглощенного бытом, житейскими потребностями, — но и осознающего это: «День кончился — сутолока и бестолковщина! /.../ день, кружащийся между службой, стоянием в очередях, ожиданием и жалким обедом. А когда-то я не думал о насыщении»[15]. Загрязая в житейском, писатель больно это осознает, и от быта налаженного, не голодного (то-есть от подчинения житейским потребностям) — отказывается. Пожив в деревне, где хлеба вдоволь, замечает он: «Но я не могу долго жить в деревне. Этот черед жизни: едят, растут, женятся /.../ Нет, не могу я по 'естественным законам'» (268). Что «естественные законы» здесь перефразировка «законов природы», ненавистных подпольному человеку Достоевского, подтверждается тем, что вся *Взвихренная Русь* пронизана темами из *Записок*. С *Записками из подполья* перекликается в частности один из лейтмотивов *Взвихренной Руси*, «Революция или чай пить?»[16]. Перефразируя ключевые цитаты из *Записок*, Ремизов указывает на то, что, как и подпольный человек, он восстает против детерминизма, против чистой социологии быта,[17] не желает быть «бедной счастливой палочкой», крутящейся в водовороте событий (68).

Поэтому в *Взвихренной Руси* наряду с первой отмеченной нами композиционной осью — хронологической —, существует и вторая, как бы по вертикали. К этой оси относится в первую очередь «сонная жизнь» Ремизова,[18] включение которой играет в книге двойственную роль. С одной стороны сон — выражение самого интимного, делиться снами с читателем — это вводить его в круг самый тесный, самый «свой»,[19] то-есть также как и повествование по горячим следам, сокращающее дистанцию между повествователем и читателем. С другой, сон — свободная стихия, где «нет ни прошедшего, ни будущего — время крутится волчком».[20] Не случайно в главе «Окнища», где писатель кажется полностью загрязшим в житейском, — отсутствуют сны.[21] Во сне человек освобождается от линейного времени, прошедшее и настоящее равнозначны и свободно переплетаются в сознании: это выражается в *Взвихренной Руси* не только в снах,[22] но и переливается из сна в явь, как из прошедшего в настоящее.[23] На нашей вертикальной оси прошедшее — не только личное прошлое повествователя, но через него и всей русской земли — живет такой же реальной жизнью, как и настоящее. В отличие от «бедных счастливых палочек», повествователь обладает памятью.[24] Поэтому не удивительно включение в книгу ремизовской отделки бумаг эпохи Петра Великого и Анны Иоановны о стройках и садах вокруг Петербурга, где метафора ломки-стройки и молодой поросли вполне прозрачна. Не удивительно также присутствие на нашей вертикальной оси элементов, почерпнутых из сказок, из народной поэзии, из преданий, из средневековья,[25] а также из русской литературы.[26]

Желанию выявить в «грозных грозовых годах» революции невременно́е, неподвластное времени, отвечают также два текста, расположенные симметрично в самом центре книги: первый из них, «О судьбе огненной — от слов Гераклита Ефесского», дает в торжественной, величавой поэме обширное ви́дение судьбы не только человека, но и вселенной. Ссылкой на Гераклита Ремизов уводит читателя в историософию, на место забитого рассказчика, загрязающего в повседневном, приходит мыслитель. Этому облику повествователя-мыслителя отвечает как в зеркале второй облик, возникающий из полушуточного отчета (с игрой слов на «Гороховую канцелярию») об аресте Ремизова — образ Асыки царя обезьяньего. Пользуясь тем, что арестованы вместе с Ремизовым были кавалеры, «епископ» и «князь» Обезьяньей

Великой и Вольной Палаты[27], писатель обрамляет рассказ об аресте «конституцией» Обезвелволпала, манифестом Асыки и донесением князю обезьяньему Щеголеву с одной стороны, а с другой-симметрической вереницей трех «обезьяних листков». И если с Гераклитом возникал образ человека мыслящего, то с Асыкой возникает образ человека вольного и страждущего. Так что в самой сердцевине книги перекликаются в структуре «en abyme», как говорили французские риторики, — сознание и страдание. От самого интимного — сна — Ремизов на нашей вертикальной оси ведет читателя к самому общечеловеческому.

Стало быть вразрез с нашей первой «горизонтальной» осью, где в плоской хронологии, без перспективы, читатель подвергается мельтешению впечатлений, идет вертикальная ось, на которой художественно отстаиваются те качества, которые для Ремизова присущны человеку, неподвластному времени: память, сознание и страдание.

При такой структуре по двум осям возникает существенный художественный риск: риск неслитности, слишком слабой связи между разными частями произведения. А между тем в *Взвихренной Руси* наоборот все «крепко сшито», и несмотря на резкие срывы и взлеты, на разноголосицу, — единство книги осязаемо. И тут дело не столько в единстве темы «грозных грозовых годов» (403), сколько в приеме ремизовской поэтики, благодаря которому вся книга — как крепкий сплав: речь идет о сетях мотивов, которые проходят по всей книге[28]. Эти мотивы — сравнения и метафоры (in praesentia et in absentia) в свою очередь вступают в сеть с другими. Ограничусь лишь главными. Один из мотивов организован вокруг морфемы «зверь». Тема *озверения* людей (т.е. сравнение, метафора in praesentia) примыкает с одной стороны к теме зверей как таковых, — с другой же к теме морального распада. Реализуется эта тема следующим образом: сначала появляется озверение.[29] Но уже в главе «Москва» появляются звери как таковые.[30] Затем идет обратное сравнение, не человека с животным, а наоборот: «Видел я издыхающую собаку: она сидела под забором как-то по-человечески и в окровавленных губах жевала щепку» (271). Теперь можно уже перейти к «словесным зверям»: «лошадь из пчелы» (274), «Заяц на пеньке» (302), и конечно к верноподданным Асыки — обезьянам. И как венец, о «желанности души»: «я видел ее даже и в таком, зверем что в человеке зовется, и от чего сами звери открещиваются» (454), — парадоксальная игра понятиями «человек» и «зверь»[31]. К озверению и моральному распаду примыкает мотив разъединенности людей, отчуждения[32] и молчания[33]. Этот мотив в свою очередь связан

с одной стороны с темой недоразумения и подмены[34], а с другой с
мотивом пустыни, затвора[35] — и исхода[36]. Как мы видим, эти мотивы,
проходящие через всю книгу и примыкающие друг к другу, состав-
ляют сеть, которая при беглом чтении может и не замечаться, так как
реализации мотивов, которую мы проследили на примере «озверения»,
замаскирована. Это тот скрытный поэтический прием где, как говорил
Набоков, «слова контрабандой проносят нужный смысл». Но кроме
этой смысловой функции, наша сеть мотивов также способствует един-
ству книги.

Этому же способствуют три мотива, где употребляются не сравнения (метафоры in praesentia), а чистые метафоры (in absentia), где
нет перехода от предметного к отвлеченному, где наличествует только
субъективный член сравнения, и метафора играет свою собственно-
поэтическую роль. Это мотивы звезд[37], грозы[38] и огня[39], и колоколов[40]. Каждый из них реализуется и в повествовательных частях, в
виде реальных звезд, гроз, колоколов, и в лирических пьесах. О значении для Ремизова этих трех мотивов он нам сам подсказывает:
гроза и пожар—метафора революции[41]; колокола отсылают к допе-
тровской, московской Руси, отошедшей в прошлое. Метафора звезд в
самой *Взвихренной Руси* не раскрывается, но ее значения выявляется в
тексте «О человеке, звездах и свинье»[42], написанном в 1919 г., где
тематика очень близка *Взвихренной Руси*: «Есть отдых для человека,
трудный, свинье непонятный . . . . И этот отдых есть звезды. А эти
звезды — создание духа человеческого — есть искусство . . . . Смотреть и видеть — слушать и слышать — видеть звезды, слышать
музыку — это большое счастье».

Мы постарались показать, что композиционно *Взвихренная Русь*
расположена по двум осям, а связующей служит сеть сравнений и
метафор, оплетающая всю книгу. Причем многие стилистические и
композиционные приемы направлены на вовлечение читателя в повествование, так как Ремизов стремится как можно непосредственнее
«передать свои чувства». Две оси, по которым расположена книга,
выявляют авторский подход ко времени: сочетание повествования на
коротком приводе[43] с частыми ссылками на прошлое России, живущее
в сознании благодаря дару памяти, создает как бы результативный
облик России, где прошлое никак не отрезано от настоящего, не
«аористично», а наоборот «перфект», то есть прошлое, тесно вплетен-
ное в настоящее, и — «неугасимые огни горят над Россией!»[44]

Université de Paris–Sorbor

ПРИМЕЧАНИЯ

1. В письме к Серафиме Павловне Ремизовой-Довгелло от 19 июня 1922 (хранится в частном собрании), отделывая часть «Медовый месяц», Ремизов пишет: « . . . и конечно все сосредоточение мое: объяснить свои чувства . . .». За год до смерти он запишет в дневнике: «Моя исповедь так определяется — из желания передать свои чувства» (Кодрянская, *Алексей Ремизов*, Париж 1959, стр. 299).

2. Эти упоминания вскользь выполняют экспрессивную функцию: либо непосредственно, либо через усилие памяти читатель восполняет недоговоренное, чем принимает участие в рассказанном — создается сообщность читателя с писателем.

3. Приводить все нужные цитаты невозможно. Во всех цитатах, вынесенных в примечания, я ограничиваюсь лишь несколькими примерами. Примеры датировки церковным праздником: «Дождик холодный, не ильинский» (16/9); «Сегодня Ивана постного — пляс Иродиады» (31/8); «Вербное», и т.д.

4. Убийство Мирбаха, восстание левых эсеров, Кронштадтское восстание, смерть Блока . . .

5. Напр. в первой части («Весна-красна»), где развертывание событий до февральской революции сопровождается множеством датировок, или в конце книги («Перед шапошным разбором»), где события 20-ого и 21-ого гг., также отмеченные дата за датой, завершаются отъездом Ремизовых из России.

6. Ср. в первых двух главах («Весна-красна» и «Медовый месяц») на 90 страницах 17 упоминаний дат, а в следующей («В деревне») на 60 страницах одно единственное.

7. На протяжении 60 стр. всего три упоминания даты.

8. См. напр. тираду о порядке, стр. 71-72.

9. См. напр. стр. 203-204.

10. См. напр. стр. 106, 128, 194-195, 227.

11. Напр. стр. 54-55, 196-197, 352-353.

12. См. напр. на стр. 305 от «Утром пошла вода . . .» до « . . . Вернулся домой, — а вода прекратилась.», где от сугубо житейского рассказчик переходит к лирическому, чтобы во внезапном срыве снова «шлепнуться» в житейское.

13. М. Бахтин, «Слово в романе», *Вопросы литературы и эстетики*, Москва, «Художественная литература», 1975, *passim*.

14. Стр. 189. Ср. на стр. 404: «Телефон к счастью действовал после долгого безмолвия — обыкновенно же при всяких наступлениях (Колчак, Деникин, Юденич) или угрозах наступления, телефоны выключались (. . .)».

15. Стр. 269, в главе «Четвертый круг» (т.е. дантовские стяжатели и моты, люди, отдавшие себя целиком материальному миру).

16. Напомним у Достоевского «Я скажу, что свету провалиться, а чтоб мне чай всегда пить» (Записки из подполья, Собр. Соч., Москва, 1956-58, т. 4-ый, стр. 237). В уже цитированном письме к Серафиме Павловне (см. прим. 1) Ремизов пишет, что часть книги, получившую впоследствии название «Медовый месяц», «хотел /назвать/: Революция или чай пить?» Тема эта, под тем или иным видом («чай», «пить чай», «самовар», . . .) особенно обильно представлена в указанной части «Медовый месяц», но распространяется и на остальные (см. стр. 175 и 177, 207, 377, . . .).

17. И свое прошлое социал-демократа упоминает только в шуточном ключе, как отошедшее (см. в части «Москва», где знакомые и родня величают его «коммунистом»).

18. В книге 75 снов.

19. Ту же функцию выполняет и постоянное упоминание более или менее известных людей ремизовского круга.

20. *Мартын Задека. Сонник.* Париж, «Оплешник», 1954, стр. 10.

21. Ремизов сам обращает на это наше внимание: «Сны мне больше не снятся» (стр. 309). В следующей главе: «Новый год начался сном. В первый раз за столько месяцев»

(стр. 376). Но и сон этот — бытовой. Только гораздо позже (стр. 465) писатель облегченно заметит: «Я начал писать и опять мне сны снятся».

22. «Какая-то женщина обирает билетики: по билетику что хочу, то и спрошу. 'Кем я был?' И сейчас же ответ мне готов 'Родился в Скандинавии в 1561 г., а имя Сергей'» /во сне/ (стр. 87).

23. См. напр. переход от совета Шестова Ремизову (во сне) «Помолчи, /. . ./ такое время, лучше помолчи» (стр. 65) к (наяву) объяснениям Рязановского (стр. 68) о «Иоанне Богослове /. . ./ с перстом на устах. Этот перст на устах — знак молчания».

24. О ключевом значении памяти в творчестве Ремизова, начиная с 10-х годов и до конца его жизни, здесь не место говорить. Следует лишь отметить, что в *Взв. Руси* память одна из черт, отличающих человека и писателя от «палочек» с одной стороны, от обитателей «четвертого круга» с другой.

25. Из многочисленных примеров приведу лишь несколько. Из сказочного: в бреду от крупозного воспаления легких (бред для Ремизова сродни сну, так как в нем также ослаблены причинные и временны́е связи) «Ночью /. . ./ прискакала Баба Яга и подменила мне ногу /. . ./ и вот правая нога у меня не моя — костяная» (стр. 225). Из народной поэзии, былинный ритм «Кабы мне, заплечнику, лет десяток с плеч . . .» (стр. 311). Из евангелия в народной переработке (о братце, который «как сказку сказывал житие из Пролога о преподобном Нифонте»): «Я не пророк, я не апостол, я — тот петух, который запел, и отрекшийся Петр вспомнил Христа» (стр. 333). К средневековью отсылает в частности плач без заглавия (стр. 180-189), заимствованный из ремизовского «Слова о погибели русской земли».

26. Упоминаются Лермонтов (стихи из «Выхожу один я на дорогу . . .»: стр. 200-202, 460); Гоголь (стр. 236, 270-271, 374, 379); Достоевский (кроме упомянутых ссылок на *Записки из подполья*: стр. 270-271, в шуточном ключе 397, 472-479); Блок (стр. 255-256, 501-517); Пушкин (стр. 350-351; в шуточном ключе 397).

27. Художник Петров-Водкин, философ Штейнберг, историк Лемке, поэт Сюнерберг-Эрберг, Замятин (епископ обезьяний Замутий), Иванов-Разумник, Блок и др. были арестованы между 13 и 15 февраля 1919 г. по «делу левых эсеров». Последствий для пострадавших не было. См. Р. В. Иванов-Разумник, *Тюрьмы и ссылки*. Нью-Йорк, изд. им. Чехова, 1953, стр. 40-43; А. А. Блок, *Записные книжки*. Москва, «Художественная литература», 1965, стр. 449-450, и воспоминания А. З. Штейнберга в сборнике *Памяти Александра Блока*. Пг, 1922, стр. 35-53. См. также письмо С. М. Ремизова к А. М. Ремизову от 22 февр. 1919 (Ркп. отдел Пушкинского дома).

28. Я имею в виду не повторения отдельных слов и фраз в одной главе (напр. «. . . было у всех на устах» в главе «Пряники», стр. 56-57), а мотивы, проходящие по всей книге.

29. «Звероподобные бабы» (дважды, стр. 48-49), «Озверело наге сердце» и «. . . свиная толпа с пятаками» (стр. 250), «после скотской зимы пришла весна» (стр. 457), «самодовольные свиные хари» (стр. 459), «еще человека, — у которого пробивается струнящийся свинячий хвост» (стр. 460).

30. Сначала игрушечные: «Я купил красного зайца» (стр. 192), затем и настоящие «Проходил медведчик с медведем . . .» (стр. 198); поросенок в камере (стр. 286 и след.); собака Находка (стр. 383 и след.).

31. К этому же мотиву примыкает тема отходов и нечистот, начинающаяся во сне (стр. 151) и разрастающаяся особенно с рассказа о собаке Находке (стр. 383 и след.) до «апофеоза» в главе «Труддезертир» (стр. 409-434).

32. Стр. 48 «В кучке всяк о своем: кто о знамении, кто о вчерашнем, кто о войне, кто о нашей бескормной тощете»; стр. 106 «Слушаю пение и как-то не верится: все врозь — и не замечают». Стр. 204: «А она совсем с толку сбилась. Говорит уж сама с собой, и не с собой, а с тряпками. 'С людьми, говорит, уже не могу, так с тряпочками!'».

33. См. прим. 33; глава «Молчальник», стр. 77; «держась золотого молчального правила» стр. 83; «великое молчание свободы» стр. 270; «И в молчании лег я спать» стр. 370.

34. Случаев, когда кого-то принимают за кого-то другого, очень много. См. стр. 27 «мандолинщик пленный из Германии»; весь рассказ о «Турке», стр. 78-84; стр. 162 (во сне) «Вы, — говорю, — спутали: это профессор В. А. Алексеев китаец»; стр. 195 «Извините, пожалуйста, вы господин Короленко?».

35. «Обрекая себя на добровольное заточение» (стр. 151); «сижу в заточении» (стр. 151); (во сне) «в каком-то невольном заточении нахожусь я» (стр. 260); «Наш дом каменный мешок . . .» (стр. 269 и 387); «затворенная жизнь» (стр. 368 и 371); «живя, как в плену, как в осаде» (стр. 418) и т.д.

36. «бегут из Петербурга» (стр. 94 и 206); «разбегаются, кто в Москву, кто куда» (стр. 258); «кто говорит 'уезжай отсюда'» (стр. 376); «'добыча' и 'наутек' — первые и самые главные мысли (. . .)» (стр. 417) .

37. Стр. 103 «Светит все от крупных звезд и до мельчайшей песчинки»; стр. 184 «молчаливые звезды»; «сестры-звезды» (дважды, стр. 217); рассказ «Звезды» (стр. 449-453) с припевом «Звезды, прекрасные мои звезды»; «К звездам — памяти А. А. Блока» (стр. 501-515).

38. Стр. 43 (во сне) «грозовая туча»; стр. 45 «Будто летел — с волною в грозу»; стр. 160 «А хорошо, когда гроза идет / . . ./ Знаю, и самая грозная из грозных — революция / . . ./ ничего не изменит, но я также знаю, что без грозы пропад»; стр. 170 «Ночью была гроза настоящая»; стр. 263-265 лейт-мотив «молния — кормчий».

39. Стр. 43 (во сне) «Потушите огонь!»; стр. 45 «Окружный горит и Комендантское / . . ./ Предварилка горит! / . . ./ горели черные гнезда: суд, война и неволя»; стр. 181-182 «Ты горишь — запылала Русь!»; стр. 210 и след., рассказ о болезни (под заглавием «Огневица» в книге «Огненная Россия»), см. напр. стр. 213 «Лежу в огню, горю»; стр. 263 «О судьбе огненной»; стр. 311 «запылал пожар в Ярославле»; стр. 472 «Огненная Россия — памяти Достоевского».

40. Стр. 178 «На Иване великом звонили второй звон — века выговаривали на колоколах»; стр. 470 «Слышу, звонит колокол в Казанском»; стр. 476 (в цитате из Достоевского) «И вдруг ударил колокол — густой тяжелый колокольный звон»; стр. 520 «мохнатые черные лапы ухватятся за колокол / . . ./ и живой стеной под перезвон поплывут хоругви / . . ./ лучевой надземницей красный звон» (последняя фраза повторена на стр. 521).

41. См. цитаты в прим. 38 и 39.

42. *Крашеные рыла*, Берлин, «Грани», 1922, стр. 9-18.

43. Д. С. Лихачев, *Поэтика древнерусской литературы*, изд. 2-ое, Ленинград, «Художественная литература», 1971, стр. 349 (о романах Достоевского).

44. *Взв. Русь*, стр. 524, последние слова.

POLITICAL SATIRE OF REMIZOV AND ZAMJATIN
ON THE PAGES OF *PROSTAJA GAZETA*

Horst Lampl

On the third of November 1917, one week after the October Revolution, a small announcement appeared at the very bottom of the last page in the main newspaper of the S.R. party, *Delo naroda*:

> На днях в Петрограде выйдет «Простая газета», орган социалистов-революционеров для города и деревни

and:

> Редакция приглашает литераторов с.-р., желающих принять участие в газете, на совещание, имеющее состояться сегодня, в 7 часов вечера, в помещении издательства «Революционная Мысль» (Литейный, 22).

There are sufficient grounds to assume that of the many authors generally known to have sympathized at that time with the party of the S.R.'s, Aleksej Remizov and Evgenij Zamjatin were participants in this meeting and played a significant role in the literary program of the newspaper.

* * *

The short-lived and little-known *Prostaja gazeta* began publication on November 8, 1917. Despite its subscription announcement for 1918, published in *Delo naroda* on December 12, in January 1918 only a few numbers more appeared (the last issue indicated by the bibliography "Gazety SSSR 1917-1960" is No. 46 from January 7, 1918). As is evident from the above-mentioned subscription advertisement, the task of *Prostaja gazeta* was "v prostyx i jasnyx slovax soobščat' o sobytijax dnja," appealing thus especially to the poorly-educated, naive reader whom the official party organ, *Delo naroda*, did not reach to the desired extent. In connection with the newspaper's goals, the official, theoretical character of the party organ receded into the background and many feuilletons and literary texts appeared, of which a whole series were sharp political satires. In *Prostaja gazeta*, the theoretical language of the political essay and of ideological party polemic was transformed to a certain extent into the language of literary genres, in particular, the more simple and accessible ones: tales, fable-parables, and folk poetry. The satiric part of the literary texts of *Prostaja gazeta* was devoted to the main political problem of the official branch of the S.R.

party after October: its desperate struggle against the Bolsheviks who had just come to power. In the course of its well-known repressions against the press, the government reacted on November 25 by confiscating the newspaper, after which two issues (according to the original numbering, Nos. 15 and 16) appeared under the name *Novaja prostaja gazeta* (Nos. 1 and 2, November 26 and 28, 1917). Starting with the seventeenth issue on November 30 the newspaper was revived under its original name. *Prostaja gazeta* shared editorial staff and the office with *Delo naroda*; its official editors were the publishers of *Delo naroda*, Sergej Porfir'evič Postnikov, and A. V. Turba.[1] In addition to Postnikov, V. M. Zenzinov, A. Ležnev, and Ol'ga Černova of the staff of *Delo naroda* also published articles in *Prostaja gazeta*. Ja. T. Dedusenko was the official publisher.

Among the more famous literary figures who published in *Prostaja gazeta* under their own names were A. M. Remizov (nothing but previously published legends and tales[2], except for the very short miniature, "Zagraždennye usta", which without its own title subsequently became part of *Vzvixrennaja Rus'*), E. I. Zamjatin (short satiric tales characteristic of this period of his work),[3] Sokolov-Mikitov[4] and Vjačeslav Šiškov[5]—both of whom were close to Remizov—Esenin,[6] and A. N. Tolstoj;[7] Gorkij's publicistic works from *Novaja Žizn'* were republished. Zamjatin placed his tales about *Fita* simultaneously in *Prostaja gazeta* and in *Delo naroda*; as for his story "Tramvaj," *Prostaja gazeta* appears to have been the first place of publication. Apparently the works of Sokolov-Mikitov and A. N. Tolstoj which were placed in *Prostaja gazeta* were not republished later, nor have they become cited in their bibliographies.[8]

Those works by Remizov which were published under his own name were all included with a reference to *Prostaja gazeta* in a handwritten list of his publications, which it seems he kept almost all his life and which has been preserved in his Paris archive. This list—a most valuable source for the compilation of the bibliography of the writer—suffered greatly in places from the passage of time: it is precisely the entries from 1917-1920 which are often unreadable due to the decay of the paper, faded ink, and in some places almost indecipherable handwriting. In spite of these physical deficiencies, it is possible to distinguish in the list still other titles with a reference to *Prostaja gazeta*, namely, "Babin'kin kočet", "Rasprava", and "Slovo serebro—molčanie zlato." These works were published in the newspaper under pseudonyms: Skomorox Terentij, Ivan Kočan,[9] and Fedor Bublov. Even disregarding the fact that "Slovo serebro—molčanie zlato" is to be found in a slightly altered form under the title "Molčal'nik" in *Vzvixrennaja Rus'*, it would be impossible not to notice that in these texts a number of characteristic motifs and clearly Remizovian words ("obez'janstvo," "ni proxodu, ni prorysku," "krik i gik," and all the verbosity and garrulity of *skaz*) in and of themselves hint at his authorship. The use of pseudonyms was deemed necessary in light of the particularly anti-Bolshevik orientation of the three works, with Remizov undoubtedly following the advice of his friends.[10] It is interesting, though, that on further examination of *Prostaja gazeta* one of the pseudonyms, Ivan Kočan, is to be found several more times under works which are not on Remizov's list of publications. Even if we keep in mind that the list is incomplete, as is quite possible, the clear stylistic dissimilarity of the remaining Ivan Kočan stories does not allow for unqualified attribution to A. M. Remizov. The writer Ivan Kočan apparently was a "synthetic" personality, reminiscent of the famous Kuz'ma Prutkov of the nineteenth century. Along with Remizov at least one other writer took part in "Kočan," an author of short, extremely laconic, very well-aimed satirical tales, an indisputable master of folk speech stylization with clear irony in regard to the dullness and unconsciousness of the masses who, in their darkness, are spoiling and wasting their newly-found treasure— freedom. In comparing four stories by Ivan Kočan—"Žar-pticu s'jeli," "Bašibuzuki," "Nalim," and "Svin'ja"—with the fables and tales of Zamjatin in his collection *Bol'šim detjam skazki*,[11] one might conclude with almost complete certainty that they belong to him. The collaboration of Zamjatin and Remizov in the short-lived creation of Ivan Kočan seems completely believable, even without mentioning the close personal and creative relationship between them after Zamjatin's return from England, in view of the fact that both writers were responsible for a significant part of the nonpolitical literature in the newspaper. There are also grounds for suggesting that it was Zamjatin who persuaded Remizov to contribute to *Prostaja gazeta*.

The remaining two works of Ivan Kočan ("Sultan" and "Maksimyč"), which are connected by the figure of the "d'jačok iz bogadel'ni," may belong to still a third person, but there is some basis for assigning them to Remizov, although they are not included in his list of works. "Sultan" was printed immediately after "Rasprava," and reflects a closeness to Remizov's prose in very characteristic phrases ("tak i točit glazom," "čtoby takoe sovrat'," "i donos, i kljauza, i nedoxvat," "s obez'janej pečat'ju"). In regard to literary quality one can certainly say that Remizov's Kočan works clearly are inferior to Zamjatin's; they are less finished and less tensely plotted. In comparison with Zamjatin's, they do not possess a clear-cut, lucidly expressed ending. The majority of the Ivan Kočan stories are united by the general heading "Katušok," like "Kočan" calling up associations with village life: [12] the satiric stories and sketches of Kočan represent the "hutch" ("katux") of

248   HORST LAMPL

Prostaja gazeta.

Along with the works already mentioned, there are still other "literary" texts with a satiric content published in the newspaper under pseudonyms, but it would be hard to assign them to Remizov or Zamjatin. Ivan Kočan's comrades were L. Kormčy ([trans. note—helmsman], with an allegorical tale, "Goremyčnaja," and a story, "Lixoimec"), Sergej Skrytnik (secretive or reticent), Masterovoj (workman) (with a tale, "Ubogie"), and Savka Bezzemeľny (landless); perhaps the editors who usually published satires in *Delo naroda* were concealed behind them. To a certain extent they not infrequently imitate Remizov, as did other authors of this time. The chosen pseudonyms bring to mind those addressed by *Prostaja gazeta*: the simple, especially village population which had to be agitated for the S.R. cause.

As far as Remizov is concerned, the satiric texts in *Prostaja gazeta* were not his only "political" works of this period. "Akakij Bašmačkin," which was printed in *Delo naroda* (December 15, 1917) and is directly connected to the satiric texts, is the story of how under the Bolsheviks Gogol's Akakij Bašmačkin, "the little man," who up until then had never in his life thought of disobedience and rebellion, decides to go on strike.[13] As can be seen, the story concerns, and even is, a call for strikes by clerks; under the title of "Sabotaž" it subsequently became part of *Vzvixrennaja Rus'* (pp. 236-237). The text appeared under Remizov's own name, like his satiric "skazočki" "Kommi-ssar" and "Idolišče poganoe" in the newspaper *Večernij zvon* (December 27, 1917). *Večernij zvon*, which was issued beginning in December 1917, was perhaps an even more ephemeral periodical than *Prostaja gazeta*; to it contributed the Merežkovskijs, Teffi, Ariadna Tyrkova, and Sologub.[14]

Several of Remizov's works, apparently never reprinted, which are mentioned in his list of publications with a reference to their appearance in other opposition newspapers at the end of 1917 and the beginning of 1918, have proved to be inaccessible. In question are the following titles:

"Čto nam za naš grex vyjdet?," (*Volja naroda*, 1917, No. 196.)
"Ošibka," (*Volja naroda*, 1917, No. 202.)
"Mať presvjataja" (*Pri[zyv] k Učredit[eľnomu] sob[raniju]* [?], 1917).
"Bezumnoe molčanie" (*Večernij zvon*, 1918, No. 23, January 5).
"Slovo k materi-zemle" (*Volja strany*, 1918, No. 16, February 16).

It is difficult to judge by the titles to what extent these works also belong to the category of political satire. As is generally known, Remizov's engagé political works of these years are two-faceted: along with the satires can be found works which are particularly lyrical and emotional with a pathos of lament for the destruction and end of Russia. To these belong the well-known prose *poèma* "Slovo o pogibeli Russkoj Zemli," which was already written by October 5, 1917,[15] the poem "Plač,"[16] "Neugasimye ogni" in its first edition,[17] and "Zapovednoe slovo russkomu narodu."[18] Topical politics of the revolutionary year entered, finally, into one of the most significant works of this time, "Vseobščee vosstanie," which constitutes the major portion of *Vzvixrennaja Rus'*, but there, however, the narrator is limited to the role of witness and chronicler.

*   *   *   *   *

Below are reprinted in chronological order Remizov's and Zamjatin's satiric works which appeared in *Prostaja gazeta* and the newspaper *Večernij zvon* between November 24 and December 27, 1917; those which became part of *Vzvixrennaja Rus'* are also included in view of some differences in their editions. This publication is probably incomplete since one or another of the above-mentioned works, inaccessible at the present time, may belong here, as well as others which possibly were not entered at all in Remizov's list of publications.

All the reprinted texts are distinguished by their clear aim at the poorly educated reader, which explains the frequent use of popular expressions and the abundance of nonliterary and regional words. In the tales and parables ascribed to Zamjatin, what is characteristic is the utmost conciseness and terseness of the style, the visualness and pedagogical persuasiveness of the allegory, which together with the comicness of the situation and the short generalizing conclusion make a work such as "Nalim," in this critic's opinion, a true small masterpiece. At the center of Zamjatin's satires is the thoughtlessness and casualness with which a country, caught in the quarrel of political parties, is destroying and losing its newly won freedom. In comparison with the more general, "philosophical" parables of Zamjatin (with the exception of "Bašibuzuki"), Remizov's more concrete satiric works are directed at topical political events and conditions after October. With "Babin'kin kočet" Remizov takes part in the general polemic against Lunačarskij using the asyllabic "skomoroš'i virši" of folk poetry.[19] He depicts Lunačarskij as a self-satisfied rooster, not quite sure of his movements and actions, that perhaps conflicts with their long-standing acquaintance made in Vologda and with the assistance Lunačarskij rendered Remizov in the difficult years of the civil war (according to Remizov's own testimony).[20]

The tale "Rasprava" apparently was written immediately after the government decree closing the courts;[21] not accidentally in the same issue of *Prostaja gazeta* Remizov reprinted his tale "Pravednyj sud'ja." The story "Sul-

250 HORST LAMPL

tan," in which is found the brilliantly connotative characterizing name "Načxal-paša" (Trans. note: The name "Načxal-paša" includes the name of a Turkish pasha and the past tense of the Russian verb *načxat'* 'to sneeze'.) is devoted to the growth of rumors in an atmosphere of general uncertainty, "Maksimyč" exemplifies how the new rulers are made fools of in connection with strikes. Characteristic in the tale "Slovo serebro — molčanie zlato" is the depiction of the Bolsheviks as, above all, noisemakers and braggarts: instead of Blok's music of the Revolution, Remizov in 1917 heard one inhuman "obez'janij gik."[22] In "Skazočki" in the newspaper *Večernij zvon*, the recent political fate of Russia is discussed with the help of formulas and images from folk poetry and *byliny*; the sense of the tales is that with the October Revolution the country, which in its history had already suffered greatly from misfortune, had fallen finally from the frying pan into the fire.

The technical quality of the printing in the preserved issues of *Prostaja gazeta* is so unsatisfactory that some typographically spoilt words have become illegible. The texts have been reset in the new orthography with the exception of Remizov's word "commi-ssar"; possible misprints are preserved.

BIBLIOGRAPHIC SURVEY

1. Ivan Kočan [E. I. Zamjatin?]: "Katušok. Žar-pticu s'jeli," *Prostaja gazeta*, November 24, 1917, No. 14, p. 3.

2. Ivan Kočan [E. I. Zamjatin?]: "Bašibuzuki," *Novaja prostaja gazeta*, November 26, 1917, No. 1, p. 4.

3. Ivan Kočan [E. I. Zamjatin?]: "Katušok. Nalim," *Prostaja gazeta*, November 30, 1917, No. 17, p. 3.

4. Skomorox Terentij [A. M. Remizov]: "Skomoroši ljasy. Babin'kin kočet (Kommissaru prosvetitel'nomu)," *Ibid*, p. 3.

5. Ivan Kočan [A. M. Remizov]: "Katušok. Rasprava." *Prostaja gazeta*, December 2, 1917, No. 19, p. 3.

6. Ivan Kočan [A. M. Remizov?]: "(Katušok). Sultan", *Ibid*, p. 3.

7. A. Remizov, "Zagraždennye usta," *Prostaja gazeta*, December, 3, 1917, No. 20, p. 3.

8. Fedor Bublov [A. M. Remizov]: "Slovo serebro—molčanie zlato", *Ibid*, p. 3.

9. Ivan Kočan [E. I. Zamjatin?]: "Katušok. Svin'ja," *Prostaja gazeta*, December 7, 1917, No. 23, p. 3.

10. Ivan Kočan [A. M. Remizov?]: "Maksimyč," *Prostaja gazeta*, December 24, 1917, No. 38, p. 3.

11. A. Remizov, "Skazočki. 1. Kommi-ssar. 2. Idolišče poganoe," *Večernij zvon*, December 27, 1917, No. 16, p. 4.

Иван К о ч а н: Катушо́к. Жар-птицу съели.[23]

Досталась людям жар-птица. Собрались люди на птицу смотреть, — глазу не вытерпеть, такая жар-птица.

Какой-то мигал, мигал:

— Чего глядеть, — хрипит: — съедим!

Закричали другие:

— А ну, ребята, кто ловкач, головы вывертывать!

Ловкачи тут как тут. Голову свернули, золотые перья повыщипали, — уж не жар-птица, — лежит петух драный.

Жар-птицу съели.

Иван К о ч а н: Башибузуки.[24]

Пожаловали ночью в газету нашу Башибузуки, бумашкой тыкут:

— По приказу его величества царя Фиты[25] „Простую газету" закрыть!

— Эх, — говорю, — вы-бы пораньше, работа зря сгибла!

А главный ихний, — лицо, что коровье вымя, — хрипит: — Чего разговаривать. Фита распорядился, должны выполнить!

Мой товарищ не стерпел:

— Ну, а если мы на Фиту плюнем и газету выпустим?

Заскулилось, сморщилось Коровье вымя:

— Не допустим!

— Пушку поставите?

— Поставим!

Ну тут делать нечего: на рогатину не пойдешь.

„Простая газета" в субботу не вышла.

Иван К о ч а н: Катушо́к. Налим.

Растяпилась корчага,[26] — ни рукой подвести, ни багром. Под корчагой налим.

Пала вода, свихнуло корчагу. Лежит налим, что на блюдечке, — на камушках.

Подсучились человеки налима ловить. И уж зажабрили, да спор между ними зашел: кому уху есть.

С берега кричат:

— Под зебры его, держи под зебры.

А какое там „под зебры", — вильнул прощалом, — и нету, разве в руках склизко: корчаги нет и налима нет. Бежит вода по камушкам, да рак задом тулится.

Так-то свобода.

Скоморох Т е р е н т и й : Скоморошьи лясы. Бабинькин кочет (Комиссару просветительному).

Эй, вы люди честные, тараканы запечные, выходите сюда послушать не быль, не сказку неведомую, а и не ложь.

— Не тем отдает! —

Завелась на Руси такая [неразборч.]

да язык у него очень потешен,

больно уж ладно подвешен:

говорит, неумолкая,

и ни в чем не унывая.

Говорит он о чем хочешь:

сегодня о христианстве,

завтра об обезьянстве, —

сегодня ублажает,

а завтра хобот выставляет.

И грозит и хлопочет,

все попасть в точку хочет,

да никак не удается,

все мимо, да мимо суется.

Знай себе без толку тарахтит,

неведомо что говорит.

А вокруг него народ все чудак:

каждому его слову хлопают,

да еще и ногами топают.

Чем меньше понимают,

тем больше его уважают.

А он, дурак, этому и рад:

„Я, говорит, всех вас выше вознесу,

просвещение вам несу!“— —

И весь-то он день хлопочет,

суется, ровно бабинькин кочет.

— А не пора ли ему, братцы, дергача задавать!

Иван К о ч а н : Катушóк. Расправа.

Жил-был судья Наум, законник. Всю он жизнь прожил среди законов, а на столе у него стояла такая коробка — суд.

Опаско было под Наумом, да по крайности надежный и сам не стащишь — в острог дорога, да и другому не повадно. Наумыч по суду, всякую безделицу взыщет и под наказание поставит.

И прослышали умники — от них нынче, что от воров, ни проходу ни прорыску — что не просто Наум взял, надел цепь, и потому судья,

— а потому Наум судья, что долго учился, и надо долго учиться, чтобы судьей быть.

И говорят умники:

— Зачем, товарищи, этот суд, никакого суда не нужно!

А тут какой-то воришка схватил со стола Наумову коробку, да бух в печку.

И сгорел суд.

Только суд и видели.

А Наумыча для острастки на его ж цепи тут же, как свинью — урра! — и растянули.

— Нам суда никакого не нужно!

И с той поры пошел на Руси не суд, а расправа.

Как Бог на душу положит: человек ты или обезьяна (те, что попроще, ведут свой род от Адама, как всякий знает, а что покрикливей, те от обезьяны) обезьяна или человек, виновен или не виновен, все равно — бац в морду, а то и зубы вылетят, а бывает и покруче, — знай наших!

Иван К о ч а н : [Катушо́к]. Султан.

Хожу я в лавочку картошку покупать.

Лавочник меня, как ведуна какого, встречает, словно я на три года вперед все знаю.

— Что новенького? — так и точит глазом.

— Что новенького? Сам ничего не знаю.

— Ну-у? — не унимается, — знаете, да сказать не хочете.

Эх, думаю, чтобы такое соврать, — отвязаться.

А вот:

— В Калуге, — говорю, — султан турецкий объявился, Начхал-паша.

У лавочника рот шире решета растянуло:

— Что вы говорите, султан?

Я глазом не поведу:

— Султан! С турецкой гвардией, все в колпаках красных.

Подмаргивает лавочник: не вру ли? И, отвешивая картошку, ахает на все лады. Вижу, что в серьез поверил.

— Эка, — думаю, — дураков Бог народил.

Живу я с дьячком из богадельни, — хороший человек Федор Назарыч. Пока по своему делу газетному гоняю, он мне и кашу сварит, и картошку испечет.

Вчера подходит он, весь как-то даже перегнулся.

— Слыхали?

— Что такое?

— Как же! В Каире султан турецкий с войском. Головы нашим рубит.

Смотрю на Назарыча: в серьез говорит, верит.

Шибко нынче брех[27] ходит.

А. Р е м и з о в : Загражденные уста.[28]

Видел я на старых иконах образ Иоанна Богослова: пишется Богословец с перстом на устах. Этот перст на устах — знак молчания. И этот знак заграждающий прошел в душу народную.

Федор Бублов: Слово — серебро—молчание злато.[29]

Не все на Руси крикуны и оралы и не всякий падок на крик и гик. Сказать о русском человеке, будто крикливым словом взять его можно с душой и сапогами, это неверно.

Бог миловал, сохранил еще крепь и не одна только сволочь сидит по городам и на земле русской.

Помню, скоро после восстания приехал ко мне Жегулев Федор Назарыч, солдат с фронта — большой молчальник, слова не выжмешь.

— Какими, — говорю, — судьбами, Назарыч?

— Выбран делегатом в совет.

Ушам не верю.

—Кто выбрал?

— Шестнадцать тысяч за меня, как один. Вот и послали.

И рассказал мне Назарыч, как на собрании у них первыми крикуны повыскакивали и стали бахвалиться: кто чего может, — а он, Назарыч, молчком сидит, и только потом обмолвился, что, мол, зряшное это все бахвальство-то и горлом дела не сделаешь. И как стали выбирать, крикунов-то в шею, а его на атаманское место.

„Ну, слава Богу, — подумал я, — еще жива душа в русском народе, коли Назарыча послали.“

Назарыч — большой молчальник и, коли скажет, с толком скажет, и от слова его путь будет, не даст народ в обиду.

Скажу уж, что вышло: не к месту у нас пришелся Назарыч, заорали, закричали его крикуны наши, оралы наши, и молчальник ни с чем назад уехал.

Иван К о ч а н : Катушóк. Свинья.

Ходит свинья по базару, — тот шпынет, этот толкнет.

Около поповых ворот потолкуй сошелся:

— Я! — горланит какой-то лизаный, — моя правда!

Цыган кнутом помахивает:

— Лопни глазы мои, я нашел.

Тут же старичок сладенький:

— Правда? Хи, хи! Правду эту я из-за моря привез.

Под ногами у людей котомочка истоптана — *правда,* — не велика, а не свернешь.

— Гы, — думает свинья, — должно, о помоях!

Охрип кричавши цыган. Выдохся и старичок сладенький.

А котомки нет: свинья сожрала.

Сожрала свинья правду, на поповом дворе горой развалилась.

Иван К о ч а н : *Максимыч.*

Сожителю моему, Федору Максимычу, точно иглу вставили: только и дома, что ночью.

— Чуть жив! — квакнет, и опять его нет.

Служит Максимыч в земледелии экзекутором, а главное его: — дьячек. В мясоед Максимыч оженился. И, вместе с подвенечным пришла к нему недоля.

Венчались в богадельной церкви. Все девяносто шесть старух—богаделок вышли смотреть на дьячкову свадьбу.

Тут и началось.

Не зажглась люстра: — кто-то на-зло подкрутил винтик.

И пошла беда за бедой: и донос, и кляуза, и недохват.

Когда подошли нынешние дни, и чиновники забастовали, — Максимыч был избран казначеем. И вот дадена ему задача: выудить из банка жалование забастовщикам.

— Кто таков? — спрашивают в банке.

А Максимыч, — так его и вижу, — откуда взялось: — Я, — кричит, — и есть самый комиссар!

И — бумажку, а бумажка незаконная, с обезьяньей печатью.

Напугал дураков: выдали деньги, тридцать тысяч.

И уж через два дня спохватились: какой такой Максимов — комиссар?

Утром будит меня Максимыч:

— Уезжаю! — и пропал.

Теперь каждый день у меня незваные. Пишу это, и знаю, уж сидят, ждут Максимыча.

Швейцарь Дмитрий рассказывает:

— Всю лестницу окричали, остучали: где Максимов, где саботажник!

А мальчишка с револьвером: ,,только, — говорит, — увижу, — на месте убью!"

А. Р е м и з о в : Сказочки.

I. *Комми-ссар.*

В некотором царстве, в некотором государстве случилась такая завороха. Издавна цари в нем правили, и переходил престол от отца к сыну, а потом к внуку, а последний царь не будь плох, взял да и ушел, — просто махнул рукой: ,,Ну, мол, вас, непутевые!"

И осталось то царство без начала.

Тут дьяк Болтунов, что при царе орудовал, и выскочил:

— Я, мол, товарищи, справлюсь!

Наговорил дьяк с три короба, все комнаты и даже чистое поле обкричал д— просто гул в ушах стоит, а справить ничего не справил, еще больше запутал. И как увидал, что дело плохо, прикусил язык и тоже куда-то скрылся.

И осталось опять царство без всякого начала.

Стал народ думать-гадать, чего бы такого придумать и без начала концы уберечь. И решили так: у одних отнять а другим дать, чтобы, значит, поровну у всех было.

И сейчас же все переделили.

Глядь, — что за пропасть! — у одного опять много, а у других — ничего.

Ну, и толкутся на площади и уж песен своих не орут, только семечки полущивают. А приходят в это царство и прямо в самую [неразб] гущу двое и с ними третье.

— Мы, — говорят, — поможем, только дайте нам сделать по своему.

— А вы кто такое?

— Да мы ваши — прилоги. А это наш подручный — Бабинькин кочет.

— Бабинькин кочет! — все загалдели, всякому в диковинку: прилоги и кочет! — а как вы орудовать будете?

— Очень просто, — говорят прилоги, — мы орудовать будем: все у нас будет по новому, как по старому, и по старому, как по новому. Теперь министры, а у нас будут коммиссары.

— Коммиссары! — и опять загалдели: слово-то очень, — словцо!

— Коммиссар просвещения — Бабинькин кочет!

А тот, как услышал свою кличку, и ну кланяться — умора!

У вас коллегии, а у нас будут советы. А, главное, чтобы все было без всякого аза. И чем меньше который свое дело знает, тем лучше он не только дело сделает, а и других научит, потому что ему все трынь-трава. И все вы останетесь свободны.

— Ну, что ж, вам и книги в руки, действуйте!

И разошелся народ по своим конурам и норам.

А они, голубчики, и задействовали.

— Первым делом, давайте, — говорят, — нам денег больше!

Известно, было бы масло, а пирог жирный всякая Матрена тебе сготовит.

Призамаялся народ: что-то не больно охота денег-то давать, да и кто же их знает!

— Не хотите? Ладно. Все равно, наше будет. Такое мы найдем средство, никому и в голову не придет.

И откуда ни возьмись тридцать и три молодца, и сейчас же замок без ключа отперли — этому они еще в Сибири научились! — и делу крышка.

А как выгреблись сундуки, да поопустели подголовники, и развелось по всей стране комиссаров, — Господи! что точно и народу-то меньше, чем этих комиссаров.

Только еще по утру глаз продерешь, а уж перед тобой комиссар: декрет! И точно, никому и в голову такое не придет: вплоть до самого зачатия национализация и реквизиция! Ни [неразборч.], ни дыхнут — вот как! А за стол сел полудновать, и опять комиссар: „Давай половину!“ Ну, Бог с ним, встанешь из-за стола впроголодь, и только что из двора, а у ворот комиссар: „Снимай пальто!“

Такое стало, братцы, житье свободное, да привольное, хоть святых под выноси. Закряхтел народ — надоело это ему до невозможности, — да уж поздно: снявши голову, по волосам не плачут.

II. *Идолище поганое.*

Жили мы были не по добру, по худому: ни тебе сыти, ни тебе покоя. Чего там! —день намаешься, а придешь домой, дома холод, и жрать нечего.

Тут какой-то ни ввернись, горе-горькое:

— Чего, — говорит, — товарищи, голову повесили? Понапритесь, да орите, прилетит на наш гик соловей. Соловей-Разбойничек, усядется на дуб, засвистит на всю Русь крещеную, и дело будет великое: будет мир, будет хлеб, будет воля вольная.

Жили мы не по хорошему, ну от худа да беды и поверили.

И доорались, надорвались: пришло . . .

Дождались, — пришло: засел на дубу, да не Соловей, не Разбойни-
чек, а Идолище. И с ним растопыры его, вошь острожная.

— Э-эй, вы! рыла свинячьи, — зычит поганое, — целуй меня в пятку!
А те, как бесы-пахмутчики, налетят, наскочут.

— Хочешь мира?

— Очень.

— Вот тебе мир.
Да на шею тебе.

— Хочешь хлеба?

— Хлеба!

— Вот тебе хлеб.
Да по шее.

— Хочешь воли?

— Э-эй вы! рыла свинячьи, целуй меня в пятку!
Жили мы не по хорошему, а теперь — теперь совсем хорошо.

NOTES

1. See Oliver H. Radkey, *The Agrarian Foes of Bolshevism. Promise and Default of the Russian Socialist Revolutionaries February to October 1917*, (New York, 1958), p. 441.

2. "Strax smerti" (subsequently "Kon' i lev"), No. 1, November 8, p. 2; "Serdečnaja," No. 2, November 9, p. 3; "Nesčastnaja," No. 3, November 10, p. 2; "Xlebnyj golos," No. 7, November 15, p. 2; "Otčajannaja," No. 8, November 16, p. 2; "Serdečnye oči," No. 13, November 23, p. 2; "Jablon'ka," *Novaja prostaja gazeta*, No. 1, November 26, p. 2; "Nikola Ugodnik," No. 2, November 28, p. 2; "Pravednyj sud'ja," No. 19, December 2, p. 2.

3. "Skazka pro Fitu," No. 1, November 8, p. 2-3; "Dejanija Fity," No. 7, November 15, p. 2; "Tramvaj," No. 13, November 23, p. 2; "D'jačok," No. 14, November 24, p. 3; "Četverg," No. 28, December 13, p. 3; "Peťka (Drjan'-maľčiška)", No. 38, December 24, p. 1.

4. "Čeloveki," *Novaja prostaja gazeta*, No. 1, November 26, p. 3; "Žuť," No. 38, December 24, p. 2.

5. "Medvežja smerť," No. 31, December 16, p. 3.

6. "Zapeli tesanye drogi," No. 3, November 10, p. 2.

7. "Pravda. Pritča," No. 17, November 30, p. 2.

8. Cf. *Russkie sovetskie pisateli-prozaiki. Bibliografičeskij ukazateľ* (Leningrad–Moscow, 1959-1970). Šiškov's "Medvežja smerť" possibly corresponds to a work entitled "Medveď" in *Rossija v slove* of December 24, 1917 (*Russkie sovetskie pisateli-prozaiki*, vol. 6/1, p. 202).

9. A "characterizing" name as are almost all the rest of the pseudonyms in the newspaper. The word "kočan" means a head of cabbage.

10. Remizov used pseudonyms at the very beginning of his career, during the revolution, and later in emigration when, under the pseudonyms "Vasilij Kukovnikov" and "Semen Sudak," he publicized the writer, and in particular the writer-artist, Remizov. Not one of Remizov's pseudonyms is mentioned in Masanov's dictionary.

11. Evgenij Zamjatin, *Boľšim detjam skazki* (Berlin: Gržebin, 1922).

12. In various dialects "*katux*" means "a shed for small livestock, especially calves and swine" and "the place under a bench in a peasant hut where chicken are kept" (Daľ).

13. A. Remizov, "Akakij Bašmačkin," *Delo naroda*, December 15, 1917, No. 233, p. 2.

14. Sologub published the following works in *Večernij zvon*: "Ozorstvo," No. 4, December 9, p. 3; "Kto že oni?," No. 13, December 20, p. 3; "Zolotoj disk. (Dobroj zime o zlom lete)," No. 17, December 18, p. 3.

15. A. Remizov, "Slovo o pogibeli Russkoj Zemli," *Skify*, 2, 1918, pp. 194-200, later in the book *Ognennaja Rossija*, Revel', 1921, pp. 7-24, and *Vzvixrennaja Rus'*, Paris, 1927, pp. 180-189. According to the list of publications, "Slovo o pogibeli" first appeared in *Volja narodna* (*Rossija v slove*), No. 1, November 28, 1917.

16. A. Remizov, "Plač," *Novyj večernij čas*, March 19, 1918, No. 37, p. 3.

17. A. Remizov, "Neugasimye ogni," *Delo naroda*, April 7, 1918, No. 13, p. 2.

18. A. Remizov, "Zapovednoe slovo russkomu narodu," *Eženedel'nik Volja naroda*, April 12, 1918, No. 1, pp. 17-19 (in the literary section "Rossija v slove" edited by M. Prišvin; also in the newspapers *Rannee utro*, April 16, 1918, No. 65, p. 1, and *Počta večernjaja*, May 17, 1918, No. 14, p. 3).

19. Of the Bolshevik political figures, Lunačarskij as People's Commissar of Education had the most to do with literature and art, and for this reason was a favorite target of the opposition writers. The attacks on him became especially strong after a meeting with Ieronim Jasinskij, who offered his literary services, and whom Lunačarskij rather unsuccessfully lauded for this in an essay, "Sretenie," in *Izvestija* (cf. N. A. Trifonov, *A. V. Lunačarskij i sovetskaja literatura*, Moscow, 1974, p. 155). Several times *Delo naroda* published fierce attacks on Lunačarskij.

20. A. Remizov, *Iveren'*, Paris Archive, p. 225.

21. Compare with this the report "V sudebnyx ustanovlenijax," *Delo naroda*, No. 223, December 3, 1917, p. 4.

22. A leitmotif of the "Scythian" edition of "Slovo o pogibeli."

23. The motif of a blindingly bright firebird can be found in the last tale about Fita, written at about the same time (*Bol'šim detjam skazki*, p. 44).

24. "Bašibuzuki" are Turkish irregular infantry. «В полной мере проявили они свои разбойничьи наклонности в последнюю русско-турецкую войну 1877-1878 гг., так что имя баши-бузуков стало нарицательным для характеристики человека, способного на самое возмутительное, по своей жестокости, насилие» (Ênciklopedičeskij slovar' Brokgauz-Efron).

25. Zamjatin's tales about Fita (*Bol'šim detjam skazki*, pp. 36-46) are a brilliant satire on the dictatorial bureaucratism of the new rulers. Shane's opinion that Zamjatin had Lenin in mind for the figure of Fita, who "spontaneously" arises, feeds on ink, and governs ths country with the help of nonsensical decrees, is strengthened by the mention of Fita in "Bašibuzuki"; See: Alex M. Shane, *The Life and Works of Evgenij Zamjatin* (Berkeley–Los Angeles, 1968), p. 20, and Leonore Scheffler, *Evgenij Zamjatin. Sein Weltbild und seine literarische Thematik.* (Köln–Wien, 1984), p. 204.

26. "A large clay pot" , in the Orenburg dialect "a fishing trap resembling such a pot" (Dal').

27. A modification of the well-known saying "Šibko nynče grex xodit."

28. This paragraph, printed here as an independent "miniature," is to be found as a statement of I. A. Rjazanovskij in the chapter "O mire vsego mira" in *Vzvixrennaja Rus'*; See: A. Remizov, *Vzvixrennaja Rus'* (Paris, 1927), p. 68.

29. In a slightly changed redaction the text became part of *Vzvixrennaja Rus'* ("Molčal'nik," pp. 77-78). Instead of Fedor Nazaryč, here the hero of the story is I. S. Sokolov-Mikitov, one of Remizov's "disciples" at that time. Sokolov-Mikitov often visited him, and in the summer of 1918 the Remizovs stayed a while at Sokolov-Mikitov's native estate.

Vienna, Institut für Slawistik der Universität Wien
Transl. by Susan Schilling

ALEKSEJ REMIZOV IN PETROGRAD 1919-1921: BARD OF THE PEOPLES' THEATER

Katerina Clark

1919-1921, Remizov's last years in Russia, were a time of great excitement. In Petrograd, they saw the high water mark of post-revolutionary avant-garde culture. A sign of the times, Tatlin's model for the monument to the Third International, was put on public display in November 1920. However, these years also saw great chaos, hardship and suffering. The long obituary sections which were then a feature of journals like *Vestnik literatury* bear witness to the toll taken among the intelligentsia by the food and fuel shortages and the typhoid epidemics. Remizov as we see from his memoirs, felt the dark side of the times most acutely. Yet he was also caught up—and even played a prominent role—in the quest for new art forms adequate to the new age.

In these years the theater dominated cultural life. It was a rare intellectual who was not involved in it, whether as a writer, critic, director, actor, set designer or, most likely of all, a theorist. During a dramatic time of revolution there is in any case a closer relation than usual between reality and theater, an obvious symbol for which is the storming of the Winter Palace and its many reenactments. Several other factors conspired to give the theater its dominance in the arts then. For one, this tended to be the case throughout Europe at this time, but for Soviet Russians it was in the cards anyway since Lunačarskij, their very own Commissar of Enlightenment, was himself an aspiring playwright. Also, since one did not have to be literate to get a play's message, the theater was at that time a mainstay of agitation among the masses; itinerant troupes of actors were sent around the front and to the countryside to educate and entertain.

The age's obssession with the theater did not have to be officially fostered. The theater captivated, uplifted and sustained people through these difficult times. In Petrograd, the craze assumed extraordinary proportions. So theatricalized was every aspect of life then, indeed, that in 1921 in the environs of Petrograd, a group of theater people even embarked on a project of theatricalizing military maneuvers.[1] In these years Remizov was, by his own account, involved primarily in the theater.[2] Moreover, in his work for the theater he was well implicated in official institutions. From May 1918 until June 1921 he worked on the successive Repertoire Commissions of the Theatrical Department of the Petrograd Commissariat of

Enlightenment. Remizov's work for these commissions ate up all too much of his time in attending endless meetings, viewing plays, and so on, but he nevertheless found time to write plays as well (on which more later). He also wrote an intermittent column, usually entitled "Repertuar" for *Žizn' iskusstva* (the leading periodical of Petrograd intellectuals in those years), in which he reviewed plays and held forth on the subject of what should be produced in the contemporary theater.[3]

Remizov was even engaged in theater pedagogy. In October 1920 it was announced that the principal instructors for the famous "Kursy masterstva sceničeskix postanovok" would include Adrian Piotrovskij, Sergej Radlov, Vladimir Solov'ev—and Remizov.[4] The colleagues Remizov was to have at these courses, Piotrovskij, Radlov and Solov'ev, more or less comprised (when they weren't fighting each other) a very singular avant-garde school which stood at the center of excitement in the Petrograd theater world of those years.

This group essentially came out of Mejerxol'd's pre-revolutionary work in the theater. Indeed, the Kursy were founded by Mejerxol'd and then taken over by Radlov and Solov'ev.[5] Radlov had worked in Mejerxol'd's studio from 1913-1917. Solov'ev had been an associate of Mejerxol'd's there, and Piotrovskij had contributed to the studio's journal *Ljubov' k trem apel'sinam*. Remizov's pre-revolutionary work in the theater had, of course, also been closely associated with Mejerxol'd (consider, for instance, their joint translation of Rode's "Hauptmann and Nietzsche" of 1902, their collaboration in the Xerson Theater in 1903, and Mejerxol'd's work on the production of Remizov's "Besovskoe dejstvo" at the Kommissarževskij Theater in 1907).

Though less Bolshevik than Mejerxol'd, this group provided a sort of Petrograd counterpart—or even answer—to his experimental work in Moscow at this time. While their approach was generally closer to that of Mejerxol'd's pre-revolutionary period, in its own way their version of the post-revolutionary theater represented a much more curious, less predictable, more eccentric and idiosyncratic response to the challenge of the new times. Remizov, to that extent, as they say, "in step with his times," was in these years also involved primarily in the movement to find a new repertoire and a new theater adequate to the new age (though one can speculate on the extent to which he was coopted into the movement, joined it merely as a way of earning the wherewithall to survive, or was genuinely committed to the cause).

By 1919, Petrograd intellectuals were beginning to talk about a crisis in the theater and the need for a new repertoire which better met the needs of the post-revolutionary age with its emphasis on mass culture and radical change. It will be recalled that at this time Mejerxoľd was calling in Moscow for a "theatrical October," for a new kind of theater which was revolutionary both in its political message and in its theatrical techniques. Something like this call was echoed by many in Petrograd, although often with less or no emphasis placed on the political aspects of the new theater sought. Primarily, discussion centered around the need for a "peoples' theater," a "*narodnyj teatr.*"[6]

The movement for a "peoples' theater" was not a post-revolutionary phenomenon. It had been widespread in both Europe and Russia from early this century. Adherents lamented the fact that "the people" had been excluded from the modern theater, as had not been the case in earlier times, such as Classical Greece or Medieval Europe. The modern theater was attacked as, variously, too dull and museum-like, or too philistine and commercial, or too recherché, or too decadent. Critics often contended that its stage was too remote from the audience, and the actors too cut-off. For many, in consequence, the movement for a peoples' theater meant making the theater more accessible to the masses, both physically and financially; for some, this meant staging plays in the open air, à la the ancient Greeks, for others, providing a cheap or free theater for the lower classes, and for others again working up an entirely new repertoire for them.

The movement for a peoples' theater was, then, far from homogeneous. For simplicity's sake, I will identify two main, though not mutually exclusive trends within it to be found in post-revolutionary Petrograd. The first, which can be associated with Lunačarskij, Gorkij, and to some extent Blok, essentially took its cue from ideals which informed the French Revolution but were translated into a modern context in Romain Rolland's *Le théâtre du peuple*. This book, which was published in Russian as *Narodnyj teatr* in 1910, had an enormous influence on Russian thinking around the time of the Revolution. Rolland saw the theater primarily as a source of enlightenment which should "maintain and exalt the soul."[7] As he put it, "The world is more stupid than it is evil, and it is evil above all out of stupidity. The great task is to introduce more air, more light, more order into the chaos of the soul."[8] In the interpretations of people like Gorkij and Lunačarskij, this meant staging plays which would both educate mass audiences and instil in them a revolutionary consciousness. They favored plays of action which raised important social issues. Such plays should have inspiring heroes and characters which are clearly delineated as black and white so that their moral and political messages could readily be grasped. But they should not "preach."[9]

Gorkij and Lunačarskij agitated for contemporary revolutionary plays written to meet this need. They even instituted prizes to induce people to write them, but the results were disappointing. In practice, therefore, the main contribution of the Commissariat of Enlightenment to the Peoples' Theater movement was to promote and subsidize free productions of some of the great classics, and especially of the Greeks, Shakespeare, Schiller, and plays about the French Revolution. Lunačarskij also wrote several plays himself to meet the need. *De rigeur,* one or other of the state theaters would feel obliged to stage one of them from time to time, and especially around November 7 or when one of his visits from Moscow was imminent, but these were dull, heavy pieces, full of philosophical dialogue.

Adherents of this trend, then, believed that "the people" should have Culture and Light. By contrast, adherents of the second, which can be associated especially with Radlov, Solov'ev and Piotrovskij, that is with Remizov's colleagues in the "Kursy masterstva sceničeskix postanovok," started with the premise that of late the theater has become too dull and *literary,* not sufficiently *theatrical.* Rather than "enlighten," they sought to entertain, but to entertain with the idea of changing people. They called the theater they ran in Petrograd from January 1920 until January 1922 the Teatr narodnoj komedii and declared that their approach would "Get a full response from the broadest possible masses of the people."[10]

Like Mejerxol'd , Radlov and company rejected the theater of the nineteenth century with its increasing emphasis on realistic depictions of everyday life, psychological portraiture and dialogue. Instead, they wanted a theater of action, movement, and what Eisenstein has called "attractions." They looked to slapstick, diversions, and sheer physical feats, to verbal humor and the grotesque to entertain their audience and shock them out of any bourgeois complacency. They experimented with melding the theater with the circus, a practice then modish and borrowed by Mejerxol'd and others from Max Reinhardt in Germany, but Radlov took it to an extreme and hired for his theatrical troupe several of the best-known acrobats of the Petrograd circus.[11] They also saw the way forward for the peoples' theater in reviving that favorite of Mejerxol'd, Evreinov and others in pre-revolutionary times, the Commedia dell'arte with its masks, buffoonery, grotesque characterization and improvization. Radlov maintained that the Commedia, as a theater of the marketplace which freely used the vernacular and in which so much was "improvized," could prove a particularly fruitful model for the theater of a post-bourgeois society.[12]

As followers of Mejerxol'd, these directors might be seen as part of that avant-garde movement known as "left art." But there was a crucial difference between their position and that of most representatives of "left art." As Radlov put it, "I am not a Futurist, not against the past."[13] This claim is something of an understatement for what was most quirky about this group of directors was not their posturing with circus folk and other such salvos at the traditional theater, but their firm belief that the way to serve the Communist future is to revive the spirit and theatrical forms of the past.

In their case, the past they looked to was far from just that of Italy in the seventeenth century when the Commedia dell'arte was in its heyday. They looked particularly to Hellenic Greece, and to the Renaissance as well, which they saw as a time of Hellenic revival. As Piotrovskij put it in a speech for the fourth anniversary of the Revolution in November, 1920: ". . . the new generation of the October Revolution will arise with its loud voice, unbounded ideas and a will which cannot be broken. This is a generation of giants who have crossed the chasms of timelessness to link up with their forebears in Greece and the Renaissance. The twenty-fifth of October has given Aeschylus and the Renaissance back to the world, it has given birth to a generation with Aeschylus' fiery soul."[14]

There are biographical reasons why Radlov and Piotrovskij looked to ancient Greece. Both sons of eminent classical scholars (Piotrovskij was the illegitimate son of F. F. Piotrovskij, Radlov the son of Ernest Radlov), and with training in the classics themselves, they sought to attain an ideal with which Zelinskij had inspired pre-revolutionary students and writers for at least two decades, that is the revival of Hellenic Greece so that it should become a "living force" in the modern day.[15] Thus they served two masters, classical scholarship and revolutionary culture, believing that both could be fused into one. They continued to produce fine, scholarly translations from the classics (indeed, Piotrovskij in his incarnation as "classical scholar" was even a member of the Petrograd OPOyaz), at the very time they were running theatrical groups for illiterate Red Army men.[16]

The case of Radlov and Piotrovskij is not really an example of what is commonly called "retrospectivism," that is the vogue in Russia of early this century for reviving cultural traditions of the past (seen in, for instance, Evreinov's Starinnyj teatr of the 1907/8 and 1911/12 seasons). They did not believe so much in reviving the old culture as was (that was more the ideal of Lunačarskij) but in reviving the spirit of certain great ages in the past. Radlov always said that the new culture could not and should not be as in ancient Greece, for the new technology and social order should facilitate something even better, but done in the same spirit.[17] Thus I prefer the term "radical retrospectivism" to describe their work. There is something

very futurist about it—indeed almost all cultural movements at this time
were almost inevitably in some way futurist—but it defines the future by
reference to the past. A similar problem exists of course in trying to define
Remizov's work. Although so much of his published writing consists of
reworkings of old Russian lore (folk tales, apocrypha, and so on) in which
Remizov used archaic language and often appended an extensive list of
sources he used, yet many like to call Remizov a "modernist" writer, and
with reason. Indeed, in the initial post-revolutionary years he was to have a
tremendous influence on experimental fiction; Remizov provided new
modes of writing by rejecting the then conventional modes and reworking
earlier ones.

   Piotrovskij and Radlov are perhaps best known today for their role as
directors of some of those famous revolutionary mass spectacles. On June
20, 1920, for instance, Radlov together with Xodasevič directed the spec-
tacular "Blockade of Russia" in a natural ampitheater with a cast of 10,000
and an audience of 75,000. Then, on July 19 that year, N. Petrov, Radlov,
Solov'ev and Piotrovskij directed "Toward a Worldwide Commune" on the
steps of the old Stock Exchange, using a more modest cast of 4,000 and an
audience of 45,000.[18] What is less well known is that even these propagan-
distic pieces were examples of their radical retrospectivism. Piotrovskij,
Radlov, and many others at this time looked to the mass spectacle as an
expression of the Greek ideal in part because of such surface similarities as
the fact that they used an outdoor arena and a chorus, but largely because
they believed the mass happenings broke away from the stultifying conventional theater and realized something which was more "democratic."

   In this most ecstatically internationalist period of Soviet history, most of
the kinds of drama advocated as models for the peoples' theater came from
elsewhere in Europe (Greek drama, medieval mystery plays, Shakespeare,
Commedia dell'arte, the theater of the French Revolution, Schiller). There
was, however, also a lobby for finding models from Russia's folk traditions. Their influence was particularly felt in the mass agitational work of
the day. Symptomatically, when in 1920 the Political Department of the
Red Army organized a travelling theater to agitate among the soldiers at
the front, they equipped it with marionettes and harmonicas and called it
"Petruška."[19] Also, for the 1919 celebrations of May Day in Petrograd at
which many actors from the state theaters were coopted to perform, a conscious attempt was made to "form a close relationship between actor and
audience" in the spirit of the old "narodnoe guljanie." Actors were to
wander around among the people, performing puppet plays, častuški, and
improvizations.[20] For the following year's May celebrations, a mass hap-

pening, "A Hymn to Liberated Labor," was organized in front of the Stock Exchange. This extraordinary event included not only such dramatic, but by now expected components as masses of soldiers in czarist uniform, artillery, a canon and circus horses, but even the audience, which had to surge forward to the steps of the Exchange for the finale, thus demonstrating how truly "collective" the performance was. And throughout, Ju. Annenkov, one of the directors, dressed in yellow pyjamas and a top hat, led a motley crew of assorted "bourgeois and aristocrats" as a "*skomorox.*" The reviewer for *Žisn' iskusstva* concluded on cue that this year's effort was truly a "*prazdničnoe narodnoe zrelišče.*"[21]

Such attempts at integrating the folk into the culture of the new age were by no means intended merely to legitimize public ceremonial by suggesting the new regime's links with THE PEOPLE. That sort of thing was more a phenomenon of the Soviet thirties and beyond. At this early stage in Soviet history, use of folk forms and motifs was really to perform quite the opposite function. The prevailing sense of the role of folk culture was in fact closer then to that later advanced by Baxtin, who was himself, incidentally, not merely a contemporary of Radlov and Piotrovskij, but also a fellow disciple of Zelinskij. Baxtin, ironically, elaborated his sense of folk culture and its role in society not so much in his writings of this period, but rather in those of the thirties and early forties, that is, of precisely the time when a pseudo folklore was cultivated by the Stalinist regime and "folk" bards were set to write works legitimizing the leadership. In various of his works such as his dissertation "*Rable v istorii realizma*" of 1940, Baxtin spoke of "the folk" and above all of its great weapon, "folk laughter," as providing a healthy antidote to official culture, to all that was heavy, stultifying, or laid claim to absolute authority.[22]

This particular conception of folk culture—as a playful and even iconoclastic force—was very popular in the twenties and informed many of the attempts at infusing folk elements into the theater and other kinds of public performance. Even Lunačarskij, that staunch advocate of Culture and Enlightenment, also spoke of the value of "folk laughter."[23]

The trend accounts for much of the considerable prominence Remizov enjoyed in Soviet literary and theatrical circles of these years. His "folk" writings, with their humor, blasphemy, pithiness, playfulness and substandard speech, were widely perceived as answering the needs of an age bent on dismantling bourgeois, "*meščanskij*" culture which was considered straight-laced and pretentious. Even Lunc, usually associated with the cry "To the West!" recommended Remizov's plays as a remedy for the "crisis in the theater."[24] Remizov's works were also seen as a way to bridge the much-lamented gulf between the culture of the intelligentsia and that of the masses. When in October 1920 some worthy people organized a special matinee for the masses at the Malyj zal of the Conservatory, they included some of Remizov's *skazki* on the program (together with an edifying essay of his on the matchless rewards to be gained only by reading a great book); the reporter for *Žizn' iskusstva* noted triumphantly that the audience laughed at the *skazki* as they otherwise do only in the movies.[25]

It was Remizov's plays rather than his *skazki*, however, which were generally regarded as having the greatest potential for helping the fledgling Soviet society develop a new, "*narodnyj*" culture. Remizov was working at this time on several new plays, most of which were based on folk legends about figures like Kaščej, Sten'ka Razin and Kitovras.[26] Few of these plays were published, and those which were staged were frequently for children. However, the Repertoire Commission of the Petrograd Narkompros (on which he, of course, sat) took a particular interest in his work and in 1919 published editions of two of his pre-revolutionary plays with their press ("*Besovskoe dejstvo*" and "*Tragedija o Ijude iskariotskom*"). The Commission was also closely involved in Remizov's most famous theatrical undertaking of this period, a reworking of the *narodnaja drama "Car' Maksimilian"* (or "*Komedija a care Maksimiliane i nepokornom syne ego Adol'fe*")

"Car' Maksimilian" had for a century been the most popular folk drama in Russia. Consequently, it had attracted the attention of many of those in the Russian theater earlier this century who wanted to revamp the conventional theater by giving it a transfusion from folk culture. Mejerxol'd, for instance, is said to have seen a production of the play and to have been impressed by its "original devices."[27] This interest probably played a role in the chain of events which led to Remizov's publishing a version of the play. When a certain V. V. Bakrylov, who had served briefly as Commissar with the Petrograd State Theaters but appears to have fallen out with Narkompros, joined the "Kursy masterstva sceničeskix postanovok" in October 1918 (they were then still directed by Mejerxol'd), he undertook as his assignment in the courses the task of making a *svod* (compilation) from the 19 extant versions of "*Car' Maksimilian*," a task he completed in 1919.[28]

Bakrylov, when Commissar of the State Theaters, had acted to quell resistance to Bolshevik power there by purging its bureaucracy of almost all its pre-revolutionary personnel. This assignment should not be seen as defining of Bakrylov, however. A man with an anarchist and socialist revolutionary past, Bakrylov served for some time after leaving Narkompros as secretary of the Petrograd Free Philosophical Association (Vol'fila). Thus his outlook was probably closer to that of people like Ivanov-Razumnik and Blok than to that of the Bolsheviks. Indeed, Ivanov-Razumnik was to write a laudatory foreward to the Bakrylov compilation when it was published.

In 1919, when Bakrylov was trying to get his compilation published, he seems to have sought the help of Blok, who was then prominent on the Petrograd Narkompros Repertoire Commission. On September 2 that year Blok gave a report to the Commission recommending Bakrylov's compilation, and noting that it was to be performed by sailors around the building of the Baltic Fleet. The Bakrylov compilation was passed by the Repertoire Commission and recommended for publication, though it did not appear until 1921.[29]

Remizov's version of the play, which was also written in 1919, was based on Bakrylov's compilation. It was performed in March 1921 at the Dom prosveščenija of the Railway Workers' Club and, Remizov claimed in a later letter, had a tremendous impact on the audience, whom it moved to tears.[30] Gratifying though this story is, the reality is that Remizov's play aroused more interest in intellectual circles than among the masses. It was given several readings at such places as the Dom literatorov and the Studio of Vsemirnaja literatura,[31] and Radlov, Solov'ev and Piotrovskij put it in the repertoire for the Teatr narodnoj komedii for the 1920/21 season. Though it was announced several times that the play would open soon, it seems it was never performed there, but was produced at one time in the "Kursy masterstva sceničeskix postanovok," in which Remizov himself taught in 1920/21.[32]

"Car' Maksimilian" has a curious plot which seems to disregard all laws of chronology and geography but has no obvious reference to the theme of revolution. The play concerns a confrontation between Maksimilian, czar of the "Roman" city Anton and his son Adol'f. Maksimilian is remarrying and converting to the idols of his bride, but Adol'f refuses his father's entreaties to renounce the Christian religion. At first, the czar imprisons his son and attempts to starve him (incidentally, Remizov reported that his audiences in Revolution-torn Petrograd were always amused to hear that the pound of bread Adol'f was allowed daily was "starvation" rations [33]). When this fails to shake Adol'f, Maksimilian has him executed. The executioner, Brambeus, feels he cannot disobey the czar, but is so appalled by the sentence that after carrying it out he falls on his sword. A series of single combats between warriors follows, each one largely instigated by the czar, and thus one by one are the other brave warriors of the court killed. In the end, the czar is challenged by Mamaj, but by now he has no brave warriors left to defend him for his oppressive rule has led to the deaths of all of them, and Maksimilian falls to Mamaj.

This tragic plot is relieved periodically by *"intermedii,"* or comic inter-
ludes, in which an old gravedigger and his wife are summoned by the czar
to bury the latest harvest of bodies. Somewhat in the tradition of the
gravedigger of "Hamlet" (a parallel Remizov liked to point out), the gravedigger is earthy and irreverent and these scenes contain a great deal of
black humor, slapstick, repartee and verbal play.

Clearly these sections, together with the play's many irreverent verses
and its obvious potential for pyrotechnics on stage, made it most appealing
to directors like Radlov, Piotrovskij, and Solov'ev. Bakrylov, in an article
on *"Car' Maksimilian"* of 1921, insisted that it belongs to that line of "folk"
theater which includes improvization, masks and characters like Pierrot
and Harlequin (i.e. the sort of theater they loved).[34] And, indeed, a bas-
tardized version of the folk original, *"Car' Maksimilian, ili gonenie na xris-
tian v Vizantii,"* was incorporated in the balagan repertoire in 1886. Also,
the original versions were rather pantomime-like and included singing and
dancing.[35]

These features also appealed to Remizov.[36] For him the main attraction
of the play, however, was what he perceived as its essential Russianness. As
he himself admitted, it probably originated in Western Europe somewhere;
after all, the principal characters both have non-Russian names.[37] Remizov
maintained, however, that it had been russified in Russia and totally
imbued with the Russian spirit. To him, and to certain of his friends of
generally Scythian orientation, such as Blok, its central plot, the father/son
conflict ending in the son's death, was a version of the traditional Russian
theme of the *strastoterpec*. In this instance, the young hero Adol'f is not
merely a *strastoterpec*, a saintly victim who stands firm in the faith, but
somehow a wild outlaw as well. The play mentions that he spent some time
with the *razbojniki* in the Volga region. This aspect of Adol'f is, by the way,
present in only a minority of the recorded versions of the play.[38] Remizov,
however, found it defining, and moreover a sign that Adol'f represented
"the spirit of Razin."[39] In an article on the play, *"Portjanka Šekspira"* (later
published as an afterword to the 1920 edition), he iterates the common, if
questionable, interpretation whereby the relationship of the czar to his son
in the play is as Peter the Great to Aleksej, and even as Ivan the Terrible to
his son; or, according to Remizov, Adol'f/Aleksej stands for "the entire
Russian people."[40]

The appeal of the play for the Soviet establishment was less predictable.
It would seem unlikely that in the early post-revolutionary years a play
which placed so much emphasis on standing by one's Christian beliefs no
matter what would be considered ideal fare for the masses. But a striking

feature of this work, and one to which Bakrylov alluded in his article, is that over time it has meant different things at different times to different people. Moreover, since each of its many versions contains a different selection of scenes, it has been possible each time the play is performed to select or add particular scenes to give the play a particular coloring. In the versions of 1919-21 its anti-czarist and anti-clerical aspects were stressed; Bakrylov then declared it "revolutionary."[41] In effect, then, "*Car' Maksimilian*" is rather like the Javanese gamelan, another well-known folk drama form, in that at each performance the players (or author, or narrator) can slot in material of contemporary relevance, new speeches, or satiric sections so that in that version the play can serve one particular patron or point of view, and in another performance or version quite another.

We see this zigzagging in the changing identity of the folk drama ever since its first authenticated Russian performance in 1855. During the mid-nineteenth century, when "*Car' Maksimilian*" became very popular, it was performed among soldiers and sailors and was distinctly a patriotic piece. In many versions then a scene was interpolated in which a Hussar told of the Russian army's victories over Napoleon, of its valor at Sevastopol.[42] Before long, the play became popular in reactionary circles also, and in the second half of the nineteenth century it was performed in front of the czar's court for many years.[43] Gradually, however, it spread from soldiers' circles to peasant and worker groups and the provincial towns of Russia. By the late nineteenth century, it had begun to attract the attention of scholars and left wing intellectuals as a major example of mass culture (many scholarly works on this play were published at the turn of the century). As socialists began to take an interest, the play began to change its function from that of patriotic piece, to a text to be used in rousing the consciousness of the masses. In many "revolutionary" versions of "*Car' Maksimilian*," the workers in the audience were expected to rush onto the stage at the end and drag the czar off the throne. Not surprisingly, the play was by then having trouble getting performed due to official disfavor.[44] During the First World War, however, it was frequently performed as a patriotic piece, once again. In fact in December 1914 Evreinov staged a parody of the play, "*Predstavlenie o care Vasil'jane, o tom, kak on zadumal ves' svet pokorit' i v svoju veru obratit'*", in his "Krivoe zerkalo" theater as an attack on Kaiser Wilhelm II.[45]

As this fact suggests, the play had also begun to attract the attention of people in the experimental theater. In fact in 1911 a performance of the play was put on in the Moscow studio "Tragičeskij-balagan," directed by M. M. Bonč-Tomaševskij and with sets by Tatlin. Evreinov himself reports having seen the play in the same year at a Petrograd production organized by the avant-garde "Sojuz molodeži."[47]

Remizov's version of 1919 was, then, but one in a long series of adaptations. He made remarkably few changes to the Bakrylov version, but in the main they were designed to make the play closer to what contemporary thinking believed a *narodnaja drama* should be. In *"Portjanka Šekspira"* he states that he tried to rid the play of elements he saw as undesirable, and in particular to streamline it by eradicating many of the endless repetitions, and to excise those locutions he saw as coming from the language of the *"kazarma,"* which had of course colored the play in earlier, nineteenth-century versions. He also edited the humorous sections involving the common folk so that they emerged less as simpletons and more as repositories of that much-valued "folk laughter," and gave more prominence to the chorus (a move of which Piotrovskij and Radlov no doubt approved), assigning it a lot of the dialogue spoken in the Bakrylov version by one or other of the protagonists.[48]

The biggest single change Remizov made is that he omitted much of the pomp and ceremony of the court. This includes descriptions of court dress, court rituals, and the longwinded and conventionalized forms of address with which the czar's subjects initiate any conversation with him. With these changes Remizov has shortened the play, and focussed it more as a tragi-comedy. The changes have also diminished the aura of the czar which is quite marked in the Bakrylov version (there he is admired by his courtiers in the opening scenes as truly *"groznyj"* in the old sense).[49] Furthermore, some of the passages Remizov has added reinforce this anti-authoritarian trend. These include a lyrical lament from the chorus following Adolf's execution where they remark how piteous it is to see his white kaftan stained with blood and are outraged at "the kind of justice a czar metes out to his only son."[50] He also made some additions to the anti-clerical humorous passages.

These various changes were relatively minor. Indeed, Lampl in his article on Remizov's drama points to that fact in questioning whether *"Car' Maksimilian"* can be called Remizov's play in any real sense.[51] Moreover, the play was given very few performances (possibly only one), and was hardly exposed at all to the masses, the audience for which it was intended. Yet *"Car' Maksimilian"* is generally considered one of Remizov's major works of this period. Certainly it has attracted the most attention from critics and commentators. Why so? An answer must be sought, I believe, in the fact that both Remizov himself, and *"Car' Maksimilian"* as well, were such important symbols to those Russian intellectuals trying to institute a truly *"narodnyj"* theater in post-revolutionary Russia. The above-mentioned changes, though minor, can be seen as making the play more pleasing to the two camps which were its chief patrons, that of the Repertoire Commission, and that of Radlov and company. Thus it is not surprising that his version was published in two editions in the one year (1920), one official (with Gosizdat), the other from the side of the intelligentsia (in Alkonost, and with an illustration by Annenkov).

The changes did not, however, endear Remizov's efforts to most contemporary critics. Such unlikely allies as the Scythian Ivanov-Razumnik, the Marxist critic P. Sakulin, and the former Formalists Jakobson and Bogatyrev writing from Prague, all deprecated Remizov's achievement. Most of the critics felt that Remizov should not have cleaned up and streamlined the Bakrylov compilation, that he should have, in the words of Ivanov-Razumnik, left the *"loxmatyj, vz"erošennyj,"* but *"narodnyj"* *"Maksimilian"* as it was. Ivanov-Razumnik made in this connection the extravagant claim that all true folk forms are more stageworthy than any written, literary work, and that moreover, no play of the Russian theater (that is, no literary drama) has ever surpassed *"Maksimilian"*.[52] Jakobson and Bogatyrev put it, rather, in terms of Remizov's not having understood the basic techniques of folk drama. But they (like Sakulin) were also scathing about the scholarly merits of Bakrylov's compilation which they dismissed with the pronouncement *"Naučnogo značenija rabota Bakrylova ne imeet."*[53]

Of course the "left art" movement to which Jakobson and Bogatyrev were linked, would have preferred to see as a *narodnaja drama* something more like Majakovskij's *"Misterija buff"* (which Mejerxoľd himself directed for its highly controversial short run in 1918). Even though that play was incomparably more "revolutionary," (and in more than one sense) than this folk revival of Remizov, however, it had proved less popular with the Soviet cultural establishment. Jakobson's erstwhile fellow Formalist, Šklovskij, drew a weighted comparison between the plays in an earlier article *"Kryžovennoe varen'e"* (1919) in which he declared that *Misterija buff* was "10,000 times more *'narodnyj'* than Remizov's *'Car' Maksimilian'*." Remizov, he said, had in his attempt to create such a work seized on what was purely superficial, the traditional plot, whereas Majakovskij had grasped "intuitively" what is at the heart of all folk forms . . . play on words.[54]

Šklovskij's attack on the play, while characteristically hyperbolic and controversial, alerts attention to an issue which was at the heart of all the various efforts to create a "peoples' theater," namely, does the term *"narodnyj"* mean? Does it mean folk? Does it mean popular? Mass? Of the people (and if so, who are they—the workers and peasants?)? Does it mean good for the people, educative—or providing a cheap or free theater which is accessible to the masses? Or perhaps it means national—and then, again, in what sense? . . . or even state? In those heady years of 1919-1921 Petrograd, which marked a high point for post-revolutionary experimentalism, many were engaged in the effort to find truly "*narodnyj*" forms but few cared, or perhaps dared, to spell out exactly what "*narodnyj*" meant. Later it was to be spelled out in all too precise detail.

Remizov emigrated in August 1921, not long after the March production of "*Car' Maksimilian*". Blok died, Remizov recalls, more or less as he himself was crossing the Soviet border. Gorky was to emigrate in October, and Zelinskij in that year, too. Bakrylov committed suicide in 1922 (apparently over love). Lunačarskij was relieved of his post as Commissar of Enlightenment in 1929, but then took up his old favorite causes of the theater and "folk laughter."[55] Radlov and Piotrovskij kept their commitment to the Soviet mass theater for the rest of the decade and even identified with some of the more insidious rhetoric of the later cultural revolution. For all their idealism and zeal, however, they were to be rewarded with repression and prison camp in the later years (Piotrovskij perished in camp in 1938 while Radlov was put in camp in the forties). The similar fate of Mejerxol'd, their mentor, is well known.

This is not to suggest that these individual fates had anything to do with the withering away of the peoples' theater in the Soviet Union in 1922. The movement for a peoples' theater was essentially part of the utopian phase in Soviet cultural history, and could not survive the change to NEP reality.

Indiana University

NOTES

1. "Voennye manevry i teatr," *Žizn' iskusstva*, 1921, no 700/1 (March 23/4), p. 2.
2. "Aleksej Remizov," *Vestnik literatury*, 1919, no. 8, p. 4.
3. See eg. *Žizn' iskusstva*, 1921, nos. 359, 363, 365/6, 367, 382, 389, 559, and 1921, no. 789/803.
4. "Kursy masterstva sceničeskix postanovok," *Žizn' iskusstva*, 1920, no. 589 (Oct. 18), p. 2.
5. S. Radlov, "Obrjad i teatr," *Stat'i o teatre*, 1918-1922 (Petrograd: Mysl', 1923), p. 62.
6. Note: the word "narodnyj" is hard to translate. There are many possible interpretations of the word, a problem I take up on page 18. Perhaps when talking about Remizov it would be better to translate it as "folk," but given that I am discussing him in the context of a movement in Russia of the initial post-revolutionary years I prefer to use "peoples'."
7. Romain Rolland, *Le théâtre du peuple* (Paris Libraire Hachette, 1933), p. 115.
8. Ibid., p. 116.

9. See eg. A. Lunačarskij, "Kakaja nam nužna melodrama," *Žizn' iskusstva*, 1919, no. 58 (Jan. 14), p. 2.

10. "Xronika," *Žizn' iskusstva*, 1920, no. 367, p.3.

11. See eg. *Žizn' iskusstva*, 1920, nos. 342, 359/60, 371/2, 400.

12. See eg. Radlov's comments in a discussion following A. A. Mgebrov's paper "Revoljucionnyj teatr", given at the Proletcult April 11, 1921 (*Žizn' iskusstva*, 1921, no. 721/2/3 (April 20/21/22), p. 1.

13. S. Radlov, "V dvesti pervyj i poslednij raz *O krizise v teatre*," *Žizn' iskusstva*, 1921, no. 727/8/9, p. 1.

14. Adr. Piotrovskij, "Četvertyj god," *Žizn' iskusstva*, 1920, no 602/3/4 (Nov. 6/7/8), p. 1.

15. F. F. Zelinskij, *Žizn' idej* (Petersburg, 1905).

16. "Spektakli Krasnoj Armii," *Vestnik teatra*, 1919, no. 4, p. 4; "Xronika," *Žizn' iskusstva*, 1921, no. 727/8/9 (May 11/12/13); "Xronika," *Žizn' iskusstva*, 1921, no. 712/3/4 (April 6/7/8), p. 3; S. Cimbal, "Adrian Piotrovskij, ego epoxa, ego žizn' v iskusstve," in *Adrian Piotrovskij: teatr, kino, žizn'* (Leningrad: Iskusstvo, 1969). pp. 9-10; OPOYaZ membership for Piotrovskij—"Izučenie teorii poetičeskogo jazyka," *Žizn' iskusstva*, 1919, no. 273, p. 2.

17. eg. S. Radlov, "Elektrofikacija teatra," *Stat'i o teatre 1918-1922*, pp. 17-19.

18. "Imeniny truda," *Žizn' iskusstva*, 1920, no. 439/40/41 (May 1/2/3).

19. "Xronika," *Žizn' iskusstva*, 1920, no. 407 (Mar.), p. 2.

20. "Pervoe maja," *Žizn' iskusstva*, 1919, no. 127/8 (May 3/4), p. 3.

21. Aleksandr Belenson, "Birževye vpečatlenija," *Žizn' iskusstva*, 1920, no. 442 (May 4), p. 1.

22. See Katerina Clark and Michael Holquist, *Mikhail Baxtin* (Cambridge, Mass.: Harvard University Press, 1984), esp. chapters 12 and 14.

23. eg. A. Lunačarskij, "Teatr i smex," *Teatr i iskusstvo*, 1918, no. 6-7.

24. L. Lunc, "Teatr Remizova," *Žizn' iskusstva*, 1920, no. 343 (Jan. 15), p. 2.

25. M. "O knige. Utrennik v Malom zale Konservatorii," *Žizn' iskusstva*, 1920, no. 589 (Oct. 22), p. 1.

26. "Čem zanjaty naši pisateli," *Vestnik literatury*, 1919, no. 4 (April) p. 6; "Aleksej Remizov," *Russkaja kniga*, 1921, no. 9 (Sept.), pp. 29-30; "Xronika," *Žizn' iskusstva*, 1920, no. 580 (Oct.), p. 2.

27. P. Bogatyrev, "Car' Maksimilian" in P. G. Bogatyrev, V. E. Gusev et al, eds. *Russkoe narodnoe tvorčestvo* (Moscow: Ministerstvo vysšego i srednego special'nogo obrazovanija SSSR, 1967), p. 118.

28. All biographical information on Bakrylov comes from Vasilij Bespalov, *Teatr v dni revoljucii 1917* (Leningrad: Academia, 1927), pp. 111-119.

29. Al. Blok, "Komedija o care Maksimiliane i nepokornom syne ego Adol'fe," *Sobranie sočinenij*, VI (Moscow-Leningrad, G. I. X. L. 1962), p. 480.

30. Cited in Horst Lampl, "Aleksej Remizovs Beitrag zum russischen Theater," *Wiener Slawistisches Jahrbuch*, no. 17 (1972), p. 179.

31. Eg. "Večer A. Remizova i A. Bloka," *Žizn' iskusstva*, 1919, no. 265/6, "Xronika," *Žizn' iskusstva*, 1920, no. 392.

32. "Xronika," *Žizn' iskusstva*, 1920, no. 431 (April 23), p. 1; "K otkrytiju teatra narodnoj komedii," *Žizn' iskusstva*, 1920, no. 607 (Nov. 12), p. 1; For reports of other productions of "Car' Maksimilian" around this time which *may* have used the Remizov text see V. N. Vsevolodskij-Gerngross, *Russkaja ustnaja narodnaja drama* (Moscow: Akademija nauk, 1959), pp. 114, 118, and P. Bogatyrev, "Car' Maksimilian," p. 118.

33. A. Remizov, *Vzvixrennaja Rus'*, 2nd. ed. (N. Y.: Overseas Publications Interchange Ltd., 1979), p. 681.

34. V. N. Vsevolodskij-Gerngross, *op. cit.*, p. 114.

35. P. G. Bogatyrev, "Car' Maksimilian," p. 101.

36. A. Remizov, "Sovremennost'," *Žizn' iskusstva*, 1921, no. 789/803.

37. A. Remizov, "Portjanka Šekspira," *Krašennye ryla: teatr i kniga* (Berlin: Grani, 1922), p. 28. Incidentally, although it is generally agreed that the plot of the play must have originated

in Western Europe, and many scholars have ventured their own theories as to its possible source or sources (including Jakobson who in an article of 1938 proposed that it might be the Czech writings on St. Dorotě; see "Význam ruské filologie pro bohemistiku," *Slovo a sloves-nost. List Pražského lingvistického kroužku*, ročnik IV [Prague: Melantricha, A. S., 1938], pp. 228-232), no one has been able to ascertain its origins incontrovertibly.

38. B. N. Aseev, *Russkij dramatičeskij teatr XVII-XVIII vekov* (Moscow: Iskusstvo, 1958), p. 65.

39. A. Remizov, "Portjanka Šekspira," p. 30; cf. A. Blok, "Komedija o Care Maksimiliane," p. 482.

40. A. Remizov, "Portjanka Šekspira," p. 29.

41. A. Blok, "Komedija o care Maksimiliane," p. 481.

42. Józef Goląmbek, *Car Maksymilian (Widowiske Ludowe na Rusi)* (Kraków: Nakladem Polskiej Akademii Umiejętności, 1938), pp. 63-64.

43. V. N. Vsevolodskij-Gerngross, *Russkaja ustnaja narodnaja drama*, p. 101.

44. Ibid., p. 114; Józef Goląmbek, *Car Maksymilian*, p. 15.

45. P. G. Bogatyrev, "'Car' Maksimilian'," p. 117; Spencer Golub, *Evreinov: The Theater of Paradox and Transformation* (Ann Arbor: UMI Research Press, 1984), p. 233.

46. D. Zolotnickij, *Budni i prazdniki teatral'nogo Oktjabrja* (Leningrad: Iskusstvo, 1978), p. 28.

47. N. N. Evreinov, *Istorija russkogo teatra* (New York: Čexov Publishing House, 1955), p. 118. Note: Lampl in "Aleksej Remizovs Beitrag zum russischen Theater" reports another experimental production in the Petersburg Dom intermedii of 1912 (p. 178).

48. A. Remizov, "Portjanka Šekspira," pp. 33-34.

49. *Car' Maksimilijan. Teatr Alekseja Remizova* (Peterburg: Alkonost', 1922), p. 1.

50. Ibid., p. 50.

51. Host Lampl, "Aleksej Remizovs Beitrag zum russischen Theater," pp. 145, 179.

52. Ivanov-Razumnik, "Maksimilijan," in *Komedija o care Maksimiliane i nepokornom syne ego Adol'fe. Svod Vl. Bakrylova* (Moscow: Gos. izd., 1921) pp. 8, 9.

53. R. Jakobson and P. G. Bogatyrev, "Slavjanskaja filologija v Rossii za gg. 1914-1921," *Slavia*, ročnik I, Prague 1922-23, p. 269; P. Sakulin, "Komedija o Care Maksimiliane i nepokornom syne ego Adol'fe," *Pečat' i revoljucija* 1921, no. 3, pp. 265-7; A. Pribylovskij, "Car' Maksimilijan," *Russkaja kniga*, 1921, no. 6, pp. 12-13.

54. V. Šklovskij, "Kryžovennoe varen'e," *Žizn' iskusstva*, 1919, no. 282/3 (also included in his *Xod konja*).

55. See eg. A Lunačarskij, "O smexe," *Literaturnyj kritik*, 1935, no. 4, pp. 3-9.

TYPOLOGICAL REMARKS ON REMIZOV'S PROSE*

Peter Alberg Jensen

The prose of Aleksej Remizov constitutes an important step in a development which has been called the 'subjectivization' of Russian prose. This development is well known on the surface, whereas less light has been shed on the deeper changes that accompanied it. Correspondingly, the main features of Remizov's style have been described (Geib 1970), while its semantics have received less attention.

More often than not traditional views of Remizov's prose refer to the prose of realism as a kind of normal, standard, or primary prose, compared to which Remizov's prose appears to be 'subjective', 'expressive', 'decorative', 'ornamental', 'secondary', etc.; it is easy to see how all these designations for what seemed to be the 'marked' or 'dominant' features of Remizov's prose imply a neutral norm, and it is equally easy to see what has served as the basis of this norm, namely the canon of realism.[1] The faithful service done by realism as the implicit ground for comparison has led to a one-sided concern with stylistics and a corresponding neglect of semantics in our description of post-realistic prose. The modest aim of this talk is to approach a more balanced view of the matter. Firstly, I want to underscore the simple, but disregarded point in connection with a prose like Remizov's that its new attitude to language went hand in hand with a new attitude to reality; secondly, by the same token, I want to direct attention to the objective side, as it were, of Remizov's subjectivity.

In recent articles Wolf Schmid has attempted to substitute a new, more differentiated scheme for the formalist distinction between 'fabula' and 'sjužet' (Schmid 1982, 1984).[2] Schmid suggests that we should distinguish not two, but four levels in the narrative text:

> The level of '*Geschehen*', that is the flow of life, the huge mass of things and events out of which some are selected to constitute a
> — '*Geschichte*', a story. The story in its turn is ordered sequentially according to some intention to form an
> — '*Erzählung*', a narrative (plot), which is to be
> — *presented* in some medium or other, e. g., film or literature. This fourth level Schmid terms '*Präsentation der Erzählung*', i. e., presentation of narrative.

The four levels are:

GESCHEHEN
events

GESCHICHTE
story

ERZÄHLUNG
narrative (plot)

PRÄSENTATION
presentation (discourse)

What Schmid has done is, roughly speaking, to supplement the old 'story' and 'plot' with two new levels, one at either end; prior to story comes the Geschehen-level, i.e., the flux of phenomena out of which the story is selected and foregrounded; and after 'narrative' (plot) we get the presentation-of-narrative level (discourse), which is medium specific.

If we consider this revised scheme of a narrative text in connection with Remizov's prose it appears that the two newly added levels tend to dominate here, whereas story and plot are more subordinate. Remizov is not primarily interested in stories. Neither is he concerned with plot in the sense of story organization. What he focusses on is the trivia of life, on the one hand, and, on the other, its artistic presentation in the medium of language. In a realistic text, by way of contrast, the two central levels of story and narrative plot are foregrounded at the expense of the marginal levels of 'Geschehen' and verbal presentation; conversely, Remizov's prose foregrounds the two marginal levels at the expense of story and narrative.

This neglect of what mattered most in traditional narrative is often exposed in Remizov's works. In *Krestovye sestry*, for example, we find the following passage more than once:

> "Svad'by, pokojniki, slučai, proisšestvija, skandaly, draki, mordoboj, k a r a u l
> i učastok, i ne to čelovek kričit, ne to koška mjaučit, ne to dušat kogo-to,—
> tak vsjakij den'" (Soč., t. 5, p. 36).

What is nakedly listed here is the very material from which a traditional narrative would have selected the elements for its story. Remizov is not concerned with it. Eventually, he resumes the events of a by-gone season in somewhat greater detail;[3] but no consecutive ordering of these events is ever established. It appears that a sequential narrative ordering of them is of no importance. In his later years Remizov once noted: "U menja net dara posledovateľnosti, ja vse sryvu" (Kodrjanskaja 1959: 109). In fact the writer did not need 'posledovatel'nost'' to say what he wanted to say—he obviously did not believe in its abstraction, i. e., in the relations it imposed on the world. Elsewhere Remizov has noted: "Ja dumaju, čto vse 'natural'-noe' iskusstvo èto dekadans (vyroždenie) čelovečeskogo zrenija" (ibid.: 190). Following his own 'zrenie', Remizov "vse sryval", broke it all up. Instead of chronological story and plot he assembled in his text what we experience as pieces of more "real" lives, more concrete bits of a normally back-grounded 'Geschehen'-level, and framed them with the real locus, be it Burkov's Yard or the provincial town, and the "real" time, the passing of the seasons. The pieces were held together not by sequential coherence, but by their very special verbal presentation.

Now, if we ask what is common to the two polar levels foregrounded by Remizov , one answer might be—their seeming *reality*; which, in turn, sug-gests that the feature common to story and narrative plot which compro-mises them for an author of Remizov's kind, is their *fictionality*. Story and plot are constituents of a *closed* fictional world, and are indeed responsible for its closure; and this "closedness" of realistic prose makes it unrealistic in the eyes of a modernist. He will, instead, focus on what seems to him really real—*more* "real" life, on the one hand, and its verbal presentation, i. e., language, on the other.[4]

Inherent in the opposition 'real' vs. 'fictitious' is the opposition 'concrete' vs. 'abstract': the 'events' are concrete as are the verbal signs, whereas story and plot represent an abstraction.

With the help of Wolf Schmid's scheme I have drawn attention to "the other side" of Remizov's prose or, more specifically, to its polarity: the fact that the strikingly subjective expression plane serves as expression for a content of no less striking 'objectivity'. In the following I shall argue that the content to which Remizov gave expression is 'objective' in the sense of 'objectively *given*', and that accordingly it is *presented* rather than created.

In his essay on the 'non-classical' prose of Remizov, Belyj, and Rozanov, Viktor Levin concludes that it displays a 'subject-oriented character' (sub"-ektnyj xarakter), by which he meant the following: "Zaključennaja v povestvovanii rečevaja norma principial'no nezavisima ot ob'ekta izobra-ženija. Ona—forma vyraženija samogo avtora" (1981:272). Levin thereby distinguishes this manner from that of 'skaz' where the opposite holds true, and it is clear what he means. But, like the common use of 'subjective' to mean 'expressive of the author's feelings', Levin's 'sub"ektnyj' may be mis-leading, for Remizov's prose contains a rigorous objectivity of its own: firstly, its main concern was 'naming' as much as 'telling', and much if not all of its naming lexis aimed at a kind of direct objectivity by *quoting* life;[5]

secondly, the verbal subjectivity involved not only the speaker of the text, but also its addressee *and* the matters presented.

Let us first consider the quoting lexis. In works like *Krestovye sestry* or *Pjataja jazva* it is obvious how invaluable the actual names of persons and things are to Remizov. 'Actual names' include not only concrete personal names, but also nick-names. Often we find entire sections containing elaborated lists of persons present at a given occasion. The lists present the personal names plus nick-names and titles, the latter often in *spaced printing*; the lists are often repeated, but retain their full form.[6] This repeated, emphasized use of concrete names without our being told much more is a device that seems to be the opposite of realistic 'typization'. There, a social content is conceptualized and incorporated into a fictitious individual and designated by a name that might as well be another (think of, for instance, Oblomov); here, the names and titles of concrete individuals *come first*, so to speak, and through repetitive emphasis acquire their value or content as signs. At the base of Remizov's works lies what might be called a *verbal stock-taking*; the author holds review of the concrete names and wordings placed at his disposal by the area of life (the 'Geschehen'-area) which he wants to present. And this whole vocabulary seems to be objective in the sense of *given*. The text, then, unfolds as its expressive presentation.[7]

In order to consider the 'objective side' of Remizov's 'subjective' expression I shall have to discuss the nature of his verbal presentation. As Viktor Levin noted in the article I mentioned earlier, there is no real 'telling' since nobody tells and nothing is told in the full sense of this word. The text is *performed* rather than narrated (cf. Slobin 1985). Further, it is difficult if not impossible to distinguish the layers in the text which we usually term the 'narrator' and the 'author' respectively. In a realistic text, by contrast, it may be fairly easy to distinguish a governing creator of the text, the 'implied author', behind its speaker or 'narrator'; here, it is as if we are dealing with only one 'sender'. Who is he? To which of our usual authorities does he correspond—to the narrator or the author? Since narration proper has been weakened, my answer would be—to the author; but since he is no longer implied but explicit what we seem to be facing is an explicit author.

This is not merely a matter of terminology. I have been on the watch for Remizov's 'implied author', but have not found one. In classical texts like *Otcy i deti* or *Anna Karenina* we distinctly sense a creating mind (the 'natura creans', to use the scholastic term) as the abstract center of the work. In *Krestovye sestry* we do not—at least *I* do not—find anything like one. Behind the explicit author I sense not an implied creating author, but rather—life itself. In short, the author in Remizov is not the classical author-creator or author-inventor: he creates or invents less than he *performs*—as explicit author he is identical with the verbal performance of life at Burkov's Yard. And if I can sense a governing creator anywhere, I do not sense him behind the text, but behind the life presented in it.

In this way, the content plane of Remizov's prose differs just as much from its classical counterparts as the plane of expression. Significantly, the dominant plane of realism, that of ideology, is in Remizov reduced to formula-like sentences such as "čelovek čeloveku—brevno" or "obvinovatit' nikogo nel'za" (*Krestovye sestry*). Whereas the whole structure in works such as Dostoevskij's or Tolstoj's serves to represent competing social languages, as Baxtin has taught us, the same cannot be said about Remizov's works. The level of ideology is more simple here and far from being the ultimate outcome of the total structure. Rather, social ideology seems irrelevant in comparison with universal laws that govern the whole 'Geschehen' of life, absolutes that can be stated sententiously, like the ones mentioned above. According to *Krestovye sestry* there is not much more to say about it, for better or for worse.

What, then, takes the place that ideology holds in a realistic text? Instead of ideological analysis the text gives expression to emotional synthesis, namely a feeling about the world presented, be it awe, pity, or belief. This feeling, however, does not appear as *created* by the text or its author, neither does it emerge as the final outcome of its entire structure. It is there from the very beginning, inherent in the way the phenomena are presented. It does not seem to be invented as much as it seems to be *given* together with the things presented, as part of their verbal mode of being.

A case in point is Remizov's use of repetitions. Clearly, such repetitions express emotion, all criticism agrees on that. But through repetition something happens to this emotion—it is, as it were, made intersubjective, collective, i.e. it is objectivized. It is no longer something that the author feels privately, but formulaic expressions that must be shared by the receiver of the text. Through repetition, the emotionality is objectivized, becomes 'concrescent' with the things themselves. The emotionality of Remizov's text is objective and subjective at one and the same time, and it is performed rather than created.

This brings to mind folklore, as well as Remizov's own statements that the song, 'pesnja', was the source of his writing (Kodrjanskaja 1959:109). But, again, the affinity of Remizov's prose to folklore is not only a matter of stylistic loans and analogy, but of semantic kinship as well. Just as in folklore, Remizov the author-singer performs life-situations, the meaning of which is presented as inherent in life itself. This meaning is known to author and reader beforehand, or is at any rate beyond their control. The author conducts the verbal presentation of this prescribed life-text, and the reader is invited to join in. Through rhythm and repetition, the presentation of the text becomes an enactment of it; it is true that verbal enactment of this kind displays a great many 'subjective' features: but this subjectivity appears to be strongly connected with its object, if not dictated by it;[8] it is expressive not of an author as an individual person, but of *man's* reactions to the life that the text is about.

By 'repetition' I not only mean Remizov's reiterated use of single words or names, or of whole phrases and sections (leitmotifs); in principle, the whole texture of Remizov's prose is a kind of '*increment*', i. e., an act of amplification of its object. This applies to both micro- and macrolevels. On the microlevel, many segments are generated by synonymic amplification:

Pobežali za strelkoj minuty, ne mogli už stat', ne mogli pet' svoju minutnuju pesnju, i bežali po krugu vpered s č e t v e r t i na polčasa, s p o l č a s a na bez četverti, a s b e z č e t v e r t i na desjat', a s d e s j a t i minut na pjat', a s p j a t i na četyre . . .(*Časy*, Soč., t. 2, p. 20-21)

Slovno rana, razrastalas' prokljataja pečat' i už ne na lice ego, a gde-to v serdce i, kak tjažest' tjaželela ona so dnja na den', stanovilas' obuznee, prigibala emu xrebet (p. 15-16).

Na každom ustupe vstrečalsja s vetrom. Brosal ego veter, oglušal, dlinnymi zamorožennymi pal'cami tormošil bašlyk, ledjanymi žgutikami stegal po glazam (p. 20).

I zašipeli, stenja, probuždennye, budto pomolodevšie časy, zaxripeli starčeskim prostužennym gorlom (ibid.).

Correspondingly, on the macrolevel—is not the same principle at work there? *Krestovye sestry*, for instance—could we not define this work as a kind of 'existential synonymy', or 'synonymy of fates', i. e., a synonymic amplification of basic tenets in the lives at Burkov's Yard? I think we could. And once more I would like to stress that the effect is not just one of 'subjective' decoration; thanks to this basic principle of increment the text seems to insist on the objective (given) presence and essence of the things presented.

To sum up—terms like 'subjectivization of prose', 'subjective prose', etc., can be misleading, since they imply realism as a neutral norm, which it is not, and disregard the 'new objectivity' contained in prose like Remizov's.[9] As I see it, this dichotomy between a classical prose text and Remizov's text type[10] should be stated at another level as an opposition between 'anthropocentricity' and 'cosmocentricity'.

The classical text is anthropocentric, the modernist text is cosmocentric. The classical text is based on *man* as the interpreting, acting and ordering center of the world, indeed on historical man as the origin of cosmos. The modernist text, on the contrary, suggests that the center of the world is outside man, whose actions, organizations and interpretations can have no bearing on the essence of things.

Accordingly, the dominant levels and categories of the classical text, such as story and action, character, narration proper, and its explanatory devices, such as motivation, indication of causal and temporal sequences, as well as its man-centered perspective—all this came to be neglected in the modernist text or was deliberately disrupted, since historical man was no longer regarded as the origin of anything like cosmos. On the contrary, in this type of text man is exposed to the world on an equal footing with animals and things.

University of Stockholm

NOTES

* The following remarks apply primarily to Remizov's early works, i. e., those published in his "Sočinenija" (1910-1912).

1. It is possible to see it the other way round; at least there are certain grounds for considering a prose like Remizov's as 'primary', and that of the realists as 'secondary'—as markedly *un*-decorative, *un*-ornamental. These grounds are phenomenological; the 'ornamental' text is phenomenologically concrete and simple, whereas the 'realistic' text is abstract and complex. The ornamental text strives for immediate 'presentation' of the phenomena, the realistic for mediated representation (cf. Carden 1976: 50, Hansen-Löve 1982: 298-302, Jensen 1984).

2. Other modifications have been proposed, see Schmid (1982: 83-93) for references and discussion.

3. E.g., *Krestovye sestry*, Soč., t. 5, pp. 128-129.

4. Here it might seem that my argument collides with Remizov's own statements to the effect that he preferred fantasy and literary sources to 'natura': "Ja pri moem—išču v knigax i redko v žizni" (Kodrjanskaja 1959, p. 202); "No ja ljublju vse, čto ne 'real'no'". Opisanija iz 'real'noj' žizni dlja menja kak kartofel'naja kožura ili kak upražnenie v pisatel'skom remesle. Čital ja po-francuzski otčetlivoe opisanie nočnogo Londona i tak menja potjanulo k nepravdašnemu, no čem-to dlja menja živee ètogo 'real'nogo', k carju Vašvamire. Ja sam grešu ètim 'real'nym' grexom—ot svoej bednosti" (ibid., p. 207); "Mne vsegda nužna kniga, literaturnyj istočnik" (ibid., p. 110). But I do not think that there is a contradiction here; Remizov always depended on the idiom for his means of expression, and naturally the role of the literary idiom had grown during the years in emigration (the above statements are from 1948); further, by "more real life", "bits of the 'Geschehen'" etc., I do not designate raw, non-verbal 'natura', but the world of phenomena which is 1) beyond the scope of traditional [hi] stories, 2) memorized in the verbal idiom. To Remizov, the latter was more real than traditional narration and description, which can also be seen from his interest in documents: "Po otryvkam dokumentov russkaja žizn' v vekax. Rossija sama, kak sjužet, budto živoe suščestvo" (ibid., p. 116).

5. Implied in the objectivity quoted by Remizov were also elements from the literary heritage, cf. G. Slobin 1982.

6. E. g., A. Remizov, *Pjataja jazva* (Letchworth 1970), pp. 61, 69.
7. As has been noted by Greta Slobin (p. 74), Remizov's manner of writing is reminiscent of 'bricolage' as described by C. Lévi-Strauss in *La pensée sauvage*.
8. Cf. M. Baxtin and R. Jakobson on "the third participant", in: V. N. Vološinov, "Discourse in Life and Discourse in Art", in *Freudianism* (N.Y.–San Francisco–London 1976), p. 103 ff.; R. Jakobson, "Linguistics and Poetics," in *Selected Writings*, Vol. III (The Hague–Paris–N.Y. 1981), p. 24. Cf. also G. Slobin (p. 69 ff.) on literary shamanism in Remizov's "Tale of Stratilatov," and Ernst Cassirer on "word and name magic," in his *Philosophie der symbolischen Formen*, II (Berlin 1925), p. 53-54.
9. Ultimately, the value of *both* 'subjective' and 'objective' as descriptive terms is highly problematic; relations between the speaking subject and the object spoken of are, as we know, very complex, and furthermore literature has known several kinds of 'subjectivity' and 'objectivity.' These terms meet with special difficulties in the concrete modernistic sign because of its 'concrescent' nature.
10. For a comprehensive survey of the dichotomy in question with valuable new suggestions, see Hansen-Löve, pp. 298-302.

REFERENCES

Carden, Patricia
  1976   "Ornamentalism and Modernism," in: George Gibian and H. W. Tjalsma, eds., *Russian Modernism: Culture and the Avant-Garde, 1900-1930*, Ithaca and London: 49-64.
Geib, Katharina
  1970   *Aleksej Mixajlovič Remizov. Stilstudien*, München (= *Forum Slavicum* 26).
Hansen-Löve, Aage A.
  1982   "Intermedialität und Intertextualität. Probleme der Korrelation von Wort- und Bildkunst — Am Beispiel der russischen Moderne," in: Wolf Schmid, Wolf-Dieter Stempel (eds.), *Dialog der Texte*. Hamburger Kolloquium zur Intertextualität, Wien (= *Wiener Slawistischer Almanach*. Sonderband 11): 291-360.
Jensen, Peter Alberg
  1984   "The Thing as Such: Boris Pil'njak's 'Ornamentalism'," *Russian Literature* XVI-I, July: 81-100.
Kodrjanskaja, Natal'ja
  1959   *Aleksej Remizov*, Pariž.
Koževnikova, N. A.
  1976   "Iz nabljudenij nad neklassičeskoj ("ornamental'noj") prozoj," *Izvestija AN SSSR*, Serija literatury i jazyka, Tom 35, No. 1: 55-66.
Levin, V,
  1981   "'Neklassičeskie' tipy povestvovanija načala XX veka v istorii russkogo literaturnogo jazyka," *Slavica Hierosolymitana*, Vol. V-VI: 245-275.
Remizov, Aleksej
  1910-1912   *Sočinenija*, T. 1-8, Skt. Peterburg.
Schmid, Wolf
  1982   "Die narrativen Ebenen 'Geschehen,' 'Geschichte,' 'Erzählung' und 'Präsentation der Erzählung'," *Wiener Slawistischer Almanach*, Bd. 9: 83-110.
  1984   "Der ort der Erzählperspektive in der narrativen Konstitution," in: J. J. van Baak, ed., *Signs of Friendship. To honour A. G. F. van Holk*, Amsterdam 1984: 523-552.
Shane, Alex M.
  1971   "Remizov's *Prud*: From Symbolism to Neo-Realism," *California Slavic Studies*, Vol. VI: 71-82.

Slobin, Greta Nachteiler
1982   "Writing as Possession: The Case of Remizov's 'Poor Clerk,'" in: Nils Åke Nilsson,
ed., *Studies in 20th Century Russian Prose*, Stockholm: 59-79.
1985   "The Ethos of Performance in Remizov," *Canadian-American Slavic Studies*, vol. 19,
No. 4, pp. 412-425.

CONFERENCE PARTICIPANTS

Antonella d'Amelia
University of Salerno

Sona Aronian
University of Rhode Island

Henryk Baran
State University of New York at Albany

Sarah Burke
Trinity University, Texas

Patricia Carden
Cornell University

Katerina Clark
Indiana University

Lazar Fleishman
Stanford University

Mirra Ginsburg
New York City

Olga Raevsky Hughes
University of California, Berkeley

Gerald Janecek
University of Kentucky

Peter Alberg Jensen
University of Stockholm

Simon Karlinsky
University of California, Berkeley

Horst Lampl
University of Vienna

John E. Malmstad
Harvard University

Jean-Claude Marcadé
C.N.R.S., Paris

Vladimir Markov
University of California, Los Angeles

Peter Ulf Møller
University of Copenhagen

Avril Pyman
University of Durham

Charlotte Rosenthal
University of Northern Iowa

Alex Shane
State University of New York at Albany

Hélène Sinany MacLeod
Sorbonne University, Paris

Andrej Sinjavskij
Sorbonne University, Paris

Greta N. Slobin
Amherst College

Vjačeslav Zavališin
New York City